Stefan Aust
Alexander Kluge
Befreit die Tatsachen von der
menschlichen Gleichgültigkeit

Stefan Aust
Alexander Kluge

Befreit die **Tatsachen** von der menschlichen **Gleichgültigkeit**

GESPRÄCHE UND PROJEKTE

Mit 125 Schwarz-Weiß-Abbildungen

PIPER

Mehr über unsere Autorinnen, Autoren und Bücher:
www.piper.de

Von Stefan Aust liegen im Piper Verlag vor:
Der Baader-Meinhof-Komplex
Zeitreise
Xi Jinping
Befreit die Tatsachen von der menschlichen Gleichgültigkeit

Inhalte fremder Webseiten, auf die in diesem Buch (etwa durch Links)
hingewiesen wird, macht sich der Verlag nicht zu eigen. Eine Haftung
dafür übernimmt der Verlag nicht. Wir behalten uns eine Nutzung des
Werks für Text und Data Mining im Sinne von § 44b UrhG vor.

Unser Versprechen für
mehr Nachhaltigkeit
• Klimaneutrales Produkt
• FSC®-zertifiziertes Papier
• Hergestellt in Deutschland

MIX
Papier | Fördert
gute Waldnutzung
FSC® C014496
www.fsc.org

ISBN 978-3-492-07213-7
Für die deutsche Ausgabe:
© Piper Verlag GmbH, München 2023
Fotografien: © privat
Satz: Sieveking · Agentur für Kommunikation, München
Gesetzt aus der Sabon
Litho: Reproline mediateam, Unterföhring
Druck und Bindung: GGP Media GmbH, Pößneck
Printed in Germany

INHALT

Vorwort

Mehr als 40 Jahre lang haben wir zusammengearbeitet. In dem Feld der Öffentlichkeit, in dem wir tätig waren, haben wir gemeinsam und jeder für sich Filme verantwortet, aber auch gemeinsam mit unseren Mitarbeiterinnen und Mitarbeitern an TV-Programmen, auch Ganztagesprogrammen, gearbeitet. Uns verbindet eine gemeinsame Haltung: die enge Verbindung von Information und Erzählen. Dabei ist das, was wir Erzählen nennen, ebenfalls Information und Nachricht, aber sie ist erfahrungsgesättigte Information und auch emotional begründete Nachricht.

Nichts an unserem Beruf ist uns gleichgültig.

Menschen verfügen über zwei elementare Eigenschaften:

- Empathie (wie bei David Hume) und
- Sachlichkeit.

Das eine lebt nicht ohne das andere. Die Haltung des »unparteiischen Beobachters«, wie sie Adam Smith zu einem republikanischen Ideal erklärt hat, ist weder gleichgültig noch kühl. Sie ist temperiert durch die emotionale Haltung, die das Unterscheidungsvermögen und die Beobachtung stark macht. Und die zweite der beiden Eigenschaften, die Empathie oder Einfühlung, ist ebenso abhängig von ihrem emotionalen Charakter. Sie ist deshalb nie bloß fantastisch, sondern ebenfalls sachlich, aber auf andere Art als die Sachlichkeit des Beobachters. Beide Komponenten der menschlichen Urteilskraft, die Empathie wie die Sachlichkeit, sind nicht neutral. Daran glauben wir.

A. K. und St. A.

Stefan Aust   Alexander Kluge

STATION 1

Unsere Lebensläufe berühren sich in der Tangente / Beide sind wir Anwälte einer unabhängigen, klassischen Öffentlichkeit

Der skeptische Optimist: Stefan Aust, Filmemacher, Autor und Journalist

Alexander Kluge befragt Stefan Aust. Sat.1, 22. 7. 2001, *News & Stories*

ALEXANDER KLUGE: Wann bist du geboren?
STEFAN AUST: Am 1. Juli 1946.
KLUGE: Gehört das zum Sternzeichen Löwe?
AUST: Das ist Krebs, aber an so etwas glaube ich nicht.
KLUGE: Du warst Redakteur bei *konkret* in der Zeit der Protest-bewegung, danach warst du 14 Jahre bei *Panorama*. Dann hast du in Kollektivfilmen die erste Geige gespielt. Von den Kollektiv-filmen war das z. B. *Der Kandidat*. Anlass für den Film war die Kandidatur des umstrittenen Politikers Franz Josef Strauß um das Bundeskanzleramt.
AUST: Man darf die Kanzlerkandidatur von Franz Josef Strauß nicht von seiner Vorgeschichte getrennt sehen, von dem, was er als Affärenminister auf dem Kerbholz hatte, zum Beispiel die *Spiegel*-Affäre. Man darf es nicht trennen von der Protestbewegung der Sechzigerjahre und den Auswüchsen der Protestbewegung in den Siebzigerjahren, also dem, was Terrorismus in Deutschland war. Am Beispiel des Terrorismus wurden zu der Zeit einer soziallibe-ralen Koalition die Demokratie in Deutschland, der Rechtsstaat, der Umgang mit Gesetzesbruch, mit Mord und Totschlag auf eine Probe gestellt. Das System der RAF, speziell aber auch anderer terroristischer Gruppierungen, war der Versuch, den Staat zu pro-vozieren. Die RAF wollte den Staat so provozieren, dass er sein tatsächliches, faschistisches Gesicht zeigt, dass er ein Polizeistaat *wird*. Es waren auch Phasen, in denen der Staat über das Ziel hin-ausgeschossen ist, indem er eigene Prinzipien über Bord geworfen

hat. Nachdem das beendet war mit den Selbstmorden in Stammheim, mit der Ermordung von Hanns Martin Schleyer, mit der Befreiung der Geiseln in Mogadischu war so etwas wie ein Rechtsfrieden, ein politischer Frieden, in diesem Land wiederhergestellt.

KLUGE: Das wurde mit dem Rücktritt von Hans Filbinger besiegelt.

AUST: Das war ein kleines Stück Vergangenheitsbewältigung, an dem ich meinen Anteil hatte. Ministerpräsident Filbinger hatte immer – sogar vor laufender Fernsehkamera – behauptet, er hätte als Marinerichter nie ein Todesurteil gefällt. Doch dann fand ich in einer Außenstelle des Bundesarchivs die Strafverfahrensliste seines Gerichtes. Da stand »Todesurteil«, unterschrieben von Filbinger. Da musste er zurücktreten.

Dann kam das politische Nachspiel; unter der Devise »Freiheit statt Sozialismus« wollte Franz Josef Strauß Bundeskanzler werden. Die Decke des hausinternen Friedens in der Bundesrepublik Deutschland wurde rissig. Strauß war ein Mann von gestern, und die Schlacht, die inszeniert wurde, war keine reale Schlacht mehr. Es war ein anachronistischer Feldzug. Wir haben damals über das Filmplakat für den Film *Der Kandidat* lange debattiert. Es ist ein Bild von Klaus Staeck geworden, wo man nichts sah außer einem Adenauer-Mercedes. Es war kein agitatorisches Plakat gegen Strauß. Er wurde gezeigt als ein Mann von gestern. Der Reiz des Films war, dass er eben nicht wie ein Agitationspropagandafilm Strauß verteufelte.

KLUGE: Die Filme *Deutschland im Herbst*, *Der Kandidat*, *Krieg und Frieden* und auch mein Film *Die Patriotin* und Rainer Werner Fassbinders Film *Die dritte Generation* bewegen sich um das Thema Patriotismus. Worauf kann man stolz sein?

AUST: Ich habe mit dem Stolz ein spezielles Problem. Man kann nur stolz auf eine eigene Leistung sein, auf etwas, was man getan hat. Die Tatsache, dass man zufällig Deutscher ist, ist keine Leistung, es ist blödsinnig, darauf stolz zu sein. Ich hätte genauso gut Franzose oder auf Tonga aufgewachsen sein können, das ist keine Leistung, das ist reiner Zufall.

KLUGE: Dein Vater und deine Mutter sind nicht deine Leistung, aber es gibt eine bestimmte Affinität, und die könnte man auch Stolz nennen.

AUST: Das finde ich nicht. Wir als Gruppe, als Familie, haben es hingekriegt, uns auch in relativ schwierigen Zeiten gemeinsam zu behaupten, uns gegenseitig zu unterstützen und zurechtzukommen. Das haben wir ordentlich gemacht.

KLUGE: Man würde das vielleicht Identität nennen. Da fängt die Verteidigungszone des Eigenen an. Eigentum könnte man es nennen statt Stolz.

AUST: Man hat gemeinsame Erfahrungen gemacht und etwas auf die Reihe gekriegt.

KLUGE: Was bewegt 1945 die Menschen, wenn sie in Notzeiten auf die Familien zurückfallen und zum Beispiel »organisieren«? Die Kardinäle stehen hinter ihnen, wenn sie klauen.

AUST: Das ist eine gewisse Art von Solidarität. Die Gruppe, zu der man mehr oder weniger zufällig gehört, versucht, gut mit den anderen, auch mit den Nachbarn, zurechtzukommen.

KLUGE: Obwohl du ein typischer Städter bist und einen städtischen Beruf hast, bist du auch ein bäuerlicher Mensch.

AUST: Ich bin ein Kind vom Land, das war ich, und das bleibe ich.

KLUGE: Wie verhält man sich zum eigenen Acker, also ich zu meiner Heimatstadt Halberstadt, du zu deinem Acker?

AUST: Den habe ich mir gekauft. Ich komme von einem kleinen Bauernhof. Der Obstanbau hat nichts eingebracht. Die sieben Kühe sind alle abgesoffen bei der Flutkatastrophe. Mein Vater hat hart gearbeitet, auch nebenbei noch, weil es nicht genug abwarf. Meine Mutter hat immer gearbeitet. Das waren schwierige Zeiten. Die fünf Kinder haben es alle geschafft, Abitur zu machen. Das ist das Verdienst meiner Eltern, sich darum intensiv gekümmert zu haben. Dann ging das den Bach runter, und wir haben ein kleines Forsthaus im Wald gepachtet. Da haben wir viele Jahre gelebt und uns an den Wochenenden wiedergesehen. Das habe ich gekauft.

KLUGE: Es gibt im Inneren eines städtischen Menschen etwas, worauf er sich verlässt, wo sein Anker sitzt. Das ist der Bauer in uns.

AUST: Ich bin kein städtischer Mensch. Ich bin zwar in unterschiedlichen Großstädten gewesen, aber am liebsten bin ich auf dem Land.

KLUGE: Wenn du in Sitzungen bist oder im Oval Office verkehrst, bleibt etwas in dir ruhig.

AUST: Vielleicht hat das mit meiner Verbindung zur Natur zu tun.

KLUGE: Es gibt in jedem Menschen ein Feuerchen, wo man sagen kann: Da ist er mit sich selbst identisch. Ein besserer Ausdruck als Stolz wäre »verteidigungsbereit«. Bei Michael Kohlhaas ist es anders als bei dir. Aber jeder Mensch hat diesen Punkt, den Kant die Würde nennt, etwas, das man *nicht* verkauft, die Kuh, die eigene Frau, das eigene Pferd.

AUST: Wenn man Pferde züchtet, muss man gelegentlich auch Pferde verkaufen, sonst fressen sie einen auf.

KLUGE: Nach langer Zeit bei *Panorama* und nachdem du mehrere Bücher geschrieben hast, bist du Chefredakteur des *Spiegels* geworden; vorher warst du bei *Spiegel TV*. 13 Jahre sind das, länger als das Dritte Reich.

AUST: Das Dritte Reich war erstaunlich kurz. Für die Zeiten, die man nicht selbst miterlebt hat, hat man kein Zeitgefühl. Das Zeitgefühl verschiebt sich im Verlaufe des Lebensalters. Für ein einjähriges Kind ist ein Jahr eine lange Zeit, nämlich 100 Prozent der Lebenszeit. Für einen Hundertjährigen ist ein Jahr nur ein Prozent. Insofern ist es logisch, dass das Zeitgefühl sich verändert. Wenn man älter wird, laufen die Jahre schneller ab. Bei manchen historischen Ereignissen, die man nicht selbst miterlebt hat, hat man das Gefühl, sie seien lang gewesen. Das Dritte Reich existierte nur zwölf Jahre. Es hat nie zwölf Jahre gegeben, in denen so viel Unheil für die Welt angerichtet worden ist.

»Wo liegen für dich die ersten schnellen Jahre?«

KLUGE: 1963 wird Kennedy ermordet. Da bist du 17 Jahre alt.

AUST: Da habe ich gedacht, dass Nixon Präsident wird. Das ist er auch später geworden.

KLUGE: Hast du geglaubt, dass Lyndon B. Johnson Kennedy ermordet haben könnte?

AUST: Das war eine verirrte Kugel von Lee Harvey Oswald. Die einfachste Lösung ist meistens die richtige. Ich bin kein großer Anhänger von Verschwörungstheorien. Es gibt ein Buch von Gerald Posner, *Case Closed*, in dem er den Fall rekonstruiert. Am Mord von Kennedy ist nichts gewesen, was anders ist als das, was man weiß. Wenn Kennedy sich eine halbe Stunde verspätet hätte, wär es vielleicht anders gekommen. Aber nach den neuesten Recherchen, die der Filmemacher Oliver Stone anhand von jetzt erst veröffentlichten Regierungsakten vorgenommen hat, sieht der Mord doch eher wie ein geheimdienstlich organisierter Staatsstreich aus.

Als ich zur Schule ging, habe ich den Mauerbau am Radio miterlebt, die Kubakrise, *Spiegel*-Affäre, alles aus der Perspektive eines Gymnasiums in der Kleinstadt Stade. Wirklich miterlebt habe ich es erst nach der Schule, als ich einen Tag nach dem Abitur zu *konkret* gegangen bin. Der kleine Bruder des Herausgebers war bei mir auf der Schule, daher kannte ich Klaus Rainer Röhl und Ulrike Meinhof. Ich hatte eine Schülerzeitung außerhalb der Schule gemacht. Röhl hat mich gefragt, ob ich nicht bei *konkret* anfangen wollte. Ich kam eher aus einem bürgerlichen Haus, war nie besonders links. Aber ich wollte Zeitung machen. Meine Eltern hatten wirtschaftliche Schwierigkeiten, sodass es mit dem Studieren schwierig geworden wäre. Ich wollte etwas machen und habe bei der Zeitschrift angefangen. Das war ausgerechnet in der Zeit 1967, 1968, als die Studentenbewegung entstand. Da war ich durch *konkret* nah dran und habe die Leute alle kennengelernt, von Rudi Dutschke bis Peter Schneider.

KLUGE: Du warst ein aktiver Zeitzeuge.

AUST: Ich war teilnehmender Beobachter, neugierig, aber auch skeptisch. Wenn bei großen Demonstrationen Steine auf die Polizei geworfen wurden und man sich gewundert hat, wenn man einen Knüppel über den Kopf bekam, habe ich das skeptisch betrachtet: Ihr legt es doch darauf an, dann dürft ihr euch nicht wundern. Ich war nahe dran, als Rudi Dutschke niedergeschossen wurde. Ich habe zum Beispiel die Springer-Demonstrationen mit Ulrike Meinhof an dem Wochenende mitgemacht. Aber ich war immer vorsichtig, vielleicht auch deswegen, weil ich gerne am Wochenende aufs Land gefahren und durch den Wald geritten bin. Ich hatte nie das Bedürfnis, mich in ein Gefängnis zu begeben. 1967 und 1968 sind nicht mehr vergleichbar mit den Siebzigerjahren. Die Siebziger waren ein anderes Kaliber.

KLUGE: Der Sozialistische Deutsche Studentenbund (SDS) beschließt 1969 seine Auflösung. Es gibt wenige Beispiele, dass eine intakte Organisation die eigene Aufhebung beschließt. Es folgt danach die sogenannte Amnestie-Debatte. Es geht um die Amnestie für Straftaten, die während und aus Gründen der Protestbewegung erfolgten. Da gibt es den Bundestagsabgeordneten Dichgans, der sagt: Wir müssen bei dieser Amnestie die Kaufhausbrandstifter ausgrenzen. Die sind zu diesem Zeitpunkt nicht terroristisch aktiv, sondern in der Lehrlingsausbildung in Nordhessen tätig. Ich spreche nicht von Ulrike Meinhof, die sitzt in Berlin. Ich spreche nicht von Horst Mahler, denn das ist ein intellektueller Anwalt, der nichts Praktisches tut, sondern ich rede von der Gruppe, die in Hessen eine neue Bildungsarbeit beginnt.

AUST: Baader und Ensslin mit ihren Lehrlingen waren stark auf Randale gebürstet. Das war ihre Art von Sozialarbeit. Es war etwas anderes, ein Kaufhaus in Brand zu setzen, als auf der Straße mit Steinen zu werfen. Wenn man die spätere Entwicklung dieser Gruppe sieht, war das schon angelegt. Beim Kaufhausbrand-Prozess hat man gemerkt, dass das eine andere Art von Militanz ist.

Ulrike Meinhof fuhr damals als Kolumnistin von *konkret* nach Frankfurt zum Prozess und bekam einen Besuchstermin bei Gudrun Ensslin. Sie kam wieder und war a) schwer beeindruckt von ihr, und b) hat sie gesagt: Wenn ich das schreibe, was die mir gesagt hat, kommen die aus dem Gefängnis nie wieder raus. Sie hat es nicht geschrieben, hat es uns auch nicht erzählt, aber es war so, dass sie schon damals den Eindruck hatte: Hier wird etwas anderes vorbereitet als das, was wir bisher kennen.

KLUGE: Ein Buch von dir heißt *Kennwort Hundert Blumen.* Wovon handelt das?

AUST: Es handelt von den Verstrickungen des Verfassungsschutzes in den Mordfall Ulrich Schmücker in Berlin. Es gab am Rande der RAF eine anarchoterroristische Gruppe, die sich die Bewegung 2. Juni nannte. Da gab es einen jungen Mann, der auf dem Weg zu einem Sprengstoffanschlag festgenommen wurde. Im Gefängnis wurde er vom Verfassungsschutz bearbeitet und hat dann Aussagen gemacht. Als er wieder rausgelassen wurde, hat der Verfassungsschutz ihm weitere Avancen gemacht. Dann ist er von einer Gruppe, in die er geraten ist, umgebracht worden. Es war quasi ein Fememord, der nie aufgeklärt wurde. Der Verfassungsschutz war so verstrickt in die Geschichte, dass der Prozess nachher nicht mehr sauber durchzuführen war.

KLUGE: *Der Baader-Meinhof-Komplex* heißt ein weiteres Buch von dir. Was steht da drin?

AUST: Beim Bundeskriminalamt hieß der Vorgang über die RAF der Baader-Meinhof-Komplex. Diesen Begriff habe ich vom BKA übernommen, weil Komplex a) einen komplexen Vorgang bezeichnet und b) auch einen Komplex darstellt, der im Kopf festsitzt. Es hat eine gewisse Doppeldeutigkeit. Ich habe versucht, die Geschichte der RAF und ihrer Hauptfiguren vom Beginn der RAF bis zum Tod in Stammheim zu rekonstruieren.

KLUGE: Das Bundeskriminalamt und die RAF treten wechselseitig in eine Vernetzung, in eine Art gegenseitigen Lernprozess ein, bewundern einander gelegentlich.

AUST: Das Bundeskriminalamt gab es schon vorher. In Wahrheit ist es als polizeiliche Koordinationsstelle gegen die RAF gegründet worden, mit seinem famosen Chef Horst Herold.

KLUGE: Der trat wie ein Dichter auf, wie ein Poet der Kamera-listik. Der schläft neben seinem Amtszimmer.

AUST: Herold hatte sein Appartement im Haus des BKA in Wies-baden, er sagte: Das ist mein Stammheim. Der hat sich zum Teil auf eine schräge Art mit denen identifiziert.

KLUGE: Herold hatte einen hohen Grad an Sensibilisierung in Richtung des Feindes. Er fühlte sich ein. Es gibt einen Kriminal-beamten, der bewundernd von Ulrike Meinhof spricht.

AUST: Das ist der Beamte Alfred Klaus, der hat sie häufig be-sucht, der sogenannte Familienbulle. Der war der Abgesandte des Bundeskriminalamts. Er hat auch die Gefangenen in Stammheim besucht und die Angehörigen. Er hat versucht zu begreifen, was da vor sich geht. Eigentlich war er ein einfacher Polizeibeamter, der sich langsam in diese politische Welt eingearbeitet hat und viel verstanden hat von dem, was sich dort abspielte. Um es wirklich bekämpfen zu können, musste man sich einfühlen in deren Psyche. Wenn man an manchen Stellen mehr auf diesen Polizisten gehört hätte, hätte man viel Unheil vermieden.

KLUGE: In Stammheim gab es von der Seite der Gefangenen, also der RAF, massive Versuche, mit Telefonaten in den Krisen-stab im Bundeskanzleramt vorzudringen. Es taucht die Frage auf: Wie kann man einen seriösen Verhandlungspartner bekommen? Wie kann man als handelnde Partei, als Kriegspartei, anerkannt werden?

AUST: Die Absicht der RAF war, einen militärischen Status zu bekommen, sich als Kriegsgefangene zu sehen und auch so zu ver-handeln. Sie wollten als politische Organisation ernst genommen werden. Um das zu vermeiden, hat die Bundesregierung nicht mit ihnen gesprochen. Das war ein grober Fehler. Wenn man zur Zeit der Schleyer-Entführung mit den Gefangenen in Stammheim ernste Gespräche geführt hätte, hätte man die Probleme mehr oder we-niger unblutig lösen können. Es war ein Fehler, dass man die Anwälte nicht eingeschaltet, dass man die Kontaktsperre durchge-setzt hat. Man hat die Kontaktsperre eingeführt, weil man glaubte, dass die Aktionen aus dem Gefängnis geleitet wurden. Natürlich gab es Beziehungen nach draußen. Aber durch die Kontaktsperre hat man die Bunkermentalität besonders gefördert und verhindert, dass Leute von außen Einfluss nehmen konnten, zum Beispiel Anwälte wie Schily oder Heldmann. Mit denen hätte man reden können, und die hätten auch mit den Gefangenen reden können. Dann hätte man vielleicht Appelle nach draußen an die anderen richten können. Die Kerngruppe der RAF im Hochsicherheitstrakt in Stammheim waren Gurus für die Terroristen draußen. Das waren nicht nur Gefangene, sondern Helden, Leitfiguren. Es konnte nicht in deren Interesse sein, dass ein Flugzeug mit vielen Leuten an Bord gekidnappt und nach Mogadischu entführt wird, auch nicht diese kaltblütige Hinrichtung von Schleyer.

KLUGE: Sie hätten abwiegeln können. Es gibt die berühmte Sage, dass Karl der Große Roland, den Führer seiner Nachhut, nicht zurückholen konnte. Nichts hat Hitler so geschadet wie die Tatsache, dass er die 6. Armee unter Paulus nicht retten konnte. Der Krisenstab kann Schleyer nicht zurückholen, der eine exponierte Person ist. Das hat eine emotionale Seite. Bist du da auch noch ein kühler Beobachter?

AUST: Mich hat das mitgenommen, weil ich Schleyer kannte. Ich hatte einen kritischen Film über ihn gemacht. Trotzdem habe ich ihn hinterher wiedergetroffen. Da hat er gesagt, ich hätte ihn in meinem *Panorama*-Beitrag ja erwartungsgemäß ordentlich in die Pfanne gehauen, aber wir sollten bei Gelegenheit wieder mal einen saufen gehen. Das war ein Kerl, mit dem konnte man kämpfen, mit dem konnte man streiten. Das stand im Gegensatz zu seiner Physiognomie, da wirkte er nicht besonders sympathisch. Diese kaltblütige Entführung und die Demütigung von diesem Mann über einen so langen Zeitraum haben mich mitgenommen. Es war auch schrecklich zu beobachten, wie wenig dieser Staat in der Lage war, angemessen zu reagieren. Man hat alles getan, um gewaltige Aktivitäten vorzuspiegeln, und das, was man hätte tun müssen, mit denen zu reden, hat man nicht gemacht. Man hat sie ignoriert, ausgeblendet, die Gefangenen in Stammheim.

KLUGE: Es gibt hier ein weiteres Buch: *Mauss – ein deutscher Agent*. Dem warst du auf der Spur.

AUST: Der war Privatdetektiv. Es war ungewöhnlich, dass jemand als kleiner Privatdetektiv im Auftrag von und bezahlt durch die Versicherung in enger Kooperation mit der Polizei selbst Verbrecher jagt – eine, wie ich finde, problematische Angelegenheit. Das Gewaltmonopol des Staates darf nicht privatisiert werden. Heute ist das gang und gäbe. Wir haben uns alle an private Sicherheitsdienste, an private Ermittler gewöhnt.

KLUGE: Zwei Drittel der Sicherheitssysteme sind privat finanziert.

AUST: Große Teile der privaten Sicherheitsdienste wurden nach der Wiedervereinigung von ehemaligen Stasileuten aus dem Osten gebildet. Das ist die Privatisierung der Stasi an Flughäfen und Behörden.

KLUGE: Ein anderes Buch heißt *Der Pirat*.

AUST: Das ist die Geschichte meines Vetters. Ich habe einen Cousin, den Sohn meines Onkels. Inzwischen lebt er nicht mehr. Der ist über viele Jahre geradezu beispielhaft durch eine Drogen- und Dealerkarriere gegangen. Ich habe immer einen großen Bogen um ihn gemacht, wie man Junkies ausweicht, um nicht hineingezogen zu werden, wenn es darum geht, Drogen zu kaufen. Er wollte seine Geschichte erzählen, ein Buch schreiben. Er fragte mich, ob ich ihm helfen könnte, einen Verlag zu finden. Er konnte es erzählen, aber nicht aufschreiben. Dann habe ich seine Geschichte aufgeschrieben. Und sie ist verfilmt worden für das ZDF.

KLUGE: 1988 beginnt *Spiegel TV*. Du hast selber moderiert und warst jede Woche vor der Nation. *Spiegel TV* kommt 1989 die Zeitgeschichte entgegen in ihrer interessantesten Form. Heute hast du als Chefredakteur des *Spiegels* eine Tätigkeit, die sich von allen deinen früheren unterscheidet.

AUST: Meistens bin ich in meinem Büro. Das ist langweilig. Wenn ich irgendwo hinfahre, fahre ich dahin, um ein Gespräch mitzuführen. Das sind nur kurze Reisen. Meistens bin ich an meinem Schreibtisch und sitze viel. Die Tätigkeit eines Chefredakteurs bei einem solchen Magazin findet im Büro statt durch Reden – und zwar in einer Tour.

KLUGE: Ich habe mir zur Vorbereitung unseres Gesprächs die Titelblätter von zwei Jahren angeschaut. Die sind anders als in früheren Jahren. Es werden verschiedene Zielgruppen, verschiedene Interessen und Themen direkt und nacheinander angesprochen. Es ist ein Aufmerksamkeitskarussell oder Kaleidoskop, keine monolithische Art. Hier kommt der *Spiegel* mit einer Art von Farbe, wie es in vielen Jahren früher war.

AUST: Das waren die frühen Jahre. Da hatte man ein Foto auf dem Titel, einen Menschen, meistens einen Politiker, aber auch Schauspieler wie Hildegard Knef. Die Phase, dass es nur Porträts auf dem Titel sind, ist seit langer Zeit vorbei. Das Themengebot, was die Titelbilder signalisieren, ist breit. Der *Spiegel* muss die Fülle der Ereignisse der Woche, des Monats, der Zeit reflektieren.

KLUGE: »300 Jahre Preußen« ist ein Jahresthema, auch »Das Gespenst der 70er«. Das hätte niemand ein Jahr vorher für möglich gehalten, dass die Siebzigerjahre oder 1968 ein öffentliches Interesse bekommen.

AUST: Alle, die heute in der Bundesregierung eine Rolle spielen, oder jedenfalls der größte Teil davon, kommen auf irgendeine Weise aus der oppositionellen Bewegung. Das ist eine große Leistung, dass dieser Staat die Protestbewegung integriert und auch Erfahrungen daraus gezogen hat als Staat, aber auch für die Personen selbst. Wo hat Joschka Fischer sein Verhandlungsgeschick gelernt? Mehr oder weniger in den endlosen Quatschereien in der WG in Frankfurt. Otto Schily als Innenminister schleppt Erfahrungen mit sich herum, die er in den Gerichtssälen dieser Republik unter anderem auch als Verteidiger der Terroristen gesammelt hat.

KLUGE: In diesem Heft geht es um das »Ich«. Das ist auf der subjektiven, persönlichen Seite, allerdings mit Boris Becker, einer öffentlichen Figur.

AUST: Spitzensportler sind von der Psyche her interessant. Das sind die Gladiatoren der modernen Zeit. So ein persönliches Drama spielt sich in den Köpfen von vielen Leuten ab. Insofern habe ich das für richtig gehalten, in einem intensiven Gespräch dem Thema auf den Grund zu gehen.

KLUGE: »Die große Rentenreform«. Das wird grafisch schon angedeutet, wie groß sie ist.

AUST: Da muss man nicht mehr lesen, da weiß man, was daraus geworden ist.

KLUGE: »Wie Banken die Anleger abzocken« ist ein zentrales Thema. »Neue Heimat Süden. Auswandern in die Sonne«, Eskapismus, »Verschwundene Kinder« – das ist ein erschütterndes

Bild. Das hätte ich mir nie vorgestellt, dass sich der *Spiegel* traut, ein solch einfaches Bild, das aber derart erschütternd ist, auf der Deckblattseite zu veröffentlichen. Das gehört zur Kunst, auf Effekte zu verzichten, etwas Einfaches zu zeigen und dadurch einen besonderen Ausdruck zu gewinnen.

AUST: Ich hatte das Bild in der Tageszeitung gesehen, es hat mich bewegt, weil ich selbst Kinder habe. Das Fahrrad ist ein Fahrrad im Schnee. Aber in der Kombination mit einer solchen Zeile packt einen das blanke Grauen.

KLUGE: Das ist vom Bildmedium her gedacht. Das würde Joseph Beuys nicht anders machen. Hier »Droge Macht«, »Hightech-Welt 2001. Odyssee im digitalen Raum«, »Was fühlen Tiere?«. Das ist wieder ein persönliches Thema, dass der Mensch sich spiegelt in diesen Augen.

AUST: Das ist der Hintergrund der gegenwärtigen Debatte, die mit BSE und Maul- und Klauenseuche zu tun hat. Die Leute gehen heute nicht ordentlich mit den Tieren um, wenn man sich dieses Massenkeulen anschaut.

KLUGE: Was sind Probleme in unserer Welt. Ist der Raketenabwehrschild ein Problem?

AUST: Es ist eher ein Arbeitsbeschaffungsprogramm für die elektronische Industrie. Was in Wahrheit viel gefährlicher ist, ist die ungleiche Entwicklung der Welt, riesengroße Menschenmassen auf bestimmten Kontinenten, denen es schlecht geht im Vergleich zu kleinen Teilen der Welt, in denen es den Leuten extrem gut geht. Das ist wiederum gepaart mit einer großen Mobilität. Man muss nicht mehr mit der »Mayflower« über den Atlantik schippern, sondern man kommt überall schnell hin. Das ist auch ein Teil der Asyl- und Ausländerproblematik.

KLUGE: An der somalischen Küste, bei Mogadischu, sind Piraten. Das ist nichts, was mit der Zivilisation, mit Rechtsstaatlichkeit oder mit Schutz vor Räubern zu tun hat. Bei Singapur gibt es dasselbe. Singapurs Marine ist zeitweise nur dafür da, Piraten abzuhalten.

AUST: Das Geiseldrama auf Jolo ist eine ähnliche Geschichte.

KLUGE: Es war eine kühne Entscheidung, Marc Wallert rauszuholen.

AUST: Ich bin stolz darauf, dass bei diesem Unternehmen der *Spiegel* gesagt hat: Wir machen das selber. Wir nehmen auch im Zweifel das Geld in die Hand, um das zu tun. Ressortleiter waren bereit, das unter Einsatz des eigenen Lebens vor Ort zu verhandeln. Das hätte alles schiefgehen können. Das Auswärtige Amt hat uns dringend davon abgeraten. Aber nach Lage der Dinge gab es keinen anderen Weg, ihn da rauszuholen.

KLUGE: »Protego ergo sum« (lat.: »Ich vermag zu schützen, und damit bin ich«) heißt nach Carl Schmitt die Formel für den absoluten Herrscher. Weil der König jemand, den er ausschickt und der in Not kommt, zurückholen kann, deshalb darf er regieren.

AUST: Für die Leute im Haus und für die Reporter, die häufig unter Risiken in die Welt fahren, in Krisengebiete, war es wichtig zu sehen, dass wir alles tun, um sie im Zweifel wieder rauszuholen. Das bedeutet nicht, dass man nicht vorsichtig sein muss und dass man sich nicht mehrmals überlegen muss, ob man Leute in Krisenregionen schickt. Aber wenn man diesen Beruf ernsthaft betreiben will, kann man sich nicht nur auf die Propaganda der einen oder anderen Seite verlassen. Da müssen wir unsere Aufgabe auch in Krisenregionen wahrnehmen.

KLUGE: Wenn du drei Horizonte, zu denen man aufbrechen könnte, nennen solltest, was wären die für 2001?

AUST: Die Grenzen sind stark gefallen. Das finde ich eine gute Erfahrung. Bei allem, was an der EU-Bürokratie kritisiert wird, möchte ich eines nicht missen: dass ich über einen Grenzübergang fahren kann, ohne anhalten zu müssen, dass ich meinen Pass nicht vorzeigen muss. Mir gefällt die Internationalisierung gerade in Europa, aber auch über Europa hinaus, dass Jugendliche in England, in Amerika studieren, dass sie Sprachen lernen.

Was bedeutet »dctp«?

Alexander Kluge

In den Jahren nach 1988 bis weit nach der Jahrtausendwende wunderten sich Zuschauerinnen und Zuschauer über das Logo »dctp« im Fernsehen. Es findet sich vor den Sendungen von *Spiegel TV*, vor Jauchs *Stern TV*, vor *BBC Exklusiv*, vor *NZZ Format*, vor dem *SZ Fernsehen* und vor den Kulturmagazinen *10 vor 11* (bei RTL), *News & Stories* (bei Sat.1) und *Prime Time: Spätausgabe* (bei RTL).

Die *Development Company for TV Program* ist eine Gründung des japanischen Werbekonzerns Dentsu Inc. mit 37,5 Prozent und von Alexander Kluge mit ebenfalls 37,5 Prozent. Weitere Gesellschafter sind der Spiegel-Verlag und die *Neue Zürcher Zeitung* mit je 12,5 Prozent. 2020 ist die *Neue Zürcher Zeitung* ausgeschieden. Die Prozentsätze haben sich geändert, nicht aber die Gleichgewichte. Die dctp ist eine Plattform für unabhängige Fernsehprogramme, die nach dem Rundfunkstaatsvertrag ein Fensterprogramm bei einem der Hauptsender ausstrahlen. Die Programme werden unabhängig produziert.

Die Aufzählung der Prozentzahlen bei den Gesellschafteranteilen hat einen inhaltlichen Grund. Die beiden Gründungsgesellschafter und die beiden wesentlichen Programmpartner (es gibt viele weitere, die nicht Gesellschafter wurden) zeigen ein Gleichgewichtssystem. Ein zentraler Punkt der Satzung besteht nämlich darin, dass in allen Fragen des Programms Einstimmigkeit erforderlich ist. Auch sonst können die beiden Gründungsgesellschafter und die Partner einander nicht überstimmen. Dieses Prinzip einer nicht hierarchischen oder auf Mehrheitsentscheidung beruhenden Struktur ist eine der Grundlagen der dctp. Die dctp besteht bis heute. In den mehr als 30 Jahren, in denen das Unternehmen arbeitet, hat es keinen Fall gegeben, in dem verschiedene Standpunkte nicht durch Einigung zusammengebracht werden konnten: Es gab keinen Fall, in dem eine Abstimmung nach Mehrheiten erforderlich oder erwünscht gewesen wäre.

Der Sinn dieser Gründung ist einfach: Bei Einführung des privaten Fernsehens gab es nur zwei Mediengruppen, die stark genug waren, um sich um einen eigenen privaten Fernsehsender zu bewerben. Das eine war die Kirchgruppe, sie bewarb sich um den Sender Sat.1 und wurde von den Bundesländern unterstützt, in denen die CDU die Mehrheit hatte. Die zweite Gruppe bestand aus der Compagnie Luxembourgeoise de Télédiffusion, die sich mit dem Bertelsmann-Konzern verbündet hatte. Es standen bei beiden Seiten, der Gründung Sat.1 und der Gründung von RTL, Monopole oder Oligopole im Raum. Nach Artikel 5 GG – und nach der Überzeugung von uns unabhängigen Filmemachern und auch von unabhängigen Unternehmen wie dem Spiegel-Verlag – ist ein Privatbesitz an einem so wesentlichen Teil der Öffentlichkeit wie dem Fernsehen unzulässig. Auf dem Gebiet der Presse gibt es keine Begrenzung für Monopole oder Großunternehmen, weil am Kiosk nach den Regelungen der Grossisten alle Publikationen von *Bild*-Zeitung bis zu *Manchester Guardian*, *FAZ* und *Le Monde* ausgeliefert werden und präsent sein müssen. Eine solche Pluralität beim Endabnehmer gibt es für Fernsehstationen nicht. Dies ist der Grund, warum wir damals unabhängige Fensterprogramme forderten. Wenn das »Hauseigentum« beim Kirchkonzern oder bei großen Unternehmen wie Bertelsmann liegt, muss es gewissermaßen Dachgeschosse oder Stockwerkseigentum geben – durchaus begrenzt – für unabhängige Bewerber. Dies wurde im Landesrundfunkgesetz NRW so auch zugrunde gelegt. Die beiden Konzerne, die sich um die Lizenzen von Sat.1 und RTL bewarben, nahmen hierauf Rücksicht, weil sie für die Verbreitung ihrer Werbung auf die Sendemasten im Lande NRW angewiesen waren. Obwohl also die liberale Einrichtung der Fensterprogramme nur in der Gesetzgebung *eines* Bundeslandes fundiert war, wurden sie dann doch ausgestrahlt.

Auf der Plattform dctp waren so rivalisierende Unternehmen wie *Spiegel TV* und *Focus TV* zur Zusammenarbeit bereit. Mit dem Fernsehen der *Neuen Zürcher Zeitung* und der BBC war eine europäische Perspektive der Öffentlichkeit angezielt. Die Kulturmagazine der dctp verbinden Teilöffentlichkeiten, die sonst kaum miteinander direkt kommunizieren: Wissenschaftskolleg zu Berlin, Max-Planck-Gesellschaften und Universitäten, Opernhäuser, Pop, Filmemacher, Personen wie Helge Schneider, Hans Magnus Enzensberger, Joseph Vogl, Niklas Luhmann, Durs Grünbein und Christoph Schlingensief, die sich sonst nicht treffen oder getroffen hätten.

Vom »Kino der Autoren« zum »Fernsehen der Autoren«

Das »Kino der Autoren« blühte von 1962 bis 1982 20 Jahre in der Bundesrepublik. Länger als die Vorbilder: die Nouvelle Vague oder das New American Cinema. Nach dem Tode Fassbinders (das war das Zeichen, nicht der Grund) verfiel das Kino der Autoren. Ab 1986 diskutierten wir über das »Fernsehen der Autoren«. Das knüpfte an Roberto Rossellini an. Er hatte, nachdem die Filmgesetzgebung von Giulio Andreotti (ital. Ministerpräsident) den unabhängigen Film in Italien zerrüttet hatte, ein solches »Fernsehen der Autoren« erfunden und bis zum Ende seines Lebens nur noch dafür gearbeitet.

Die Autorenfilmer (so auch ich) glaubten stets an die *nächsten* Schritte: Man muss eine Filmproduktion, sagten wir, direkt in den Programmkinos und in den Filmmuseen installieren (da, wo die Filmgeschichte zu Hause ist und die Filminteressierten die Filme finden), es geht um kooperative, das heißt »vernetzte« Filme (wie *Deutschland im Herbst*, *Der Kandidat*, *Krieg und Frieden*), es geht darum, »bei der Mehrheit zu bleiben, selbst wenn sie irrt« (das bedeutete, das Fernsehen zu respektieren, wenn es mit Willen der Zuschauer zum Leitmedium wird). Heute gilt das genauso fürs Internet.

Zum Prinzip des Autorenfilms gehört aber nicht nur dieser »Druck nach vorne«, sondern die *Verankerung* in der Filmgeschichte. Man kann die Qualität des frühen Films (und der Fantasietätigkeit, die dem Film voranging) nur unter der Bedingung in den Menschen gegenwärtig halten, wenn man sie in die Neuen Medien wirklich und praktisch einfügt.

Woran ist ein neues Leitmedium zu erkennen?

Bei Kriegsausbruch 1939 ist das Leitmedium der Rundfunk. Man geht um fünf Uhr früh, wenn die Panzer nach Polen durchbrechen, nicht ins Kino, sondern hört die Sondermeldung. Am 11. September 2001 greift einer nicht zum Roman, sondern drückt auf die Fernsehtaste für CNN. Dies plus das Telefon sind Leitmedien. Das Vertrauensverhältnis *Wo hole ich im Ernstfall meine Nachricht?* wandelt sich rasch. Das Leitmedium ist immer dasjenige, zu dem man in der Not greift.

Das, was außerhalb eines solchen Mediums in der Welt Geltung hat, muss man die ganze Zeit über ohne Fälschung zum Medium hintragen. Im Moment der Not käme es zu spät. Für einen Filmemacher geht es nicht darum, ob er selbst gern Fernsehen sieht oder ob er das Medium liebt. Es genügt, dass er Filmkunst liebt. Das fordert, dass er das Leitmedium respektiert.

Filme mit Überlänge, sehr kurze Filme

Die *Heimat*-Trilogie von Edgar Reitz umfasst 54 Stunden. Das Interesse der dctp gilt einerseits kurzen Filmen (sogenannte Minutenfilme), auf der anderen Seite aber auch »Thementagen« in Länge von 200 Minuten oder Nachtprogrammen in Länge von fünf Stunden. Die Kategorie »Momentaufnahme« ist ohne die Kategorie »Zusammenhang« nicht zu denken. Nach der Insolvenz von VOX im Jahr 1994 wurde dieser Sender (durch Stefan Aust und dctp) auch dadurch gerettet, dass dctp dort extrem gründliche und lange Formate einführte. Auf emotionale 100-Minuten-Fiktionsprogramme folgten zum Beispiel am Samstagabend informative 100-Minuten-Programme, die sich auf das gleiche Thema konzentrierten. Dokumentation und Spielhandlung im Gleichgewicht.

Robuste Kürze und radikale Länge gehören von jeher zu Avantgarde. Es ist kein Zufall, dass Oberhausen ein Kurzfilmfestival war und dass andererseits das Idol der dctp die Erneuerung der Enzyklopädie ist.

Balladen und Moritaten

Dem Kino gehen die *Prototypen* emotional gebündelter Bild- und Textfolgen voraus: Im England Shakespeares die Catchpenny-Drucke, in der deutschen Vorklassik die Balladen und im späten 19. Jahrhundert die Moritaten. Die Laterna-Magica-Bildfolgen, die Bilder in den Panoramen und die Guckkastenbilder auf den Jahrmärkten hat Walter Benjamin intensiv kommentiert. Jede neue Zeit muss ihre Erfahrungen im Verhältnis zu diesen »einfachen Erzählweisen« testen.

Die traditionellen Vorläufer des Films beruhen, wenn sie platt sind, auf Voyeurismus, wenn sie differenziert sind, auf Einfühlung. Das Vermögen der »anticipation of the other«, dass sich meine Empfindung hineinversetzt in die Empfindung anderer, ist eine der großen Errungenschaften der Zivilisation. Hört diese Einfühlung (Grundlage des Erzählens) an einigen Stellen der Jetztzeit auf? Kann man die STATISTISCHE ERFAHRUNG VON ZERSTÖRUNG oder den AMOK mit den Mitteln der Einfühlung erzählbar machen?

Die Mehrzahl der Menschen befindet sich auf Glückssuche. Die generelle Annahme, dass Einfühlung möglich ist so wie guter Wille, gehört zur Kommunikationsbereitschaft. Sie ist das Grundgesetz des Erzählens. Gilt andernfalls Stummzeit? Zum Beispiel wenn es sich als öde erweist, dass von einer Sache erzählt wird?

Von den Bilderfolgen, die dem Kino vorangehen, handeln zahlreiche Kulturmagazine der dctp bis heute. Es ist vermutlich so, dass alle frühen Formen der Bildererzählung aus der Zukunft neu auf die Filmkunst zukommen. Auf jede Überforderung hin suchen Menschen nach einer Erzählung.

Erster Kontakt mit Stefan Aust

Rudolf Augstein kannte ich seit 1962. Stefan Aust habe ich erst 1977 kennengelernt. Es war bei den Dreharbeiten zu dem Gemeinschaftsfilm *Deutschland im Herbst*. Auf dem Dornhaldenfriedhof in Stuttgart wurden die Toten von Stammheim beerdigt. Stefan Aust leitete das Team von *Panorama*, also das des öffentlich-rechtlichen Fernsehens. Volker Schlöndorff und ich arbeiteten mit je einem Kamerateam für unseren Kollektivfilm. Wir beobachteten uns gegenseitig, nahmen Fühlung auf, tauschten Materialien und Informationen aus.

Dann übernahm Rudolf Augstein den *Filmverlag der Autoren*. Dieses Unternehmen wurde von Theo Hinz geleitet und war unser traditioneller Verleiher für unsere Filme, somit auch des Kollektivfilmprojekts, mit dem wir auf die Geschehnisse im Herbst 1977 zu antworten versuchten. Aus dem Kollektivfilm entstanden bei Schlöndorff ein Nachfolgefilm, bei Fassbinder der Film *Die dritte Generation* und bei mir der Film *Die Patriotin*. Aufgrund einer Initiative von Theo Hinz und Rudolf Augstein wandten wir uns dann dem Kollektivfilm *Der Kandidat* zu. Die Kanzlerkandidatur von Franz Josef Strauß war der Anlass zu diesem Film.

Die Form des Kollektivfilms ist eine Erweiterung des Autorenfilms. Das Prinzip des Autorenfilms, die unabhängige Produktionsweise, hatten wir von der französischen Schule der Nouvelle Vague übernommen. Dass aber – ähnlich wie eine Zeitung von vielen Redakteuren und nicht von einem einzelnen Autor hergestellt wird – mehrere Temperamente von Filmemachern sich miteinander verbanden zu einem kooperativen Film, war neu. Ich bin überzeugt, dass der Autorenfilm, wäre diese Richtung konsequent und beharrlich weiterverfolgt worden, bis heute bestünde und eine Entwicklung der Filmgeschichte, nämlich der Autorenfilm,

eine glücklichere Perspektive gewonnen hätte. In dieser Aufbruch-
stimmung traf ich zum zweiten Mal auf Stefan Aust, und die Zusammenarbeit erstreckte sich dann auf den nächsten Kollektivfilm
Krieg und Frieden, bei dem Stefan Aust, auch mit der Autorität
von Rudolf Augstein, eine starke Rolle spielte.

Die Paten, welche die dctp begründeten

Der Publizist Günter Gaus, der FDP-Politiker Burkhard Hirsch, der Filmproduzent Hans Abich, der damalige Vorsitzende des Börsenvereins des Deutschen Buchhandels Ernst Piper und vor allem der Generalintendant August Everding waren die Paten – sie wirkten wie operativ tätige Aufsichtsräte – bei der Gründung der dctp.

Als ich und der Rechtsanwalt Norbert Kückelmann für die Gruppierung der unabhängigen Filmemacher in der Debatte über die Zulassung des privaten Fernsehens in der Bundesrepublik im Rahmen der Ministerpräsidentenkonferenz 1985 Stellung nahmen, zuckten die Herrscher im Medienbereich – der Konzernherr Leo Kirch, die Repräsentanten von RTL und die Vertreter des öffentlich-rechtlichen Fernsehens – nur mit den Schultern. Mit Ausnahme des Intendanten des WDR Friedrich-Wilhelm von Sell und auch mit Ausnahme der Verlegergruppe der WAZ und des Ulmer publizistischen Unternehmers Eberhard Ebner. Mit ihnen bahnte sich in verschiedener Weise eine Zusammenarbeit an.

Für die Großen im Fernsehen dagegen war weder die klassische Öffentlichkeit noch der unabhängige Film etwas, was sie glaubten haben zu müssen. Auch unsere Verbindung zum Musiktheater – August Everding war Vorsitzender der Intendantengruppe im Deutschen Bühnenverein – veränderte diese starre Positionierung nicht. Es war dann der Politiker Jürgen Büssow, verantwortlich in der Sozialdemokratischen Mehrheitsfraktion im Landtag von Nordrhein-Westfalen für Rundfunk und Medien, der mich überzeugte, dass wir das Bündnis mit dem »Sturmgeschütz der Demokratie«, dem Spiegel-Verlag, zusätzlich bräuchten, um Autorität zu haben. Jürgen Büssow gehörte nicht zu den Paten, aber zu den Gründern der dctp insofern, als ohne ihn diese Konstellation von unabhängiger Öffentlichkeit inmitten des Fernsehens nicht zustande gekommen wäre. Er gehörte zu denen, die den *Strukturwandel der Öffentlichkeit* von Jürgen Habermas gelesen hatten und der außerdem die Urteile des Bundesverfassungsgerichts, die vom dortigen Berichterstatter Prof. Dr. Dieter Grimm formuliert waren, ernst nahm. Es geht in diesen Urteilen um die Ausfüllung des Gebots von Artikel 5 Grundgesetz. Danach kann die Öffentlichkeit nicht Objekt und Inbesitznahme bloß von großen Konzernen sein. Nicht nur der Minderheitenschutz, sondern auch die unabhängige Sendefläche, wie sie einem Marktplatz in Florenz oder einer Agora in Athen entspricht, muss vom Gemeinwesen gewährleistet sein. Das ist ein Verfassungsgrundsatz, den das Bundesverfassungsgericht in mehreren Urteilen untermauerte. Also nicht nur Schutz von Vielfalt und Unabhängigkeit klassischer Öffentlichkeit gegenüber dem Staat, sondern der Staat muss auch gegenüber den Mächten der Wirtschaft oder den Trägheiten der Konsumgesellschaft diesen Freiraum nach Artikel 5 Grundgesetz gewährleisten. Wir haben die Erfahrung gemacht, dass die Gewohnheitspolitik und auch einige Medienanstalten sich zu diesem Verfassungsgebot lasch verhalten. Dies war in der Periode, in der junge Politiker wie Jürgen Büssow oder die im *Langen Eugen*, dem Parlamentsgebäude in Bonn, eine Zeit lang vorherrschende Riege junger Politiker um Peter Glotz Initiative ausübten, deutlich anders. In ihrer Endphase hat die Bonner Republik das Gebot, eine intakte Öffentlichkeit zu setzen, mit großem Ernst verfolgt. Die Verfallserscheinungen dieser Öffentlichkeit sind nicht nur durch die überwältigende Wucht der Algorithmenwelt von Silicon Valley, sondern auch durch eine gewisse Leichtfertigkeit im Umgang mit Artikel 5 Grundgesetz in der Berliner Republik bedingt. Ein Baustein für den Versuch, diesem Zerfall der Öffentlichkeit entgegenzuwirken, steckt im Projekt der dctp.

Dass sich der Spiegel-Verlag an diesem Projekt beteiligte, ist naheliegend. Jürgen Büssow wies von Anfang an darauf hin, dass der Verlag seinem gesamten Markenbild nach auf Unabhängigkeit ausgerichtet ist. Er könne also, so Büssow, nicht bloß Auftragsproduzent sein, sondern müsse in der telekommunikativen Mitteilung stets eine unabhängige Position aufrechterhalten. Das müssen alle

Teilnehmer der klassischen Öffentlichkeit, die Opernhäuser, die unabhängigen Filmemacher, die literarischen Autoren und allen voran die wissenschaftliche Öffentlichkeit zu jedem Zeitpunkt und für jedes Medium, vor allem auch im Internet heute, ebenso zu ihrem Zeichen nehmen.

Burkhard Hirsch, Jurist und Bundestagsabgeordneter, später Innenminister in NRW. Beirat der dctp.

Norbert Kückelmann, Rechtsanwalt und Filmemacher. Mitinitiator bei den Verhandlungen zur Gründung der dctp.

Günter Gaus, Journalist, Chefredakteur des *Spiegels*, Minister im Kanzleramt, bei Gründung der dctp beteiligt und dort verantwortlich für seine Sendereihe »Zur Person«.

Hans Abich, Filmproduzent. Ebenfalls zum Gründungsbeirat der dctp zählend.

Michael Gielen, Generalmusikdirektor der Oper Frankfurt und Dirigent. Maßgebend für die Ausrichtung der Musikmagazine der dctp.

August Everding, Generalintendant der Bayerischen Staatsoper und Vorsitzender des Deutschen Bühnenvereins. Gehörte zu den Gründern und zum Beirat der dctp.

Jürgen Büssow, Mitglied des Landtags in NRW, verantwortlich für das dortige Landesrundfunkgesetz. Begründer des Prinzips der Fensterprogramme im Privatfernsehen.

Peter Glotz, Mitglied des Deutschen Bundestages, gemeinsam mit Burkhard Hirsch Maßstäbe setzend für eine grundgesetzorientierte Film- und Medienpolitik.

Die schwierige Arbeit, den *Spiegel* zur Kooperation zu gewinnen

Zwei Jahre habe ich den *Spiegel* umworben. Übrigens im gleichen Maße, von meiner Motivation her eher intensiver, auch die *Frankfurter Allgemeine Zeitung.* Die Bindung an die *FAZ* hätte ich vorgezogen. Durch den seinerzeitigen Feuilletonchef Karl Korn und meine Zusammenarbeit mit Hellmut Becker war ich an dieses doch europäische Blatt gewöhnt. Dass meine Versuche nicht im Unmöglichkeitsraum stattfanden, zeigt mir, dass der Geschäftsführer des *Spiegels* Karl Dietrich Seikel, dem das Gelingen der Zusammenarbeit mit dem *Spiegel* später im starken Maße zu verdanken war, heute Aufsichtsratsvorsitzender der *FAZ* ist. Dennoch erreichte ich 1987 bei der *FAZ* überhaupt nichts. Bei Rudolf Augstein traf ich auf lebhaftes Interesse. Seine Antwort aber war: Er könnte so etwas Komplexes wie einen Fernsehauftritt des *Spiegels* nur selbst organisieren, und dafür habe er weder Kraft noch Zeit. Die Verhandlung zog sich hin. Dann trat im Frühjahr 1987 der Unternehmensberater und Publizist Adolf Theobald ins Amt des Geschäftsführers des *Spiegels.* Binnen weniger Wochen waren die Verträge zwischen *Spiegel* und der dctp unterschrieben. Einer der Schlüssel für die Kooperation war die Bestellung von Stefan Aust zum Chefredakteur von *Spiegel TV.* Das war die Bedingung von Adolf Theobald und Rudolf Augstein und, wie sich zeigte, auch der Schlüssel für den Erfolg dieses Projektes.

Maulwurfstunnel als Metapher für die Arbeitsweise der dctp

Die Bezeichnung *dctp*, eine Buchstabenfolge, die nicht leicht im Kopf zu behalten ist und kein populäres Bild ergibt, ist der unglückliche Einfall meines japanischen Partners als Geschäftsführer der dctp. Er wollte den Buchstaben D in das Wording einbringen. Das D ist der Anfangsbuchstabe von Dentsu Inc. Tokio, unseres Mitgesellschafters, eines Konzerns, den er in Düsseldorf vertrat. Faktisch ist die dctp ein Netzwerk oder eine Konstellation von Kräften, die ihrem Charakter nach Unabhängigkeit brauchen und in einigen ihrer Charakteristiken vom Typus einer Handelsware abweichen. So verkauft der *Spiegel* ein Produkt, aber besteht doch auf der Idee, dass es in diesem Produkt etwas Unverkäufliches, etwas Kritisches, etwas Unverwechselbares geben muss.

Das wiederholt sich für den unabhängigen Film, der sich seit 1962 in der Bundesrepublik – in Anlehnung an die französische Nouvelle Vague – zu Wort meldete. Börse und Geld sind nicht die einzigen Währungen in unserer Lebenswelt. Heute, im digitalen Zeitalter, setzt sich neben das Geld »die Lebenszeit als Währung«, wir Nutzer des Internets zahlen mit unserer Aufmerksamkeit, die von großen Unternehmen verwertet wird, und erhalten Informationen umsonst. Es gibt aber noch einen weiteren Zusammenhang. Nach den Kategorien des amerikanischen Soziologen Parsons, dem die Theorien von Niklas Luhmann und die von Dirk Baecker auf dem Fuße folgen, dass neben der Geltungsmacht von Geld und Börse die von Treueverhältnissen und die des Wahrheitsanspruchs stehen, die jeweils gegen Geld nicht konvertibel sind. Auch in Liebesbeziehungen gibt es zwar die Figur der *Traviata*, einer schönen Frau, deren Liebe mit Geld abgegolten wird. Das ist, wie Giuseppe Verdi zeigt, aber mit Geld nicht konvertibel. Wissenschaft, Wahrheitsanspruch und Liebesfähigkeit sind im Kern unbestechlich.

Unabhängige Öffentlichkeit ist insofern – das ist die gemeinsame Überzeugung und Haltung im Netzwerk der dctp – kein anderer Handelszweig, nicht bloß »Kultur«, sondern ein republikanischer Vorbehalt gegenüber jeglicher Allmacht. Es ist ein kleiner Baustein, aus dem das Prinzip Freiheit sich bodenständig zusammensetzt.

Es ist bemerkenswert, dass mit der Gründungszeit der dctp drei Chefredakteure des *Spiegels*, also des Wochenmagazins, verbunden sind: Günter Gaus, Stefan Aust und Georg Mascolo. Alle drei sind in ihrer Arbeit charakteristisch für das Prinzip der UNABHÄNGIGEN ÖFFENTLICHKEIT. Dieses Enzym der Unabhängigkeit steckt – nach meiner Beobachtung – in allen Menschen, auch wenn es sich nicht in jedem Menschen offen zeigt. Die Suche nach Unabhängigkeit und zugleich nach Bestätigung durch die anderen, also nach unabhängiger Öffentlichkeit, liegt in der menschlichen Natur. Das Enzym ist ansteckend. Es schafft Maulwürfe und Maulwurfstunnel. Die Unabhängigkeit sucht sich oft unterirdische Wege und andere Wege, als man erwartet. In diesem Sinne ist die dctp ein ANTI-INSTITUTIONELLES UNTERNEHMEN.

STATION 2

Wir filmen – gemeinsam mit
Volker Schlöndorff – auf dem
Gründungsparteitag der Grünen /
Auf den Kollektivfilm
Deutschland im Herbst folgt
unser Film *Der Kandidat*

Gründungsparteitag der Grünen in Karlsruhe im Januar 1980: eine Sequenz in unserem Kollektivfilm *Der Kandidat*

Alexander Kluge

In unserem Film *Der Kandidat* geht es um die Bewerbung von Franz Josef Strauß um das Bundeskanzleramt. Er kämpft als Spitzenkandidat von CDU/CSU gegen Helmut Schmidt, den realistischen Praktiker, der sich bescheiden einen »Geschäftsführer der Bundesrepublik« nennt. Unser Eindruck ist: Strauß bewirbt sich um das Bundeskanzleramt, in dem er sich als Herrscher zeigen will. Volker Schlöndorff, Stefan Aust, ich und eine Reihe anderer Regisseure haben sich zusammengetan, um dieses »Projekt einer Machtergreifung« zu beobachten. In diesem Zusammenhang stoßen wir in Karlsruhe auf den Gründungsparteitag der Grünen. Auf den ersten Blick hat der mit dem Bundesamtswahlkampf nichts zu tun. Wir glauben aber, dass man – was Öffentlichkeit betrifft – keinen Tunnelblick haben sollte. Der Aufbruch, der sich auf dem Parteitag der Grünen äußert, bildet eine der Gegenbewegungen zu dem Umsturzversuch des energischen Kandidaten Strauß.

Wer die Sammlungsbewegung der Grünen auf ihrem ersten Parteitag beobachtet hat, hätte nicht angenommen, dass diese Partei einmal eine Bundesaußenministerin wie Annalena Baerbock, einen Ministerpräsidenten von Baden-Württemberg, viele Landesminister und heute einen Bundesvizekanzler und mehrere Ministerinnen und Minister im Bundeskabinett stellen würde. Man hatte nicht einmal den Eindruck, dass sich hier eine Partei gründet, sondern eher ein Forum von Bürgerinnen und Bürgern, eben eine Sammlungsbewegung des guten Willens.

Man beobachtet Splittergruppen aus der Protestbewegung von 1968 bis 1977, Marxisten aus der Provinz und aus Frankfurt-Nordend. Außerdem Naturschützer, Menschen, die politisch nichts verbindet als ihr guter Wille, ihr gemeinsames Bauchgefühl, das sich gegen die Abstraktheit der Atomphysik, gegen das, was für die Lebenswelt unverständlich bleibt, gegen Entmündigung des Menschen richtet. Zu der Sammlungsbewegung gehört auch eine Kommune von Minderjährigen aus Nürnberg, die für ihre sexuelle Souveränität kämpft. Ein gediegener marxistischer Theoretiker der Spitzenklasse, Rudolf Bahro, ist soeben aus der DDR ausgewiesen worden. Er hält eine fulminante Rede auf dem Gründungsparteitag und erklärt während seiner Rede spontan den Beitritt zur Partei der Grünen. Mental und politisch sein Nachbar: Joseph Beuys. Wichtiger Mentor, überall die Genossen in Gespräche verwickelnd. Man kann sich kaum etwas Bunteres, auch nichts Lebendigeres denken als diesen Parteitag. Er bietet ein Bild der UNORGANISIERBARKEIT. Zugleich aber dokumentiert er ENTSCHLOSSENHEIT und ENTSCHIEDENHEIT zu einer Wende. Ein gefundenes Fressen für die Kameras.

Unsere Teams waren in Karlsruhe vor Ort. Es arbeiteten drei Teams: Das von Volker Schlöndorff, das von Digne Meller Marcovicz und das von mir. Stefan Aust immer dabei.

Die Zeitgeschichte ist ein eigenwilliger und fantasiereicher Erzähler. Wir hatten nicht gewusst, dass nur etwa 30 Meter vom Gründungsparteitag der Grünen entfernt, unserem eigentlichen Ziel, ein JUBILÄUMSBALL DER LUFTWAFFE stattfand. Selbstverständlich filmten wir das Ereignis ebenso wie den Parteitag der Grünen.

In der unmittelbaren Nachbarschaft eines politischen Neuaufbruchs, der eine klare Antikriegstendenz hatte, sahen wir ein Modell des Starfighters aufgebaut, des Unglücksflugzeugs. Feierlich und demonstrativ ausgestellt. Mit Ballett, Potpourris, Präsentation von Waffen und in GESELLSCHAFTSANZUG (Smoking, Krawatte, Uniform) feierte hier eine konservative Altgesellschaft, ohne Berührung mit den wenige Meter entfernten frischen und modernen Grünen, ihre Tradition. Beides durch nichts verbunden als durch unsere Filmaufnahme. So etwas ist Öffentlichkeit.

Gründungsparteitag
der Grünen
Karlsruhe
12.–13. Januar 1980

Gründungsparteitag der Grünen am 12. und 13. Januar 1980 in der Karlsruher Stadthalle mit 1004 Delegierten. Die Versammlung wurde am 12. Januar um 10:08 Uhr durch das Bundesvorstandsmitglied Dr. Herbert Gruhl eröffnet. Das Gesamtprotokoll des Parteitags ist erhalten und im Internet zugänglich.

43

Rudolf Bahro bei seiner Rede, in der er seinen Beitritt zur Partei
Die Grünen erklärt.

»Es liegt sogar eine
gewisse Hoffnung darin,
dass die Inhaber der
Verfügungsgewalt selbst
heute immer weniger zu dem
Erlebnis gelangen, dass sich
unter ihrem Einfluss etwas
zum Kosmos rundet.«

Rudolf Bahro in seiner Parteitagsrede

Gleichzeitig findet am 12. Januar 1980 in der Schwarzwaldhalle in Karlsruhe ein Ball der Bundesluftwaffe statt. Etwa 30 Meter vom Parteitag der Grünen entfernt.

Trümmer von Starfightern.

Die Filmsequenz »Gründungsparteitag der Grünen«
aus dem Film *Der Kandidat*.

Michael Kloft im Gespräch mit
Volker Schlöndorff

Ausschnitt aus einem Interview vom 9. Juni 2010 in Potsdam

MICHAEL KLOFT: Eine andere Szene, die Sie gedreht haben und die im Film zu sehen ist, kann man heute als historisch bezeichnen. Es handelt sich um den Gründungsparteitag der Grünen. War Ihnen damals vor Ort bewusst, dass Sie an einem besonderen Ereignis teilhaben?

VOLKER SCHLÖNDORFF: Ausgerechnet in dem Augenblick, wo die CDU/CSU einen Kandidaten wie Franz Josef Strauß aufstellt, formiert sich aus der außerparlamentarischen Opposition heraus, der APO, eine neue Partei. Es gab viele Leute in dieser außerparlamentarischen Opposition, die gespürt haben, dass sie von den Parteien und besonders von diesem Kandidaten nicht mehr vertreten werden: Wenn das die offizielle Politik ist, müssen wir einen neuen Ansatz von Parteipolitik finden. Dass das eine ungeheure Sache wird, war jedem klar. Das war ein »grassroots movement«, eine Graswurzelbewegung. Heute spricht man von Politikmüdigkeit. Damals war man erst recht dieser Parteien müde, die sich vom Adenauerdeutschland bis in die Achtzigerjahre hinübergerettet hatten. Irgendwo musste ein neuer Ansatz herkommen. Deshalb sind wir nach Karlsruhe gefahren. Das war spannend, weil es so heterogen war. Da passte nichts zusammen. Da waren auf der einen Seite stockkonservative Oberförster mit eher nationalen Tendenzen, und auf der anderen Seite stand Joseph Beuys. Die Grünen hatten junge Menschen, Leute mit Rauschebärten und Feministinnen. Das war ein neuer Schmelztiegel. Uns war klar, dass das die Alternative zu

Franz Josef Strauß ist. Wir machten diesen Film *Der Kandidat* nicht so sehr, damit man den Gegenkandidaten der anderen großen Volkspartei wählt, sondern eher, um zu zeigen, dass die Antwort die Grünen sind.

Aus Selbstachtung die Welt retten: die Grünen

Gespräch zwischen Alexander Kluge und Stefan Aust
vom 20. Oktober 2022

ALEXANDER KLUGE: Wie ist aus deiner Erfahrung die Differenz bei den Grünen zwischen 1980 und 2022?
STEFAN AUST: Die Grünen, die sich auf dem Parteitag am vergangenen Wochenende gezeigt haben und die sich auch gegen den Weiterbetrieb von Atomkraftwerken ausgesprochen haben, waren Jüngere, aber es waren auch viele Ältere dort aus der ersten Protestgeneration. Die Entscheidung gegen den Weiterbetrieb von Atomkraftwerken ist ein Ausdruck des Gründungsnarrativs der Grünen. Die Grünen haben sich im Wesentlichen an der Antiatombewegung orientiert. Das ist die Erinnerung, welche die meisten in der ersten, aber auch in der zweiten Generation der Grünen haben. Die erste Generation war gegen die Atomkraftwerke. Die zweite Generation hat demonstriert gegen die Zwischen- und Endlagerung von Brennstäben. Die Opposition gegen die Atomenergie ist die Basis der Grünen. Deswegen war es nicht verwunderlich, dass sie auch in Notzeiten lieber auf die Atomkraft verzichten und damit möglicherweise riskieren, dass es zum Blackout kommt. Als Gerhard Schröder die erste rot-grüne Koalition gebildet hat, war klar, dass die Grünen darauf bestehen werden, die Atomreaktoren abzuschaffen. Schröder hat damals gesagt, dass die gesellschaftliche Akzeptanz nicht vorhanden ist. Das war falsch, denn damals war die gesellschaftliche Akzeptanz von Atomreaktoren groß – nur nicht bei den Grünen. Er hat sich nach den Positionen der Grünen gerichtet. Aber er hat gleichzeitig mit den Grünen die Verhandlungen über den Ausstieg geführt. Da

ging es um die Restlaufzeiten. Die Grundidee war: Wir wollen perspektivisch aussteigen. Aber wir wollen nicht neue laufende Atomreaktoren abschalten, sondern wir wollen es langsam und gesteuert auslaufen lassen. Bei dem rot-grünen Ausstieg aus der Kernenergie gab es nicht die geringste Diskussion, sich auch noch aus der Steinkohle, der Braunkohle, aus dem Öl oder aus dem Gas zu verabschieden. Die Lage war anders. Wenn der Strom aus Braunkohle, Steinkohle und Öl hergestellt wird, ist es nicht so gefährlich, aus dem Bereich der Atomenergie auszusteigen.

KLUGE: Die Grünen sind eine gesellschaftliche Macht.

AUST: Sie sind im Augenblick die größte gesellschaftliche Macht. Vor 40 Jahren gehörten die meisten Stimmen, die bei den Grünen gelandet sind, den Sozialdemokraten. Diese Stimmen fehlten der SPD. Erst als Schröder Kohl abgelöst hat und es eine rot-grüne Regierung gab, war es möglich, dass die SPD die Stimmen der Grünen mit eingesammelt hat und mit ihnen zusammen regieren konnte. Im Moment sind fast alle Koalitionen in den Bundesländern Koalitionen mit den Grünen. Deswegen haben die Grünen, weil sie dringend gebraucht werden in der Regierung, eine große Macht.

KLUGE: Die Grünen sind eine Partei des guten Willens.

AUST: Sie sind eine Partei der Moral und des Wunschdenkens, eine Partei, die gern die Realität beiseitelegt und denkt: Wir müssen die Welt und das Klima retten, wir müssen auf der Welt für Demokratie sorgen.

Das Team des Kollektivfilms *Der Kandidat*. Schlöndorff, Aust, Kluge, von Eschwege.

Alexander Kluge

Das Format der Kollektivfilme entstand ursprünglich mit dem Film *Deutschland im Herbst*, der auf das legendäre Jahr 1977, den Tod von Hanns Martin Schleyer und die Beerdigung der Toten von Stammheim auf dem Dornhaldenfriedhof in Stuttgart antwortete. Der Film beruhte auf der Zusammenarbeit von R. W. Fassbinder, Alexander Kluge, Volker Schlöndorff, Heinrich Böll, Alf Brustellin, Bernhard Sinkel, Edgar Reitz und anderen.

Stefan Aust

Der Begriff vom »Deutschen Herbst« ist seither geblieben. Synonym für den Anschlag einer Gruppe politischer Desperados auf das Machtsystem des deutschen Nachkriegsstaates, Synonym für die staatliche Reaktion, für die Härte und ihren Preis.

Es waren sieben Jahre, die die Republik veränderten. Sie hatte aufgerüstet, juristisch und politisch und im Bewusstsein der breiten Bevölkerung. Das Land hatte an Liberalität verloren. Doch auch der hochgezüchtete Polizeiapparat hatte den Krieg der nächsten Generation der RAF nicht stoppen können. Das blutige Ende des »Deutschen Herbstes« war nicht das Ende des Terrorismus in Deutschland. Die neue RAF hatte nur dazugelernt.

Ich filmte am Ort der Beisetzung auf dem Dornhaldenfriedhof für *Panorama*. Dort traf ich den Filmemacher Alexander Kluge und den Regisseur Volker Schlöndorff. Sie waren dabei, für eine Gemeinschaftsproduktion über »Deutschland im Herbst« zu drehen. Ich besuchte Kluge eine Zeit später in seinem Schneideraum und gab ihm einige Szenen, die ich im Stammheimer Untersuchungsausschuss gedreht hatte, so die Befragung des Gefängnisbeamten Bubeck über die Zusendung eines Kälberstrickes an die Gefangenen im siebten Stock.

Leider ging das Material irgendwie verloren, landete nicht in dem Film und blieb auch später unauffindbar.

Tod in Stammheim

Meldung Deutschlandfunk, 18. Oktober 1977: »00:38 Uhr, hier ist der Deutschlandfunk mit einer wichtigen Nachricht. Die von Terroristen in einer Lufthansa-Boeing entführten 86 Geiseln sind alle glücklich befreit worden. Dies bestätigte ein Sprecher des Bundesinnenministeriums soeben in Bonn.«

Auch im Hochsicherheitstrakt von Stammheim wurde die Nachricht über ein verstecktes Radio gehört. Danach müssen sich die Gefangenen über ihre geheime Gegensprechanlage zum Selbstmord verabredet haben.

Die Nachricht vom Selbstmord der Stammheimer Gefangenen traf die in Bagdad weilende RAF-Gruppe wie ein Schlag. Peter-Jürgen Boock erinnerte sich: »Die Leute saßen da wie betäubt. Sehr lange gab es überhaupt keine Diskussion. Einige haben geweint. Dann ist einer Person von uns der Kragen geplatzt, die zweite Person, Brigitte Mohnhaupt, die ja wusste, dass die Waffen da reingegangen waren, die auch wusste, dass da so was passieren würde, weil der Tenor aller Übrigen war, die sind umgebracht worden, und nun haben die Schweine das also wahr gemacht. Die armen Leute und wie das wohl gewesen sein mag. Sie konnte das wohl nicht mehr ertragen und hat dann sehr energisch und aggressiv eingeworfen: ›Ihr könnt euch wohl nur vorstellen, dass die Opfer gewesen sind. Ihr habt die Leute nie gekannt. Die sind keine Opfer, und die sind es nie gewesen, zum Opfer wird man nicht gemacht, sondern zum Opfer muss man sich selber machen. Sie haben ihre Situation bis zum letzten Augenblick selber bestimmt‹ – ›Was heißt denn das?‹ – ›Ja, das heißt, dass sie das gemacht haben, nicht, dass es mit ihnen gemacht worden ist.‹ Und da war natürlich eisiges Schweigen.«

Der Tod der Stammheimer Häftlinge war der letzte Auslöser für die Ermordung Hanns Martin Schleyers. Auch Helmut Schmidt war klar, was das bedeutete: »Mit der Möglichkeit, dass diese Kerle den Hanns Martin Schleyer umbringen würden, musste man immer rechnen. Auch vor Mogadischu. Und auch hinterher.«

In der Nähe von Mühlhausen fand die Polizei in einem grünen Audi Schleyers Leiche.

Zwei Tage nach der Trauerfeier für ihn wurden auch Andreas Baader, Gudrun Ensslin und Jan Carl Raspe beigesetzt, auf dem Stuttgarter Dornhaldenfriedhof in einem Gemeinschaftsgrab.

Wie viele in ihrer Generation waren sie angetreten gegen den alten und den angeblichen neuen Faschismus. Mit Gewalt hatten sie diese tötende Welt zu verändern gesucht, hatten sich selbst zu Herren über Leben und Tod gemacht und waren schuldig geworden wie viele aus der Generation ihrer Väter. Manche aus der RAF sahen das ein. Andere bis heute nicht.

Schlöndorff bei den Dreharbeiten auf dem Dornhaldenfriedhof

Alexander Kluge

Von sich aus schätzte Schlöndorff die Aufnahme von »Realitäten« nicht. Er bevorzugte konzentrierte, das heißt inszenierte Eindrücke. Das Filmmaterial, meinte er, ist für das unsortierte Geschehen, für den Zufall, der sich jeder Wirklichkeit beimischt, zu
schade. Richtig daran war, dass »Wirklichkeit ohne Ahnung«, also
ohne subjektive Auswahl, tatsächlich beliebig bleibt.

Auf dem Dornhaldenfriedhof bewegten sich die Kolonnen der
Beerdigungsteilnehmer auf den Haupt- und Nebenwegen in sechs
großen Schüben. Die von Friedhofsdienern auf Karren gezogenen
Särge waren an der Spitze der mittleren Kolonne zu sehen. Die
Polizeibehörde hatte ihre Pferdestaffeln als Zweierposten rings
auf den Höhen oberhalb der Grabstellen postiert. »Die Staatsmacht zeigt ihre Präsenz.« Die Trauergäste hatten ihre Gesichter durch Tücher unkenntlich gemacht; die einen, weil sie wegen
umstürzlerischer Tätigkeiten gesucht wurden, die anderen, um
sich solidarisch zu verhalten und den Verfolgungsbehörden, die
alle Vorgänge mit Videokameras und Teleobjektiven festhielten,
die Unterscheidung zu erschweren. Die Bewegung zu den ausgehobenen Gräbern erfolgte in großer Stille. Man hörte nur das
Reibungsgeräusch der Karren und die vielfältigen Schritte auf den
Wegen. Jetzt wurden die Särge auf Podeste oberhalb der Gräber
aufgestellt. Redner wurden gehört. Die ersten lauten Töne waren
kurze Nachrufe. Erhobene Fäuste, mehr Trauer als Racheschwur.

Nachdem später die Särge in die Ausschachtungen hinabgelassen worden waren, zerstreuten sich die Trauergäste sehr langsam. Sie zogen in dichten Pulks in einiger Entfernung die Straße entlang, die durch eine Art Schlucht vom Dornhaldenfriedhof nach Stuttgart hineinführt. In der Schlucht: Konfrontation der Trauernden mit berittener Polizei, kurze heftige Straßenschlacht, deren Geräusch zum Friedhof hinwehte, vermischt mit verstärktem Rotorengeräusch von Helikoptern. Schlöndorff erregt, seitlich der Kamera postiert, die er neben dem Grab stehen hatte, in das jetzt die Friedhofsarbeiter hinabkletterten, um behutsam eine Erdschicht über die Särge zu legen. Schlöndorff, Vollblutdokumentarist. Nichts kann ihn vom Drehort trennen, nichts die begierig aufnehmende Kamera ablenken, welche die Vollständigkeit des Vorgangs aufzunehmen versucht. Die Neuanlagen des Friedhofs kennen nur niedrige Bäume und Sträucher; die Blätter im Herbstlicht: gelb. Warum rücken wir nicht ab, fragt der Aufnahmeleiter, hier ist nichts mehr los. Das traf aber nicht zu. Es galt, die Arbeit der Friedhofsarbeiter zu verfolgen. Diese Geduld, die der Trägheit aller wirklichen Verhältnisse entspricht, ist die Tugend des dokumentarischen Films. Schlöndorff kennt nur ENTWEDER/ODER. Entweder konsequent inszenieren oder ebenso konsequent dokumentieren.

Volker Schlöndorff und Alexander Kluge bei Dreharbeiten in den Bavaria Studios für den Film *Krieg und Frieden*. Inmitten einer der Dekorationen zu einer Szene, die Schlöndorff nach Texten von Heinrich Böll filmte.

Vorabend der Beerdigung auf dem Dornhaldenfriedhof

Am Vorabend war es unklar, ob die Toten von Stammheim auf dem Dornhaldenfriedhof begraben werden dürften. Wir besuchten die Eltern von Gudrun Ensslin. Wir führten eine Videoausrüstung mit uns, wie sie heute nicht mehr existiert. Die Kassetten sind nicht mehr abspielbar.

Die Mutter Ensslin berichtete, Volker Schlöndorff fragte. Sie habe, erzählte Frau Ensslin, dieses Kind, Gudrun, entgegen der Weisung ihres Mannes schon wenige Monate nach der Geburt, das heißt noch vor der Taufe, dem Muttergestirn, der Sonne, ausgesetzt. Das Kind habe »ungetauft in der Sonne gebadet«. Nach protestantischer Auffassung, die sie, Frau Ensslin, nicht teile, bestehe die Gefahr, dass ein Kind, wenn man es vor der Taufe nackt der Sonne aussetze, vom Satan ergriffen werde. Es sei doch aber in Wahrheit gesund, Sonne an den Körper heranzulassen. Jetzt, nachträglich, habe sie allerdings Zweifel, ob sie nicht Unglück über ihr Kind gebracht habe. Andererseits sei aber auch zweifelhaft, ob dieser Tod, aufgrund der Entschlossenheit aller Aktionen dieses Kindes, ein »Unglück« genannt werden könne, denn ein Mensch müsse seinem Willen folgen, seiner Bestimmung. Auch das gehe ihr nicht aus dem Kopf an diesem Vorabend, von dem sie und ihr Mann noch nicht wüssten, wie sie ihn aushalten könnten.

Sie war von Trauer erfüllt. Sie hatte genug von dieser Trauer und war aufsässig; sie suchte einen Ausweg für ihr Gefühl zu finden. Sie suchte nach einer Übereinstimmung mit dem Kind, das morgen begraben sein würde. Es ist nicht so, sagte sie, dass 40 weitere Jahre, die Ankunft im Greisinnenalter, Gudrun zu einem energiereicheren Menschen gemacht hätten, Jahre, die sie gleichgültig und unparteiisch hätte verbringen müssen, um zu überleben. Wieso wäre das ein größeres Glück gewesen? Umgekehrt hütete sie sich auch (um nicht in eine Auseinandersetzung mit ihrem Mann zu geraten, der ins Zimmer getreten war und stumm dabeisaß, während die Worte seiner Frau aufgezeichnet wurden), von einem »glücklichen Tod« zu sprechen. Sie haderte mit sich, ob sie, die Eltern (oft getrennt handelnd oder verschieden sprechend), eine Schuld an diesem grausamen Ausgang trügen, denn grausam war er. Wäre es gewiss, dass sie überhaupt keinen Einfluss darauf gehabt hätten (obwohl sie als Eltern in der frühen Zeit des Kindes viel Einfluss besessen hatten), hätten sie mit dem Geschick Frieden schließen können. Offenbar kannte diese Mutter ihre Tochter besser, als sie vorgab, ja, ihre Seele spannte sich weit aus an diesem Vorabend, und in diesem Augenblick empfand sie vieles, was die Tochter motiviert haben mochte, wie etwas Eigenes.

Wir hatten inzwischen sechs der quadratisch geformten Kassetten bespielt, handliche Chemieteufel, mit denen man Stunden von Interviews speichern konnte. Es gehörte zu Schlöndorffs Stil, mit extremer Geduld und ohne Höflichkeiten eine dokumentarische »Untersuchung« zu ihrem äußersten Ende zu führen. Die Dämmerung war hereingebrochen. Es verhält sich nicht so, sagte er, dass morgen ein »Tag der Hinrichtung« bevorsteht. Vielmehr ist alles schon geschehen; die Beerdigung tut nichts Schreckliches hinzu; eher wird es tröstlich sein, dass die drei nebeneinander, zwei davon in einem Grab, zu liegen kommen.

Dokumentarische Momente sind nicht wiederholbar. Am nächsten Tag (oder auch am Tag zuvor) hätte die Mutter Ensslin nicht so berichtet. Was heißt berichten? Sie äußerte sich, weil sie einen Beweggrund dafür spürte, weil sie so zurechtzukommen glaubte mit einem Kind, das sich von ihr getrennt hatte. Sie sei sich nicht sicher, sagte sie, ob sie nicht als Christin gegen »die scheinheilige Obrigkeit«, als deren Opfer die Toten gelten könnten, selbst zu den Waffen greifen müsse.

Es war in ihr ebenso viel »realer Sinn« wie »Auflehnung«. Wir alle im Raum waren in innerer Turbulenz. Unklar im Kopf, weil so viele Emotionen durcheinandergingen; auch solche, die mit den Toten, die am folgenden Tag zu beerdigen waren, gar nichts zu tun hatten. Das Wenigste in dieser Dämmerstunde war politisch. Es ist furchtbar, wenn die Kinder vor den Eltern sterben. Objektiv, und insofern »vernünftig«, waren nur das Aufnahmegerät und das Material, das am Aufnahmekopf der Aufzeichnung vorüberspulte. Wir haben dieses Gespräch nie veröffentlicht. Nicht nur, weil die Situation intim, sondern weil sie voller Verwirrung war. Wir sind darin geschult – Schlöndorff mehr als ich –, uns bei Dokumentationen entschieden zu verhalten, keine Scheu zu haben, das Gerät in Gang zu bringen. Wir hatten diese Mutter vor Augen. Wir waren uns nicht sicher, was rechtens wäre: das Gerät abzustellen oder die Aufzeichnung nicht zu publizieren.

Die Kollektivfilme *Der Kandidat*, *Krieg und Frieden / Aus der Praxis des Autorenfilms*, der von den persönlichen Bekenntnisfilmen zum »Nachrichtenfilm« übergeht.

Abb.: Süddeutsche Zeitung vom . . .

Karikatur auf Seite 3 der *Süddeutschen Zeitung* aus Anlass der Premiere des Films *Der Kandidat.*

Der Film *Die Artisten in der Zirkuskuppel: ratlos* erhielt 1968 den letzten Goldenen Löwen. Danach gab es mehrere Jahre keine Preise in Venedig. Der Film knüpft an die Metapher des Zirkus an, die »Wurzel der plebejischen Moderne«. Oben im Zelt proben die Artisten, unten toben die Elefantenfüße, die Zirkusarbeiter, und dort sitzt das Publikum. Der Subtext des Films handelt zugleich 1968 von der studentischen Protestbewegung. Die Kunst der Theorie als Akrobat ganz oben, die Praxis von jeher stets unten. Ich bin darin nicht parteiisch. Ich bin ein Patriot der Theorie und ein Patriot der Praxis. Die Kunst der Zirkusarbeiter unten in der Manege muss – so denke ich – im Gleichgewicht sein mit den akribischen Vorführungen der Künstler in der Zirkuskuppel. Dass im Wahljahr des *Kandidaten* diese Metapher des Films von einer Tageszeitung aufgegriffen wird, zeigt die Brauchbarkeit des Poetischen im Alltag.

Stefan Aust

Der Kandidat – Zusammenarbeit in München

Rudolf Augstein war inzwischen Mitbesitzer des Filmverlags der Autoren und sehr angetan von der Idee, dass Alexander Kluge & Co. einen Film über Franz Josef Strauß machen wollten.

Augstein hatte auch einen Vorschlag, wer mit zum Erfolg des Projektes beitragen könnte. Da gab es doch diesen jungen *Panorama*-Reporter, der ihn zwei Legislaturperioden zuvor mit einem Beitrag über seinen Wahlkampf in Paderborn in die Pfanne gehauen hatte. Ich konnte es kaum glauben, als mir Alexander Kluge das erzählte und fragte, ob ich mitmachen wollte. Nachdem Augstein acht Jahre lang nicht mit mir geredet hatte, trafen wir uns im Separee in Schümanns Austernkeller. Der Film über – und damit gegen – Strauß müsste das Beste werden, was deutsche Filmemacher hinbekommen konnten. Geld würde keine Rolle spielen. Ich durfte dabei sein und nahm ein halbes Jahr Urlaub von *Panorama*. Gemeinsam mit dem jungen Filmer Alexander von Eschwege, der praktischerweise in Hamburg lebte, sollte ich den dokumentarisch-journalistischen Teil vorbereiten. Dass wir dazu Material von den öffentlich-rechtlichen Anstalten bekommen würden, hatte ich von Anfang an bezweifelt.

Also mussten wir uns Material von ausländischen Sendern und der alten Wochenschau besorgen. Dazu setzten wir uns erst einmal in den Schneideraum der *Deutschen Wochenschau* im Studio Hamburg und sichteten endlos Material, das irgendetwas mit der Geschichte des großen Bayern zu tun hatte. Wir ließen jede Menge Filmsequenzen kopieren und gingen dann in unseren eigenen, extra für das Projekt eingerichteten Schneideraum, um einen Rohschnitt zusammenzubasteln. Aus dem Wochenschaumaterial hatten wir noch Fotos und einige ausländische Dokumentationen über Strauß, darunter eine großartige Reportage D. A. Pennebakers.

1965 hatte sich Strauß, kurz zuvor als Verteidigungsminister gefeuert, von dem damals unbekannten amerikanischen Dokumentarfilmer begleiten lassen. In einer Szene bittet Strauß seinen Begleiter: »Aber die schlechten Bilder nehmen Sie raus?«, was der natürlich nicht tat. So konnten wir grandiose Szenen von Pennebaker übernehmen, zum Beispiel ein beeindruckendes Gespräch Strauß' mit seiner Frau Marianne oder eine Auseinandersetzung mit seinem Parteifreund und Rivalen Richard Jaeger, genannt »Kopf-ab-Jaeger« wegen seines Eintreten für die Todesstrafe.

In seinem Nachruf auf Pennebaker schrieb Willi Winkler: »Der Blick der wilden Kamera war so direkt, dass Szenen aus dem Kurzfilm ›Hier Strauss‹ 15 Jahre später eine prominente Rolle in dem deutschen Gemeinschaftsprojekt ›Der Kandidat‹ von Alexander Kluge, Volker Schlöndorff, Stefan Aust und Alexander von Eschwege spielen, mit dem ein Sieg von Strauß bei der Bundestagswahl 1980 verhindert wurde.« Das Letztere war nett, aber vielleicht doch etwas übertrieben.

Eschwege und ich waren nach München umgezogen und stellten fest, dass vor allem Kluge ganz andere Vorstellungen von dem Projekt hatte als ich, »der Journalist«. Schlöndorff war kurz nach Hollywood geflogen, wo er für seinen Film *Die Blechtrommel* den Oscar bekam. Als er, über allen Wolken schwebend, zurückkehrte und von Kluge über unsere unterschiedlichen Auffassungen zum Filmprojekt *Der Kandidat* unterrichtet wurde, schrieb er einen kurzen Brief. Darin hieß es, »der Journalist« habe nun seine Aufgaben erfüllt und könne aussteigen. Ich hatte aber gerade meine Teile fertiggestellt, getextet und vertont und bestand darauf, dass die beiden sich diese in meinem Beisein ansehen würden. Dazu waren sie gerade noch bereit.

Dann änderte sich plötzlich die Stimmungslage. In seinem Filmalbum beschrieb Kluge das später so: »Zunächst völliges Unverständnis gegenseitig. Am Tag, als Schlöndorff und Kluge sich von Aust trennen wollten, beobachteten sie, wie er an einer 17,5-Perfo-Maschine seine Kommentare für seinen Filmteil selbst überspielte. Dass er die Technik anfasste und die überraschende Qualität der Kommentare, überzeugten binnen weniger Minuten: Aust verhielt sich wie ein Filmemacher. Es blieb bei der Zusammenarbeit.«

Nicht, dass es nun alles ohne Streitereien abging. Jeder kämpfte für seine Teile. Wenn wir gemeinsame Kürzungen vorgenommen hatten, nahm jeder seine Filmrolle wieder mit, damit der andere nicht weiter darin herumschnippeln konnte. Es war wie bei den damals stattfindenden Strategiegesprächen zwischen der Sowjetunion und dem Westen, und so nannten wir unsere Meetings »Salt 1«, »Salt 2« oder »Salt 3«.

Am Ende aber kam ein durchaus respektabler Film heraus, kein Agitationskino, keine Polemik gegen Strauß, sondern eine Bestandsaufnahme bundesdeutscher Politik, erzählt anhand des »Manns von gestern«, FJS.

Öffentlich-rechtliche Fernsehsender rückten keinen Meter Film heraus, nicht einmal die Bundestagsdebatte zur *Spiegel*-Affäre konnten wir aus dem *Tagesschau*-Archiv bekommen. Zum Glück lag im Hausarchiv des *Spiegels* eine auf 16-Millimeter-Material abgefilmte Fernsehübertragung von damals. Grau in Grau bauten wir sie in den Film ein. Doch Adenauers Rede über den »Abgrund von Landesverrat« und die lügenhaften Ablenkungsmanöver von seiner eigenen Rolle in der Aktion gegen den *Spiegel* wirkten dadurch fast künstlerisch.

Die Mischung aus schwarz-weißem Dokumentarmaterial, neu gedrehten 35-Millimeter-Farbszenen und Kluge'schen Märchensequenzen gaben dem Film einen merkwürdigen Reiz und damit eine gewisse Zeitlosigkeit.

Der Kandidat war ein großes Abenteuer und eine große Lehrstunde für mich. Danach war jeder *Panorama*-Beitrag, den ich machte, ein wenig von Kluge beeinflusst. Und ohne die gemeinsame Arbeit an diesem Film wäre es niemals zu *Spiegel* TV gekommen, und ich wäre niemals als Chefredakteur beim *Spiegel* gelandet. Dank an Strauß und seine Gegner.

»*Der Kandidat* ist eine Blaupause für *Spiegel TV* gewesen«

Interview von Thomas Combrink mit dem Fernsehautor
Michael Kloft vom 18. August 2022

THOMAS COMBRINK: Die erste Sendung von Ihnen bei *Spiegel TV Reportage* wurde am 20. Februar 1992 gesendet. Sie heißt *Rostow-Ripper*. Es geht um einen russischen Massenmörder, der zwischen 1982 und 1990 53 Menschen ermordete. Wie sind Sie zu *Spiegel TV* gekommen?

MICHAEL KLOFT: Das fing an mit einer Arbeit über 200 Jahre Brandenburger Tor. 1991 habe ich für die Deutsche Welle diesen Film gemacht. *Spiegel TV* hat auch einen gemacht und stark auf das Material von Chronos-Film zurückgegriffen, das ich zusammengetragen hatte. »Kann ich bei euch in Hamburg vorbeikommen, um euch kennenzulernen?«, habe ich gefragt. Ich bin nach Hamburg gefahren und habe Stefan Aust und Thomas Schaefer getroffen. Durch Zufall haben wir diesen Hinweis aus Rostow bekommen von einer russischen Regisseurin, die in Berlin lebte. Davon hatte noch niemand gehört. Wir haben von Chronos-Film aus Thomas Schaefer per Fax kontaktiert. Der hat noch am selben Tag zugesagt. So kam es zu dem Film *Rostow-Ripper*, es gab noch einen zweiten Teil über den Prozess und einen Film über Katyn, den ich auch für *Spiegel TV* bearbeitet habe. Der eigentliche Übergang war 1995. Da hatten wir mit Stefan Aust vereinbart, einen Film zum 50. Jahrestag des Kriegsendes zu machen, nur mit dem Farbmaterial, was die Amerikaner 1945 gedreht haben. Das war ein solcher Erfolg, dass mich Stefan Aust gefragt hat, ob ich zu *Spiegel TV* kommen will. Dann bin ich Redakteur bei *Spiegel TV* geworden.

COMBRINK: Sie sind 1961 in Bonn geboren und haben Politikwissenschaft studiert.

KLOFT: Ich habe Politikwissenschaft in Bonn studiert und habe auch nicht gewechselt, weil das dort zeithistorisch geprägt war, durch die Professoren Karl Dietrich Bracher, Hans-Adolf Jacobsen, Karlheinz Niclauß. Das waren alles Zeitgeschichtler. Parallel habe ich aber schon beim WDR, bei der Deutschen Welle, als Regieassistent gearbeitet, als Aufnahmeleiter. Dann war die Frage: Was mache ich 1989 nach dem Magister? Es gab einen Kontakt zu Chronos-Film, und so bin ich 1989 dorthin gekommen. Chronos-Film war damals in Berlin, und nach der Wende sind sie nach Kleinmachnow umgezogen. Das war das größte private historische Filmarchiv in Deutschland. Da habe ich viel über Archivmaterial gelernt: Was ist gedreht worden, wo kommt es her? Von diesen Jahren bei Chronos-Film zehre ich heute noch. Ich habe drei Ausbildungen absolviert, eine als Wissenschaftler an der Universität, eine als Filmexperte bei Chronos-Film und eine als Journalist bei Stefan Aust.

COMBRINK: Sehen Sie sich als Journalist? Mit tagesaktuellen Sachverhalten haben Sie ja weniger zu tun.

KLOFT: Ich habe bei *Spiegel TV* die historischen Reportagen und Filme aufgebaut, das hatten sie vorher wenig gemacht. Das wurde von Stefan Aust unterstützt, auch von Alexander Kluge, der das mitbekommen hat. Dafür hatte er eine große Affinität. Ich sehe mich aber nicht als wissenschaftlichen Filmemacher. Das besitzt schon ein journalistisches Element. Ich will die Zuschauer informieren, aber nicht belehren. Das war ein Unterschied gegenüber anderen Kollegen wie dem berühmten Guido Knopp. *Die Woche* hat einen Artikel über mich mit dem Titel »Der Anti-Knopp« veröffentlicht. Mit diesen clipartigen Filmen vom ZDF konnte ich nicht viel anfangen; ich war kein Gegner von Guido Knopp, aber es muss journalistisch gut, es muss interessant sein, es muss einen Mehrwert für den Zuschauer haben. Er soll sich aber nicht belehrt fühlen, er sitzt ja nicht im Seminar. Das hat mir den Widerstand der Historikerzunft eingebracht. Warum wir das Material von Eva Braun zeigen, wurde ich gefragt, das gebe doch keinen Mehrwert. Warum soll man das nicht zeigen, wenn man es entsprechend einordnet und kommentiert? Dann haben wir einen Film nach dem anderen gemacht. Wir hatten die Lizenz bei Vox für das *Special*, wo man auch »Reportagen«, die nur eine halbe Stunde lang waren, auf 90 Minuten ausweiten konnte.

COMBRINK: In einem Gespräch zwischen Stefan Aust und Alexander Kluge findet sich die Formulierung: Fernsehen ohne Intendanten. War das auch bei Ihnen so?

KLOFT: Ich konnte im Prinzip machen, was ich wollte. Ich habe Vorgesetzte gehabt und denen gesagt, was ich machen möchte.

COMBRINK: Als Sie 1995 zu *Spiegel TV* gekommen sind, war Stefan Aust schon bei der Zeitschrift Chefredakteur und nicht mehr beim Fernsehmagazin.

KLOFT: Er war weiterhin Geschäftsführer von *Spiegel TV*, er hatte dort noch ein Büro, schaute vorbei und fragte, woran man arbeitet. Er hatte ein großes Interesse an den historischen Themen. Stefan Aust hatte auch die Idee mit den DVDs auf dem *Spiegel*. Das funktionierte erst, als sie den richtigen Kleber gefunden hatten, der nicht das Heft zerreißt, wenn man die DVD abnahm. Gleichzeitig sollte die DVD nicht abfallen. Mindestens 50 oder 60 Prozent der DVDs habe ich betreut. Dadurch gab es eine Beziehung zum *Spiegel*.

COMBRINK: Wie sieht Ihre Arbeit aus? Reisen Sie in Archive, oder schauen Sie sich die Materialien zu Hause an?

KLOFT: Als das Internet noch nicht so ausgereift war, bin ich viel in Archiven gewesen. Es war mir wichtig, die entsprechenden Kontakte zu pflegen. Ich war oft im Nationalarchiv in Washington. Damals lief es zunächst über Karteikarten, dann über einen internen Computer, über den etwa 20 Prozent der Bestände erfasst waren. Ich bin oft in College Park gewesen, wo sich eine Außenstelle des Nationalarchivs befindet. Außerdem war ich natürlich im Bundesarchiv, im Imperial War Museum. Ich hatte auch die entsprechenden Kontakte zu den Archivaren, die mich versorgt haben. So ist zum Beispiel ein Projekt wie das »Dritte Reich in Farbe« entstanden. Wir haben gesehen, dass 1995 der Film *Welche Farbe hat der Krieg? – Deutschland 1945* mit den Farbaufnahmen der Amerikaner gut funktioniert hatte. Also habe ich die Archivare und Archivleiter gefragt, was in Farbe gedreht worden sei, und sie haben mich verwundert angeschaut. Doch es stellte sich heraus, dass es viel gab. Das lief alles noch über Papier, nicht über Internetrecherche. Heute können Sie im Nationalarchiv in Washington ein Suchwort eingeben und alles selbst recherchieren. Wenn Sie etwas brauchen, können Sie es bestellen. Das mache ich von zu Hause aus, ich bin schon lange nicht mehr in College Park gewesen.

COMBRINK: Sie haben zwei Gespräche mit Alexander Kluge im Fernsehen geführt. Kluge sagt, dass er sich an die roten Flaggen und Fahnen im Dritten Reich nicht erinnern kann. In seiner Erinnerung sind sie schwarz-weiß.

KLOFT: Das ist das Überraschungsmoment gewesen. Die Menschen, welche die Zeit noch bewusst erlebt haben, hatten farbige Erinnerungen, die brauchten das nicht in Farbe zu sehen. Kluge war noch ein Kind, aber die Schwarz-Weiß-Fotos und -Filme haben in den Nachkriegsjahren seine Erinnerungen geprägt. Das waren in erster Linie Propagandaaufnahmen der Wochenschauen. Nur wenige haben sich für Amateurmaterialien interessiert.

COMBRINK: Ihr letzter Film *Der große Knall – Deutschland und der Atomkrieg* hat mich in der historischen Aufarbeitung des Themas an *Krieg und Frieden* von Stefan Aust, Volker Schlöndorff, Alexander Kluge und Axel Engstfeld erinnert. Wie ist das Verhältnis zwischen Ihnen und Alexander Kluge?

KLOFT: Ich habe versucht, dass wir uns in unserer Arbeit nicht überschneiden. Er hat eine andere Arbeitsweise, eine andere Sichtweise, aber wir ergänzen uns gut in dem, was wir tun. Natürlich kenne ich seine Filme, auch die, die er mit Stefan Aust zusammen gemacht hat. *Der Kandidat* ist eine Blaupause für *Spiegel TV* gewesen. Da ist alles drin, was *Spiegel TV* ab 1988 gemacht hat. Das ist eine Symbiose zwischen Journalismus, Filmemachen und philosophischen Aspekten bei Kluge. Volker Schlöndorff hat mir gesagt, dass er Kluge und Aust aus dem Schneideraum geworfen hat, weil die beiden sich nicht einig wurden. Dann hat er den Film geschnitten, hat zusammengeführt, was Aust und Kluge gemacht hatten. Daraus wurde am Ende ein Dreiklang, der bis heute funktioniert. Das ist ein großartiges Werk über Geschichte. Die haben kein Material von den öffentlich-rechtlichen Sendern be-

kommen. Sie haben sich eingeschlichen in Veranstaltungen. Da gab es Alexander von Eschwege, der dort hinmusste, weil Kluge, Aust und Schlöndorff zu bekannt waren. So haben sie diese Filmsprache entwickelt, die Grundlage ist von *Spiegel TV*. Kluge und ich haben uns viel unterhalten, aber nie etwas zusammen gemacht, weil wir unterschiedliche Herangehensweisen haben. Es war seine Idee, am Samstagabend auf Vox vierstündige Sendungen zu machen. Dann ging es weiter mit den 12-Stunden-Programmen. Alle haben uns für verrückt erklärt. Kluge hat gesagt: Lasst uns einen Tag freiräumen. Wir behandeln ein Thema, den 30. April 1945, in zwölf Stunden. Ich bin 2011 nach Köln gefahren, weil technisch damals vieles schwieriger war als heute. Ich hatte die Sorge, dass die einzelnen Teile nicht in der richtigen Reihenfolge auf dem Server von Vox sind, und habe mir die Übergänge angeschaut. Es wird nur einmal ausgestrahlt, habe ich mir gedacht, es darf keinen Fehler geben. Dann kam Frank Hoffmann herein und hat mich gefragt: Wie wird die Quote sein, besser als drei Prozent in der Zielgruppe? Ich schätze, fünf bis sechs Prozent, habe ich gesagt. Es ist ein großer Erfolg gewesen. Wir haben das Projekt wiederholt 2015 mit *1945 – 12 Städte, 12 Schicksale*. Das hat wieder gut funktioniert. Es gab noch eine zwölfstündige Dokumentation über den 11. September 2001, mit der ich aber nichts zu tun hatte. Das war zum zehnten Jahrestag des Ereignisses. Die Arbeit an den langen Dokumentationen ist mit einem solchen Aufwand verbunden, dass man das einerseits nicht zu jedem Thema machen kann und es einen andererseits fast ins Sanatorium bringt. Die Verantwortlichen bei den öffentlich-rechtlichen Sendern haben sich gefragt: Warum sind wir nicht in der Lage, das zu machen, was *Spiegel TV* und Vox auf die Beine gestellt haben? Gerade in dem Buch über den 30. April von Alexander Kluge sind tolle Sachen enthalten, die er ausgegraben und in diese Form gebracht hat. Ich habe das als Bereicherung empfunden, mich nie als Epigonen oder Konkurrenten betrachtet. Es ist eine große Inspiration und Freude gewesen, sich mit ihm zu unterhalten, auch wissend, dass er das unterstützt, was ich mache. Wir haben uns nicht oft gesehen, meistens in Cannes, in München oder wenn er in Hamburg war.
COMBRINK: Haben Sie mit dctp häufiger Kontakt gehabt?

70

KLOFT: Bei der dctp kenne ich die entsprechenden Kolleginnen und Kollegen, aber mit den Lizenzen hatte ich nichts zu tun. Ich habe für die *Reportage* gearbeitet und dann für *Special*. Im Sommer 2000 wurde der History-Bereich bei *Spiegel TV* gegründet und ausgebaut. Das war mein Bereich. Die Idee von vier- und zwölfstündigen Sendungen kam von Kluge. Natürlich schlugen die bei mir auf und fragten, ob ich das umsetzen kann.

COMBRINK: Wie sah die Zusammenarbeit zwischen Stefan Aust und Ihnen ab 1992 aus?

KLOFT: Er hat diesen schönen Hof bei Stade, seinen Pferdehof. Ich habe immer gesagt, dass ich auf dem Gutshof von Stefan Aust die Orchideenzucht habe, mit meinen Gewächshäusern und Filmen. Er schaut manchmal vorbei und hat Ideen. Aber wir haben nie Filme zusammen gemacht. Er hat meine Arbeit wohlwollend unterstützt, gerade durch die DVDs, da gab es Abnahmen, er hat sich die Filme angeschaut. Das war eine tolle Zusammenarbeit, weil er das geschätzt hat. Als er zum Beispiel einen Zweiteiler, den ich über Göring und den Nürnberger Prozess für die ARD fertiggestellt habe, im Fernsehen gesehen hatte, rief er mich am nächsten Morgen an (ich war gerade in den USA) und sagte: Ich habe gestern einen Film gesehen, und nach zwei Minuten habe ich gedacht, das muss einer von dir sein. Dass *Spiegel TV* in diesem historischen Segment, was für Augstein wichtig war, so stark ist, hat ihm gut gefallen. Vor 27 Jahren haben wir *Welche Farbe hat der Krieg? – Deutschland 1945* gesendet. Als Bengt von zur Mühlen von Chronos-Film und ich bei ihm waren, um ihm das vorzuschlagen, hat es ungefähr fünf Minuten gedauert, bis er zugesagt hatte. Dann war beschlossen, dass ich zwei *Reportagen* und zwei *Specials* machen werde. Er wollte erst eine Geschichte über Nachrichten haben, also wie Nachrichtensprecher 1945 das Kriegsende verkünden (das hatte er, glaube ich, mit Kluge besprochen). Das können wir machen, aber dafür sind wir wahrscheinlich nicht die Richtigen, habe ich gesagt. Wir haben gerade diesen Bestand mit den Farbfilmen aktiviert, welche die US-Airforce 1944 und vor allem 1945 in Deutschland gedreht hat. Das Rohmaterial ist erhalten – bestimmt 60 bis 80 Stunden Material. Das kannte er nicht und hat sofort zugesagt.

COMBRINK: Die erste Sendung von *Spiegel TV* lief am 8. Mai 1988. Darin ist ein Beitrag zum Kriegsende enthalten.

KLOFT: Am Anfang sieht man unter anderem die Straße Unter den Linden in Berlin. Das wurde von den Amerikanern gedreht. Man sieht die verrosteten Wehrmachtshelme, dann schwenkt die Kamera hoch, und man erblickt im Hintergrund das Brandenburger Tor. So hat die erste Sendung von *Spiegel TV* angefangen. Das war für Stefan Aust ein Fixpunkt. Er wurde angefeindet, dass er im *Spiegel* so viele Titel zu historischen Themen gemacht hat, natürlich auch zu Hitler. Solange Rudolf Augstein lebte, hatte er Unterstützung dafür. Da gab es eine gute Verbindung zu dem Kollegen Klaus Wiegrefe, der die Titelgeschichten geschrieben hat. Und ich habe Filme dazu gemacht.

COMBRINK: In seiner Autobiografie *Zeitreise* erwähnt Stefan Aust, Sie hätten ihm zum 60. Geburtstag die Hitler-Biografie von Konrad Heiden geschenkt. Stefan Aust wiederum hat ein Buch über Konrad Heiden geschrieben.

KLOFT: Ich habe ihm zum 60. Geburtstag eine Originalausgabe von Konrad Heidens Hitler-Biografie geschenkt, die 1936 in der Schweiz erschienen ist. Die lag eine Zeit lang bei Aust im Regal. Irgendwann hat er das Buch gelesen. Stefan Aust und ich wollten einen großen Film über Hitler machen, dazu ist es aus verschiedensten Gründen nie gekommen. Wir hatten auch ein Gespräch mit dem NDR. Das war der Grund, warum ich ihm diese Biografie geschenkt habe, die kaum jemand kennt außer den Leuten aus den Fachkreisen. Ich habe diese Ausgabe in New York gekauft in einem Antiquariat, das offenbar Nachlässe von verstorbenen deutschen Emigranten aufgekauft hat. Stefan Aust hat das Buch über Konrad Heiden geschrieben, leider ist es nie zu einer Verfilmung gekommen.

BRUCHSTELLE DER ZEITGESCHICHTE: FILMEN ZU SILVESTER 1979

Wie in der Silvesternacht 1979 die Schlussszene des *Kandidaten* entstand

Als Filmcharakter gefiel uns Franz Josef Strauß gut. Als Bundeskanzler fanden wir ihn unpassend. Es war aber nicht die politische Überzeugung (die wir auch durch Ausübung unseres Wahlrechts hätten ausdrücken können), sondern die Chance eines weiteren Kollektivfilms (also die Vereinigung der Willenskräfte), die zur Herstellung des Films *Der Kandidat* führte. Ein entscheidender Drehtag war der Silvestertermin. Ich hatte schon immer die Absicht gehabt, eine Silvesternacht zu filmen. Man kann dies auf der Seite der »Feiernden« nur schwer verwirklichen, auf der Seite derjenigen, die in dieser Nacht arbeiten, ist es gut möglich, weil durch ihre Arbeit indirekt die Jubelnacht gespiegelt wird. Auch von der Seite der Objekte, der Straßen, der Häuser, der aufgeregten Stadt aus gesehen, schien mir das Thema verführerisch.

Ich hatte meine zwei Filmteams nach Hamburg verpflichtet. Stefan Aust hatte seine Mitarbeit zugesagt. Je näher die Silvesternacht rückte, desto weniger gelang es uns beiden, die Teams in Arbeitsstimmung zu halten. Es drängte die Mitarbeiter, an der Einzigartigkeit der Nacht teilzuhaben. Sie wollten feiern.

Am Ende hatte ich die Außenfassaden einiger Häuser aufgenommen (vielversprechendes Licht aus dem Inneren dieser Gebäude). Mit Infrarot-Objektiv hatten wir Alsterdampfer gefilmt. Mehr als das gelang nicht. Ohne rigide, quasimilitärische Disziplin ist eine Filmaufnahme der Silvesternacht schwer möglich. In Zukunft filmten wir Ereignisse, die auf Silvester datieren, vorher oder nachher mit adäquater Inszenierung.

STEFAN AUST: Wir wollten zu Cuneo, unserem Lieblingsitaliener, in der Davidstraße auf St. Pauli. Aber Kluge wollte vorher unbedingt noch drehen. Mit einem Nachtsichtgerät wurde die kleine Fähre auf der Alster aufgenommen, Grau in Grau. Die Szene schaffte es in den Film. Kluges Text dazu lautete: »Die Geschichte unserer Häuser liegt zweitausend Jahre zurück oder länger. Zerdeppert sind sie in zwei Nächten.« Den Satz habe ich niemals vergessen. Er war die Dreharbeiten am Silvesterabend wert. Zu Cuneo ging es danach.

»Eine Naturbegabung«

Beschreibung einer Szene: Zu den Besonderheiten eines Kellners in Nürnberg gehörte, dass er sich gerne als Adliger ausgab. Er selbst behauptete nicht, vom Adel abzustammen, deutete aber mit seinem (durchaus »aristokratischen«) Gesicht die Beherrschung besonderer Sitten an, erwarb durch Höflichkeiten die Chance, dass ihn Gäste fragten, woher er komme und von wem er abstamme. Es kam hinzu, dass er Trinkgelder zunächst nicht annahm. Oft entspann sich auf diese Weise ein Gespräch mit dem Gast. Auch über dessen persönliches Geschick. Es endete meist mit der Frage, wie der Kellner in diese abhängige Stellung, die eines Dienstboten, geraten sei. Schließlich nahm der Kellner dann doch ein Geldpräsent an.

Wir baten, ihn filmen zu dürfen. Er sah mit einem Ausdruck, der tatsächlich einen »markanten«, »adligen« Eindruck machte, in das Kameraobjektiv, es war eine 90er Makro-Kilar. Er war auch bereit, sich ein Monokel, über das er verfügte, vors Auge zu halten. Er konnte es aber, so improvisiert, wie wir ihn filmten, nicht einklemmen. Bedauerlicherweise habe seine Augenhöhle, teilte er mit, eine Form, die das Einglas nicht vertrage, zumindest nicht festhalten könne. Wenn er es trug, musste er es mit einem Klebstoff an Nase und Augenhöhle befestigen. Er versuchte mehrfach, das Monokel im Auge zu halten, es fiel ihm in die Hand. Das Lächeln, mit dem er sein Versagen bei uns zu entschuldigen suchte, war tatsächlich »aristokratisch«.

»Warum Kellner die Tabletts links tragen«
Szene, gedreht für *Der Kandidat*, später ausgewandert
in den Film *Vermischte Nachrichten* (1985).

Perioden des Glücks sind <u>nicht</u>
»leere Blätter der Weltgeschichte«

Stefan Aust, der Begründer des journalistischen Projekts *Die Woche*, das lange als geheim galt, weist in einer bebilderten Artikelfolge darauf hin, dass nach dem Maßstab der zwölf Jahre des Dritten Reichs (Ereignisfülle, Schärfe der Gegensätze, Aufstiege und Stürze, Lebensläufe) die 16 Jahre der Regierung Kohl eine Periode darstellen, in der sich wenig zu ereignen scheint. Ja, die Jahre zwischen 1951 und 2010 ließen sich als ein ganzes Zeitalter von 59 Jahren ansehen, in welchen Familien nur begrenzt auseinandergerissen und Menschen in geringerem Umfang vernichtet wurden. Diese Zeiten seien UNHEROISCH und insofern für die Ausbreitung von Lebensgeschichten günstig. Sie seien aber nicht »leere Blätter«, wie es Hegel, der schwäbische Philosoph, in seiner Formulierung über die Weltgeschichte behaupte.

Ralle-balle/
Ein Streik legt Frankreich lahm

Was immer auch Stefan Aust versuchte, er konnte nur mit starker Verspätung nach Paris gelangen. Kein Benzin an den Tankstellen, Störungen bei den TGVs, groteske Verspätungen am Flughafen Paris-Charles-de-Gaulle. Das waren die Folgen der Streikmaßnahmen gegen die Erhöhung des Rentenalters in Frankreich auf das Alter von 62 Jahren, eine Gesetzesvorlage Sarkozys, die an diesem Mittwoch den Senat passieren sollte. Aust war stets gut für eine konzentrierte Zusammenfassung seiner unmittelbaren Eindrücke. Er äußerte sich so:

- Das große Frankreich erinnert mich an eine zweite DDR.
- Wieso?
- Ein perfekter Reparaturbetrieb.
- Aber die DDR war doch nicht perfekt.
- Frankreich ist in seiner Weise perfekt!
- Weil es nicht der Oktoberrevolution, sondern der großen Französischen nachgearbeitet ist?
- Es ist keiner Revolution nachgearbeitet.
- Wem dann?
- Es ist einzigartig. Frankreich ist kein Programm, sondern ein Zustand.
- Wie kommst du darauf? Nur weil es kein Benzin an den Tankstellen gibt?
- Nirgends in der Welt richtet sich eine Gesellschaft so angepasst in einem Generalstreik ein, wie das in Frankreich geschieht. Man nennt das *bricolage* (Bastelei).
- Wenn Gesellschaften überleben wollen, dann in dieser Weise.

Mit wenigen Worten hatte Aust seinen ursprünglichen Ärger bereits verarbeitet. Er schien Sympathie für das bizarre Frankreich zu empfinden. War er den schwierigen Verkehrsverhältnissen dankbar dafür, dass sie ihn auf den geäußerten Gedanken gebracht hatten? Stefan Aust hatte wenig Zeit. Alle Termine hatten sich durch die Verspätung verschoben. Ein Mitbringsel lag dem rasch Reisenden und noch rascher Denkenden besonders am Herzen: das Wort *ralle-balle*.[1] Das hatte er vorher noch nie gehört. Mit »Rabatz«, sagte er, ist es nicht korrekt übersetzt. Nach einem besseren deutschen Ausdruck suchte er längere Zeit. Spät in der Nacht rief er an und fragte nach, ob ich meinerseits eine Übersetzung gefunden hätte. Es blieb bei *ralle-balle*. Es gehe darum, meinte Aust, den Unmut gegenüber der eigenen Regierung ungehemmt auszudrücken. Das aber geschehe mit einer 200-jährigen Routine (anders als bei einem Rabatz oder einem Weberaufstand). Was alles kann vom flachen Land gegenüber dem hochnäsigen Paris, von Arbeitern gegen eine parlamentarische Mehrheit, von der Jugend gegen das Alter, von den Vorstädten gegen das Zentrum unternommen werden? Beteiligt sind nicht ein Volk, ein Staat, eine Gesellschaft, sondern ein Kaleidoskop von alledem. Noch zu dieser späten Nachtzeit war Aust spürbar mit seiner Rückreise beschäftigt, die doch so vehement durch das Erleben in Frankreich gestört war.

---

1 Verballhornt nach dem Ausdruck *en avoir ras le bol*: »Ich habe davon die Nase voll.«

Kurzer Lebenslauf einer Krise

Am ersten Tag, an welchem die Gruppe 47 in der Villa am Wannsee im Oktober 1962 tagte, wurde der Chef des Magazins *Der Spiegel*, Rudolf Augstein, in Hamburg verhaftet abgeführt. Erregte Debatte der Autoren auf der Terrasse des Literarischen Colloquiums Berlin während einer Pause zwischen den Lesungen. Die Lesungen selbst und die von Hans Werner Richter moderierte Kritikerrunde nach jedem Vortrag kann durch eine aktuelle politische Krise nicht unterbrochen werden. Jetzt, in der Pause, soll ein Papier verfasst werden für eine Stellungnahme der Gruppe.

Die Wurzeln jenes politischen Augenblicks besaßen ungleiches Alter. Wie langsam treten in der Natur die Ergebnisse von Mutation und Selektion ans Licht, deren Genese sich über Jahrhunderttausende hinzieht. Die Gründe für die Aufstellung von Jupiter-Raketen in der Türkei durch die USA und der Bau der riskanten Silos auf Kuba durch die UdSSR liegen dagegen nur Jahre zurück. Das Telefonat des deutschen Bundesverteidigungsministers mit dem Militärattaché in der Botschaft Madrid, dessen Aufdeckung zum Sturz des Ministers führen wird und einen Tag zuvor stattfand, ist der Rauchergruppe von Autoren auf der Terrasse am Wannsee unbekannt. Auch weiß die Öffentlichkeit nichts von der nächtlichen Unterredung Robert Kennedys mit dem russischen Botschafter in Washington, A. F. Dobrynin. Ein CLUSTER VERBORGENER UMSTÄNDE charakterisiert den Augenblick und die Kausalketten, die ihn durchlaufen. Den zeitgeschichtlichen Zusammenhang, auf den die gemeinsame Erklärung der Autoren antwortet, wird man zwölf Jahre später in der Übersicht (Draufsicht) kennen. Im Moment verhalten sich alle Beteiligten in der Welt, nicht nur die Autoren am Wannsee, blind. Später erweist sich, dass einer der gefährlichsten Konflikte des Kalten Kriegs vorüberging (auch weil die Kenntnis der 14 Tage, welche dem 1. August 1914 vorausgingen, bei den Entscheidern im Weißen Haus präsent war, die das Buch von Barbara Tuchman *August 1914* gelesen hatten), gelöst durch einen Tausch krisenauslösender Fakten und eine Sprachregelung, welche die geheimen Transaktionen erläuterte und mit der alle Seiten auf kurze Zeit zufrieden sind. Da steht schon fest, dass der strafrechtliche Schutz des »illegalen Staatsgeheimnisses« von den deutschen Gerichten nicht akzeptiert und der Häftling Augstein rasch entlassen sein wird.

Augstein während der Notstandsdebatte im großen Saal des Hessischen Rundfunks

Draußen studentische Belagerer. Im Saal eine glanzvolle Gemeinde mit Adorno, Mitscherlich, Böll und anderen. Rudolf Augstein hält das Rednerpult auf der Bühne langfristig besetzt. Er langweilt sich. Er ist alles andere als neugierig. Es herrscht pure Aktualität. Für einen geschichtlichen Moment hält er diese Situation nicht. Er fläzt sich neben das Mikrofon. Inzwischen eilt ein studentischer Stoßtrupp unter Führung von Hans-Jürgen Krahl herein, will die Versammlung sprengen. Der Intendant des Hessischen Rundfunks bricht die Übertragung der Veranstaltung abrupt ab, die über Fernsehen und Funk bis dahin erfolgt war. Auch das macht Rudolf Augstein nicht neugieriger, nicht lebhafter.

STATION 3

Unser Abenteuer im
Unabhängigen Fensterprogramm

Stefan Aust moderiert am Sonntag, dem 8. Mai 1988,
die erste Sendung von *Spiegel TV Magazin*.

Spiegel TV arbeitet in zwei Räumen im Chilehaus in Hamburg.
Zwischen den zwei Räumen hat Stefan Aust seinen Desk aufgestellt. Kamerateam, Schnittplatz, improvisierte Aufnahme
ohne »Studio«. »Fernsehen der Autoren«.

»Alle von mir verantworteten Neugründungen datieren auf
den 8. Mai. Jeder kann sich denken, auf welchen historischen
Wendepunkt das anspielt.«
Stefan Aust

Kontaktbogen mit Bildern aus dem ersten *Spiegel TV Magazin*
vom 8. Mai 1988.

»Unabhängiges Fernsehen«
»Fernsehen ohne Intendant«

Stefan Aust und Alexander Kluge im Gespräch am 5. März 2022

ALEXANDER KLUGE: Ich sehe dich im Jahr 1988, wie du im Chilehaus in Hamburg in einer kleinen Räumlichkeit an einem Desk sitzt und die erste Moderation machst am Sonntag, dem 8. Mai. Das ist der Beginn von *Spiegel TV Magazin*.

STEFAN AUST: Das haben wir bewusst auf diesen Tag gelegt, den Tag des Kriegsendes.

KLUGE: Bitte beschreibe die Räume, in denen *Spiegel TV Magazin* angefangen hat.

AUST: Ich habe im Herbst des Jahres 1987 angefangen, das Projekt vorzubereiten. Ich hatte eine einzige Mitarbeiterin, Ute Zilberkweit, die Sekretärin von Fried von Bismarck. Wir haben uns Räume gesucht und wollten es bewusst nicht im *Spiegel* machen. Aber der *Spiegel* wollte uns auch nicht im Gebäude haben. Wir sind auf die andere Straßenseite gegangen, schräg gegenüber in dieses alte Chilehaus. Da hatten wir, glaube ich, vier oder fünf kleine Büros. Ich wollte das Projekt so kalkulieren, dass es in der Lage ist, innerhalb eines Jahres auf eigenen Füßen zu stehen. Deswegen habe ich das mit niedrigen Kosten geplant, und wir haben die Räume günstig eingerichtet. Das damalige Verlagsgebäude vom *Spiegel* war von einem Op-Art-Designer entwickelt worden. Jede Etage hatte eine Farbe, das Auslandsressort war lila. Das wollten die nicht. Deswegen hatten die damals durchgesetzt, dass sie einen grauen Teppichfußboden bekamen. Im Arsenal des *Spiegels* lagen Rollen mit diesem lila Teppichfußboden. Dann haben wir die ersten Büros damit ausgelegt. Wir haben auch das Mobiliar aus der

Asservatenkammer des *Spiegels* geholt. Ute Zilberkweit habe ich schnell zur Produktionsleiterin gemacht. Wir haben eine Probesendung gemacht, aber ich wusste nach 15 Jahren *Panorama*, wie man einen Beitrag herstellt. Deswegen wollte ich keine Probesendung machen, nur um sie einmal vorzuführen und anschließend wegzuwerfen. Während dieser Zeit habe ich mit einem Kollegen zusammen für die ARD einen Film über den Agenten Mauss gemacht. Das hat die ARD finanziert, und ich habe das so umgebaut, wie wir es in eine eigene Sendung einbauen würden. Das habe ich den Chefredakteuren Werner Funk und Erich Böhme vorgeführt, und die haben »na ja« gesagt. Im Grunde wollte ich *Panorama*-Beiträge machen, allerdings mit mehreren Unterschieden. Ich wollte die Reportage zurück ins Magazin bringen, ich wollte Bilder machen. Printjournalismus gab es schon beim *Spiegel*, das war nicht notwendig. Ich hatte viele Jahre nicht nur bei *Panorama* gearbeitet, sondern gelegentlich auch bei *extra 3*. Ich wollte einen kleinen Hauch von Realsatire in die Geschichte reinbringen. Vorne muss ein Beitrag sein, wo sich die Leute fragen: Ist das möglich? Dann wollte ich einen Beitrag machen, wo man denkt: Was für eine Sauerei! Beim dritten Beitrag sollte man den Eindruck haben: So etwas Komisches, hast du dir das vorstellen können? Ich wollte vor allen Dingen keine gesetzten Interviews mit Politikern oder mit Experten machen, weil ich aus der Zeit von *Panorama* wusste, dass man sich je nach Message des Films einen Experten oder einen Politiker aussuchen konnte, der die Aussage bestätigt.

KLUGE: Du hast dich zum Filmischen hin entwickelt, und wir haben in der übrigen dctp mühselig gelernt, publizistisch zu arbeiten. Es gab noch eine Frau, die auch Adolf Theobald dort als Beraterin eingeführt hatte.

AUST: Das war Hanne Klein-Albenhausen.

KLUGE: Die hat später auch *Zeit TV* entwickelt, ein Fernsehmagazin im dctp-Programm bei Vox.

AUST: Nach drei Wochen hat sie ein Wochenende bei uns zugebracht und sich angeschaut, wie das vor sich ging. Dann ist sie zu Theobald gerannt und hat gesagt, dass er das stoppen müsse. Wir würden so hart arbeiten, dass wir das nicht lange durchhalten können.

KLUGE: Von der betriebswirtschaftlichen Seite hat sie es beschirmt, gut beraten und war eine Wegebahnerin in institutioneller Hinsicht. Wie hast du *Spiegel TV* angelegt? Ich sehe auf deinem Schreibtisch, von dem aus du moderierst, ein Glas mit Bleistiften und allen möglichen Schreibwerkzeugen.

AUST: Das hat sich im Laufe der Zeit verändert. Ich wollte eine Moderation machen, die nicht die klassische Moderation ist wie bei den öffentlich-rechtlichen Anstalten. Ich wollte weder den Chefankläger wie Klaus Bednarz darstellen noch den Pastor, der von der Kanzel her predigt, wie Franz Alt. Ich wollte, dass der Moderator nichts anderes ist als ein Redakteur im Studio. Da bekam ich von Augstein meine erste Dienstanweisung: Niemals lächeln, du musst schauen wie Buster Keaton. Außerdem sollte ich knappe und mit einem Hauch Sarkasmus unterlegte Kommentare sprechen. Wir wollten die Übertragung nicht aus dem Studio machen, sondern es sollte aussehen wie im Büro. Da wir die erste Sendung aber von RTL aus gesendet haben, haben wir im Studio praktisch mein Büro nachgebaut. Wir haben das aber relativ schnell geändert. Weil es viel zu mühsam war, jedes Wochenende nach Köln zu fliegen, um dort die Moderation zu machen, haben wir sie aufgezeichnet. Das geschah eine Zeit lang bei Studio Hamburg und wurde von dort aus gesendet. Wir sind relativ schnell dazu übergegangen, die technische Herstellung der Sendung bei uns im Hause zu machen, nämlich im Büro. Wir haben einfache Schneideräume gebaut, wo wir die Filme herstellen konnten. Diese Schneideräume haben wir, wenn die Sendung aufgezeichnet wurde, am Sonntagnachmittag oder am frühen Sonntagabend, in ein Studio verwandelt. Die Moderation fand vor dem Schneideraum, also vor dem Schneidetisch, statt. Da wir keine Klimaanlage hatten und es durch die Beleuchtung schnell warm wurde, konnte man da nicht im Jackett sitzen. Deswegen habe ich da im Hemd gesessen. Die Mitarbeiter, die ich dort am Anfang beschäftigt habe, waren Leute, die ich von meiner Arbeit beim Norddeutschen Rundfunk kannte. Thomas Schaefer war der Erste, ein guter Dokumentarfilmer, und Bernd Jacobs war der Zweite. Im Laufe der Zeit haben wir nur noch Leute eingestellt, die bei uns als junge Leute Praktikum gemacht haben. Die hatten zwar keine

Ahnung davon, wie man einen Film macht, aber wir hatten gute Kameraleute, die das übernehmen konnten. Und wir hatten gute Cutter, die auch selbstständig schreiben konnten. Ich habe die meiste Zeit im Schneideraum gesessen, die Filme gebastelt und die Texte geschrieben. Diese unerfahrenen Leute, wenn sie tüchtig und bereit waren, nachts und am Wochenende zu arbeiten, haben hervorragende Materialien geliefert, die von den etwas Erfahreneren bei uns, Thomas Schaefer, Bernd Jacobs und mir, zusammengebaut wurden.

KLUGE: Wie kommt Georg Mascolo in dieses Team hinein? Er ist später auch Chefredakteur des *Spiegels* geworden. Günter Gaus, der in meinen Kulturmagazinen mit seiner Reihe *Zur Person* präsent war und zu den Gründern der dctp gehört, war vorher Chefredakteur des *Spiegels*. Er war auch Staatssekretär im Bundeskanzleramt.

AUST: Gaus hat die Chefredaktion im *Spiegel* abgegeben und wurde der Beauftragte der Bundesregierung in Ostberlin, Leiter der Ständigen Vertretung. Bei Mascolo war das so: Es gab eine Affäre, die sich nachher als nicht so gravierend herausgestellt hat. Das war die Spielbankenaffäre in Niedersachsen, über die wir berichten wollten. Ich bin also nach Hannover gefahren, wo eine Pressekonferenz stattfand. Bei der Gelegenheit habe ich einen jungen Reporter getroffen, der schlaue Fragen stellte und im Thema war. Er arbeitete für einen privaten Nachrichtensender, eher einen Musiksender, radio ffn. Er erzählte mir, dass er in dieser Angelegenheit einen guten Informanten habe, der in Florida lebte, in Palm Beach. Den müssen wir interviewen, sagte ich. Laszlo Maria von Rath hieß der. Dann bin ich mit Mascolo zwei oder drei Tage später nach Florida geflogen, und wir haben das Interview gemacht. Weil der Junge tüchtig war, viele Ideen und gute Beziehungen hatte, habe ich ihn angestellt. Mascolo war im Laufe der nächsten Jahre einer der besten Reporter, den wir hatten. Er filmte den Fall der Mauer an der Bornholmer Straße. Da habe ich ihn allerdings vorher hingeschickt, weil ich so einen Instinkt hatte, dass da etwas passiert. Mascolo war vier Jahre bei uns.

KLUGE: Die Teams der dctp und von dir waren die ersten, die dort, und zwar fast ständig, gefilmt haben. Einer dieser Filme ist von der UNESCO ins Weltdokumentenerbe aufgenommen worden. Da gibt es die berühmte Szene mit dem Volkspolizisten und dem Schwan. Das ist die Zeit der Wende, der Runden Tische, eine Zeit der blühenden Öffentlichkeit im Jahr 1989, die allmählich im Januar 1990 erodiert.

AUST: Wir hatten das Glück, am 8. Mai 1988 mit der Sendung anfangen zu können, und hatten die Möglichkeit, eine gute Redaktion aufzubauen. Damals haben wir mit 200 000 Zuschauern angefangen. Ende des Jahres waren wir schon auf über einer Million. Unsere Quoten stiegen parallel mit dem Zuwachs des privaten Fernsehens. Dann stellte sich 1989 heraus, dass es dort bröckelte. Es war eine brenzlige Situation. Beim 40. Jahrestag der DDR waren wir in der Lage, mit einem Kamerateam und einer Reporterin dort zu drehen. Wir haben uns überlegt, wie wir das Material aus Ostberlin herausbekommen. Christiane Meier, die heute bei der ARD als Korrespondentin in Amerika ist, hat dort gedreht. Sie hat die Gespräche, wie wir das Material aus Westberlin rausbekommen, aus dem Berliner Büro des *Spiegels* geführt. Diese Gespräche sind alle mitgeschnitten und abgeschrieben worden.

KLUGE: Die Stasi hat gelauert.

AUST: Die Stasi hat die Gespräche, die wir aus dem *Spiegel*-Büro in Westberlin mit Hamburg geführt haben (sie in Berlin und ich in Hamburg im Chilehaus), alle abgeschrieben. Wir haben die Protokolle später bekommen. Wir waren durch die dctp und über den Sender finanziell gut ausgestattet. Wir haben ein Flugzeug gechartert, um das Material von Schönefeld über Bornholm nach Hamburg zu bringen. Dann haben wir jede Gelegenheit ergriffen, mit einem westdeutschen Politiker in die DDR zu fahren. Im Herbst spitzte sich die Situation dann zu, als viele DDR-Bürger über die Tschechoslowakei nach Ungarn und nach Österreich gegangen sind. Honecker hatte deshalb eine Visa-Sperre für die Tschechoslowakei verhängt. An einem Montagabend hatte ich bei mir zu Hause in Hamburg Besuch von einem der beiden damaligen Chefredakteure des *Spiegels*. Das war Werner Funk, der sich darüber aufregte, dass Egon Krenz, der Nachfolger von Honecker, die Visa-Sperre von Honecker wieder aufgehoben hat. Funk sagte, dass es eine große Krise gibt und alle abhauen. Denen bleibt gar nichts anderes übrig, als die Visa-Sperre wieder aufzuheben, meinte ich, an der Stelle von Egon Krenz würde ich die Mauer aufmachen. Da hat Funk gelacht, und ich habe gedacht: Die machen das, die sind auch nicht blöder als du.

Am nächsten Morgen bin ich in die Redaktion gegangen und habe Georg Mascolo gebeten, mit einem Kamerateam nach Ostberlin zu fahren und in der Nähe der Mauer zu bleiben. Wir hatten nur eine gute Kamera, eine Betacam SP. Die war gerade in Reparatur. Dann hat Georg sich den Kameramann Rainer März gesucht, der bei uns als fester Freier gearbeitet hat, und hat eine Ersatzkamera genommen, die wir für die Moderation im Studio verwendet haben. Das war eine Kamera, die einen separaten Rekorder hatte, mit einem leichten Defekt. Das kann man an den Bildern sehen. Georg war mit seinem Team am Dienstagnachmittag da. Am Mittwoch gab es diese unglaubliche Szene, die fast noch schöner war als der Fall der Mauer, als die Volkspolizisten die Schwäne, die auf der Uferpromenade laufen, mit einer Decke einfangen und ins Wasser zurückbefördern. Georg ist in der Nähe der Mauer geblieben. Als die Pressekonferenz mit Schabowski war, ist er in einer Kneipe am Prenzlauer Berg gewesen. Schabowski sagte, dass jeder, der will, die DDR verlassen darf. Daraufhin gab es eine Massenbewegung mit Trabis zum Grenzübergang Bornholmer Straße. Georg Mascolo ist mit dem Kamerateam dorthin gegangen, bis an den Schlagbaum. Die haben dort stundenlang gedreht bis zu dem Moment, als der Schlagbaum aufging und alle rausdurften. Diesen Moment hätten sie fast verpasst, weil sie mit der Kamera an eine andere Stelle gegangen sind. Aber der Kameramann hat den Moment gedreht, wo der Schlagbaum aufgeht.

KLUGE: Dieser rebellische, aber auch gründliche und protestantische Aufbruch, der sich in den Runden Tischen manifestiert, hat neue Formen einer selbst regulierten Öffentlichkeit hergestellt. Im Hotel Radisson findest du alle Geheimdienste, aber auch alle Freiheitskämpfer. Das Hotel Radisson wurde neben dem Palast der Republik und in dem gleichen Stil für Gäste der DDR errichtet. In der Zeit der Wende, vor allem im Dezember 1989, war es für Geheimdienste ebenso wie für viele Journalisten, die Öffentlichkeit herstellten, der zentrale Treffpunkt. Etwas so Dichtes an Öffentlichkeit habe ich in meinem Leben sonst nicht erlebt, außer als kleiner Junge die von 1945.

AUST: Wir waren unabhängig, wir hatten keinen Intendanten. Ich konnte entscheiden, ob ein Kamerateam nach Honolulu fliegt oder ob es in die DDR geht. Wir waren auch finanziell gut genug ausgerüstet, weil diese privaten Sender durch die steigenden Quoten viel Geld verdienten und wir von den Werbeerlösen indirekt etwas abbekommen haben. Als ich die Probesendung den Chefredakteuren vorgestellt hatte, fragte einer der beiden Chefredakteure, wer die Sendung abnimmt, wenn sie am Nachmittag fertig ist. Das würde ich machen, sagte ich. Ein schlecht gelaunter Chefredakteur konnte am Sonntag nicht aus Sylt zurückkommen, um die Sendung abzunehmen, wenn daran wegen der unabhängigen Fensterprogrammstruktur nichts mehr verändert werden konnte.

KLUGE: Das war die unabhängige Öffentlichkeit. Eine Freiheit, wie sie der Autorenfilm bereits besessen hatte. Diese Prinzipien hat die dctp innerhalb des *Spiegels* wirksam mitvertreten. Wir hatten zwar keinen Einfluss, auch nicht auf dich (ich hätte keine Ratschläge geben können, was du drehst). Aber deinen Freiheitsraum mitgarantieren konnten wir über Adolf Theobald.

AUST: Wir haben jedes Wochenende einen Autorenfilm gemacht.

KLUGE: Die Ökonomie davon beruht nicht darauf, dass RTL bereit war, für die Sendungen redaktionell zu bezahlen. Zur Fensterprogrammlizenz gehört jedoch die Werbezeit: Auf jede Stunde gibt es zwölf Minuten Werbung. Dctp hätte also, weil der Gesellschafter Dentsu als Weltkonzern die Macht dazu gehabt hätte, diese Werbezeiten in London in Geld umsetzen und davon die Programme bezahlen können. Das wäre für RTL auf dem Werbemarkt ein Schönheitsfehler gewesen. Deshalb war RTL bereit – mit Zustimmung der Medienbehörde –, die Werbezeiten von sich aus abzugelten. Die Quote ist bei meinen Kulturmagazinen gering. Bei *Spiegel TV* war sie bald sehr hoch. Und bei *Stern TV* überragend hoch. Jede Sendung besaß ein anderes Budget, da ihre Werbezeit einen unterschiedlichen Wert hatte.

Die Quote folgt der Qualität

Stefan Aust

Einschaltquoten waren das Lebenselixier unserer Sendung *Spiegel TV Magazin.* Ich hatte es mir einfach gemacht. Fernsehen sollte so ausschauen, wie ich es selbst gern sehen wollte. Dazu gehörte das bewegte Bild. Die Kamera sollte das einfangen, was Rudolf Augstein für den Print-*Spiegel* verlangt hatte: Sagen, was ist. Für die Kamera bedeutete das: Zeigen, was ist. Ich wollte nicht wegen der vermeintlichen Quote hinter dem Zuschauer herlaufen. Der würde schon dranbleiben, wenn das Programm spannend ist. »Quote folgt der Qualität«, sagte ich in fast jeder Konferenz. Aber ob die Qualität der Sendung gut war, sagte ich meistens auch erst, nachdem ich die Quote kannte.

Wir hatten Glück. Die technische Entwicklung hatte die Filmkamera mit ihrem teuren Material verändert. Das Drehverhältnis bei *Panorama* war bestenfalls eins zu zehn gewesen, also aus zehn gedrehten Minuten musste mindestens eine gesendete Minute werden. Sonst bekam man Ärger mit dem Produktionsleiter. Und da waren die *Panorama*-Reporter noch privilegiert; für normale Dokumentationen etwa im dritten Programm war das vorgeschriebene Drehverhältnis eins zu fünf. Mit der neuen Betacam SP, von der wir das erste Exemplar in Hamburg bei *Spiegel TV* hatten, konnten die Kameraleute praktisch Stunden aufnehmen. Das brachte außer den Schwierigkeiten beim Sichten des Materials keine finanziellen Probleme – die Kassetten konnten mehrfach benutzt werden. Im Prinzip jedenfalls. Aber dann waren die Bilder und Szenen verschwunden. Nachdem wir einmal entschieden hatten, einen Packen Kassetten neu zu verwenden, suchten wir die überspielten Filmszenen. Vergeblich. Da traf ich die Entscheidung, keine einzige Kassette wegzuwerfen, zu vernichten, zu löschen oder zu überspielen. Das führte zu endlosen Regalmetern mit Rohfilm-Kassetten. Also stellten wir einen Archivar ein. Ulrich Meyer hütete über Jahrzehnte diesen Schatz, alles fein säuberlich im Computer verzeichnet. Brauchte ich etwa für unsere Merkel-Serie im Jahre 2021 eine bestimmte Szene, in der Angela Merkel sich 1990 als Pressesprecherin des DDR-Ministerpräsidenten aufspielte, und wollten wir sehen, wie die damals gesendete Szene anfing und wie sie weiterging, reichte ein Anruf bei Uli aus.

Damit die Reporter bei ihrer oft nächtlichen Sichtung des gerade gedrehten Materials keine unleserlichen Notizzettel vollkritzelten, ordnete ich an, alles auf blauen DIN-A4-Schreibmaschinenseiten zu notieren, damit man sie bei der Suche nach bestimmten Szenen schnell finden konnte. Dann musste ein Timetable auf grünem Papier hergestellt werden, mit genauen Zeiten von abgefilmten Ereignissen oder Interviewpassagen. Dieses Timetable musste schließlich als Vorlage für das Manuskript verwendet werden.

Ich hatte über Jahre bei Fernsehreportern – und auch bei mir selbst – miterlebt, dass der Autor am Schneidetisch saß, den Film abspielte und dabei den Text vorlas. Oder er saß mit der Stoppuhr am Schreibtisch und las den Text leise vor. Das hatte einen Haken: Leise liest jeder schneller. Deshalb waren die geschriebenen Texte meistens zu lang und mussten in letzter Minute vor der Tonaufnahme gekürzt werden. Ich rechnete aus, wie viele Anschläge für eine Zeile auf den Schreibmaschinenpapierbogen passten. Es waren genau 38 – und diese 38 Anschläge waren, in Studiosprache gesprochen, genau drei Sekunden lang. Also malte ich einen Kasten auf das Manuskriptpapier, bei dem jede Zeile genau 38 Buchstaben lang war. Ich ordnete an, dass in Zukunft jedes Manuskript nur noch auf dieses Papier getippt werden durfte. Wir nahmen gelbes Papier und nannten es »Manu gelb«. So hieß es bei *Spiegel TV* auch noch, als die Filmtexte auf dem Computer getippt wurden – nicht mehr gelb, aber immer noch jede Zeile 38 Anschläge, also drei Sekunden lang. Schon ein Blick auf das Manuskript reichte, um festzustellen, ob der Text passte.

Für jede Sendung besorgte ich von RTL nicht nur die durchschnittliche Einschaltquote. Ich wollte genau wissen, bei welcher

Minute ein Zuschauer in die Sendung ein- oder aus ihr ausgestiegen war. Als wir den Sender Vox für kurze Zeit übernommen hatten und das *Magazin*, das am Sonntagabend gegen 22 Uhr bei RTL lief, am Montag um 20 Uhr wiederholten, besorgte unsere Produktionsleiterin Suse Schäfer auch dort die Minutenzahlen und druckte sie in einer Kurve aus. Beide Kurven verliefen trotz des unterschiedlichen Sendeplatzes, der unterschiedlichen Sender und des unterschiedlichen Gegenprogramms fast identisch, wenn auch auf niedrigerem Niveau. Man konnte jede einzelne Sendung an der Kurve identifizieren. Die Zuschauer am Montag stiegen an derselben Stelle aus und an derselben Stelle ein wie die Zuschauer am Sonntagabend. Der Ausstieg leuchtete ein: Wer sich langweilt, schaltet auf das nächste Programm oder ganz ab. Aber wieso schalten die Zuschauer an derselben Stelle ein? Ein großer Teil der Fernsehzuschauer ist ständig auf Tour durch die Programme – und bleibt da hängen, wo er etwas Interessantes sieht oder hört. Das brachte mich sowohl bei Vox als auch später bei unserem eigenen Sender XXP dazu, möglichst große und lange Programmschwerpunkte zu setzen. Erst der Spielfilm *Apollo 13*, dann die Dokumentation zum Thema und anschließend vielleicht eine Diskussionsrunde. So konnten die Zuschauer etwa nach ihrem Ausstieg aus der einen Sendung und ihrer vergeblichen Suche nach interessanteren Programmen wieder in den Schwerpunkt einsteigen.

Da ich nicht davon überzeugt war, dass unser großartiges Projekt mit den dctp-Sendeplätzen auf Dauer funktionieren würde, regte ich beim *Spiegel* an, einen eigenen Fernsehkanal zu gründen, und zwar solange es noch analoges Fernsehen gab. Das war zwar ziemlich aufwendig und teuer, aber wir hatten ja die Rechte an allen unseren selbst produzierten Sendungen. Das würde eine gute Programmbasis liefern, die wir dann mit Programmen von Partnern aus dem internationalen Film- und Fernsehgeschäft auffüllen konnten. Solange es nämlich noch analoges Fernsehen gab, war die Zahl der Sender überschaubar bei etwa 30. Nach dem Start des digitalen Fernsehens würde die Zahl der Sender explodieren – und dann würde man niemals wieder einen Fuß auf den Boden der Wohnzimmer bekommen.

Als die Angst die Seiten wechselte

Georg Mascolo im Gespräch mit Thomas Combrink
am 11. April 2022

THOMAS COMBRINK: Sie haben Stefan Aust 1988 kennengelernt bei der Spielbankenaffäre in Hannover, da waren Sie für radio ffn tätig. 1989 haben Sie in Ostberlin an der Bornholmer Straße gefilmt, am 7. November hat Stefan Aust Ihr Team und Sie mit einer leicht defekten Kamera nach Ostberlin geschickt.

GEORG MASCOLO: Das war die Studiokamera.

COMBRINK: Die Betacam SP wurde gerade repariert.

MASCOLO: Daran erinnere ich mich nicht mehr. Wir hatten die berühmte Studiokamera, ein leichtes Gerät, das immer auf einem Stativ stand, mit dem Dokumente abgeschwenkt worden waren. Die war auch im Einsatz während der Spielbankenaffäre. Mit der zogen wir los. Die hatte ein extra Aufnahmeteil, sodass Assistent und Kameramann nah beieinander sein mussten, weil der diese schwere Aufnahmeeinheit schleppte.

COMBRINK: Sie waren zu zweit mit dem Kameramann Rainer März?

MASCOLO: Da war noch der Tonmann Germar Biester dabei.

COMBRINK: Stefan Aust hat Ihnen gesagt, Sie sollen in der Nähe der Mauer bleiben und sich dort hinbewegen, wo die Menschen hingehen.

MASCOLO: Wir haben damals in bester Tradition von *Spiegel TV* versucht, das zu filmen, was andere nicht filmen. Geschichten zu erzählen, keinen klassischen Nachrichtenjournalismus zu machen. Die Aufgabe war es also, nah ranzugehen mit einer Kamera.

COMBRINK: Als ich diese Aufnahmen wieder gesehen habe von der Bornholmer Straße im Herbst 1989, von den Menschen, die vor dem Schlagbaum standen, fiel mir die gemeinsame kulturelle Herkunft der Deutschen auf. Heute wären alle möglichen Nationalitäten dabei.

MASCOLO: Das war das Finale einer Revolution, die in unserer Kultur und in unserer Sprache stattgefunden hat. Das hat es für jemanden wie mich, der damals beruflich vergleichsweise unerfahren gewesen ist, einfach gemacht.

COMBRINK: Sie waren damals 25 Jahre alt. Wie war Ihr Verhältnis zu Stefan Aust, der erfahrener war als Journalist und in den Siebziger- und Achtzigerjahren bei *Panorama* gearbeitet hat?

MASCOLO: Ich arbeitete damals bei radio ffn, ich hatte bei einer kleinen Lokalzeitung volontiert, meinen Zivildienst hinter mir, in dem ich Rettungswagen gefahren bin. Hamburg war damals der Ort, an dem die Leuchttürme des Journalismus ihren Sitz hatten. Für mich war der *Spiegel* der Leuchtturm schlechthin. Die Spielbankengeschichte hat damals nicht nur bei *Spiegel TV* interessiert. Es kam auch der Korrespondent des *Spiegels* in Hannover zu radio ffn, fragte uns nach unseren Informationen und ob er die für eine große Geschichte im *Spiegel* verwenden könne. In der würden mein Kollege Clemens Höges und ich dann auch erwähnt werden. (Clemens Höges ist heute in der Chefredaktion des *Spiegels*.) Das war für uns eine unbekannte und unglaubliche Welt. Ich war dann in Hamburg und lernte einen der damaligen Deutschlandressortleiter des *Spiegels* kennen. Dann kam Stefan Aust nach Hannover. Er zögerte nicht lange und sagte: Du kennst doch jemanden in der Spielbankenaffäre, der eine wesentliche Rolle spielt und in Miami lebt. Da fliegen wir hin. Nach meiner Erinnerung war auf dem Rückflug klar, dass ich zu *Spiegel TV* komme, was damals nicht unumstritten gewesen ist. Es ist ein kleiner Laden gewesen, aber es gab zu Recht den Einwand von Leuten, die gesagt haben: Der hat doch keine Ahnung von Fernsehen, der hat noch nie einen Film gemacht. Das stimmte alles. Trotzdem hat Stefan Aust mir ein Angebot gemacht. Darüber habe ich nicht lange nachgedacht. Stefan Aust war der beste Lehrmeister, gerade auch im Bereich des Fernsehens, den man sich wünschen konnte.

COMBRINK: Aust war nicht mit der Kamera vor Ort, sondern hat das Geschehen von Hamburg aus dirigiert.

MASCOLO: Er hat es zusammengehalten. Stefan Aust konnte nicht ständig unterwegs sein, weil er auch moderiert hat. Stefan Aust hatte überragende Filme gemacht. 1989 war es nicht seine Vorstellung vom Fernsehen, dass er alles selbst dreht. Er hätte es aufgrund der Moderation auch nicht gekonnt, es war eine Zeit, die sich erheblich von der heutigen unterscheidet. Du suchst dir kein Studio in Westberlin und überspielst von da aus das Material. Es ist kompliziert gewesen, technisch und auch in der Kommunikation. Ich habe Filme, die ich gedreht habe, so wie die Bornholmer Straße, erst gesehen, als sie ausgestrahlt worden sind. Ich bin nicht nach Hamburg gefahren, um die Filme zu schneiden, sondern das haben wir telefonisch besprochen. Ich habe mich auf das Handwerk von Stefan Aust, Bernd Jacobs und Thomas Schaefer verlassen. Die haben gutes Material bekommen, und ich habe von den besten Handwerkern profitiert. Und bin dankbar dafür.

COMBRINK: Sie sind 1992 zur Zeitschrift *Spiegel* gekommen. Wie würden Sie diese Differenz zwischen dem Filmen und dem Schreiben darstellen?

MASCOLO: Ich bin ein Stück in die Welt zurückgekehrt, die ich kannte. Diese Jahre bei *Spiegel TV* haben für mich zu den schönsten und erfüllendsten gehört. Dann gab es einen Moment, wo ich dachte, ich würde gern wieder schreiben und ins Blatt wechseln.

COMBRINK: Dann sind Sie Redakteur geworden beim *Spiegel*?

MASCOLO: Ich wurde Redakteur im Ressort Deutschland II. Da blieb eine Nähe zu *Spiegel TV*. Wir haben viele Sachen weiter zusammen gemacht. In der Wendezeit war *Spiegel TV* immer wieder einmal das bessere Deutschlandressort. Wir waren nah dran, hatten gute Informationen, kannten viele Leute, insofern war für mich der Wechsel vergleichsweise unkompliziert.

COMBRINK: Sie sind in Stadthagen aufgewachsen.

MASCOLO: Ich bin in Obernkirchen aufgewachsen, das ist bei Stadthagen.

COMBRINK: Haben Sie auch Lokaljournalismus gemacht?

MASCOLO: Ich habe, wie sich das gehört, bei einer Tageszeitung, der *Schaumburger Zeitung*, in Rinteln volontiert.

COMBRINK: Jetzt machen Sie das Gegenteil von einem Lokaljournalisten und schauen auf die große Politik. Wie beurteilen Sie den Lokaljournalismus, ist diese Arbeit für Sie weniger wert, ist es eine andere Tätigkeit?

MASCOLO: Zu solcher Arroganz war ich nie in der Lage. Ich fand und finde den Lokaljournalismus eine großartige Schule. Man hat eine erstaunliche thematische Breite, lernt unterschiedlichste Menschen kennen, sich für ihre Geschichten zu interessieren und ihnen zuzuhören. In vielerlei Hinsicht ist es die reinste Form des Journalismus. Sie ist für die Frage, wie Menschen auf unseren Beruf schauen, von überragender Bedeutung. Viele Menschen können bei den Artikeln beurteilen, ob sie sich in der Berichterstattung wiederfinden, ob sie die fair finden, ob das Problem angemessen beschrieben ist. Das können sie bei vielem nicht, was auf nationaler oder internationaler Ebene stattfindet. Und im Lokaljournalismus trifft man die Leute, über die man schreibt, regelmäßig wieder. Man lernt hoffentlich eine der wichtigsten Eigenschaften, die gute Journalistinnen und Journalisten aus meiner Sicht haben müssen: Fairness. Hart in der Sache, wenn es angemessen ist, aber fair.

COMBRINK: Stefan Aust und Sie haben kein Studium absolviert, waren nicht an der Universität.

MASCOLO: Zumindest hat er eine Universität von innen gesehen und sein Abitur zu Ende gebracht. Es gab eine Phase in meinem Leben, da hatte ich andere Sachen im Kopf. Ich habe die Schule abgebrochen und mich schnell in ein journalistisches Leben gestürzt, mit einer Schleife allerdings. Aufgrund meiner besorgten Eltern habe ich damals eine Ausbildung zum Rechtsanwalts- und Notarsgehilfen gemacht bei einem Anwalt, den ich gut kannte. Der hat mich viele Sachen machen lassen, ich habe etwa fast eigenständig Kriegsdienstverweigerer vertreten können. Von dem, was man normalerweise als Rechtsanwalts- und Notarsgehilfe tut, habe ich nicht viel mitbekommen. Eigentlich muss man stenografieren und mit zehn Fingern Schreibmaschine schreiben können. Das habe ich nie gelernt.

COMBRINK: Sie recherchieren mit fast wissenschaftlicher Genauigkeit, sind penibel und genau, was die Faktenlage anbelangt.

MASCOLO: Ich versuche, gründlich zu arbeiten, ich bin vorsichtig bei Formulierungen wie »Wahrheit«. Es ist meistens schon schwer genug, die Fakten ordentlich zusammenzubekommen. Journalismus muss sich gerade in diesen Zeiten deutlich von der Geschwindigkeit und der Aufgeregtheit, dem beständigen spitzen Ende, das man in den sozialen Medien finden kann, unterscheiden. Dazu gehören Fairness, Gründlichkeit, Genauigkeit und auch eine Bereitschaft, den großen Satz »Ich weiß es nicht« zu beherzigen und ihn als Ermunterung dafür zu verstehen, was man alles noch herausfinden muss und sollte.

COMBRINK: In einem Gespräch mit Alexander Kluge wollten Sie ungern die Rolle des Journalisten einnehmen, der voraussagen kann, was passiert.

MASCOLO: Weil ich es nicht kann. Unser Track Record im Journalismus fällt in dieser Hinsicht doch, freundlich gesagt, ziemlich gemischt aus. Donald Trump kann auf keinen Fall der Präsidentschaftskandidat der Republikaner werden, wurde prophezeit, und wenn er es wird, kann er auf keinen Fall gewählt werden. Bei Olaf Scholz hat man sich bei seiner Kandidatur gefragt, wieso der noch an diesen Duellrunden bei den öffentlich-rechtlichen Sendern teilnimmt, das dürfen nur Laschet und Baerbock. Wir haben uns in dem Bereich so oft die Finger verbrannt, dass es gut ist, ein bisschen vorsichtiger zu sein. Demütiger. Im Verhältnis zu Russland ist politisch etwas Großes schiefgegangen, wir haben zu viel nicht gesehen, was wir hätten sehen sollen. Wenn man die Berichterstattung anschaut, wird man feststellen, dass wir an vielen Stellen mitignoriert und mitgeirrt haben. Für mich verändert das den Ton, in dem ich kritisiere. Ich habe 2021 zum ersten Mal mit meiner Frau Katja Gloger ein Buch veröffentlicht, über das erste Jahr der Pandemie. Deswegen haben mich diese Dinge beschäftigt, auch die Impfpflicht. Es gab in weiten Teilen des Journalismus eine Überzeugung, dass man über eine Impfpflicht nicht einmal reden muss. Das war falsch. Dann gab es einen Moment, da ging es in großer Schärfe in eine andere Richtung. Die Wahrheit allerdings lag immer schon in der Mitte. Es war immer falsch, eine Impfpflicht generell auszuschließen, aber auch klar, dass eine Impfpflicht immer die zweitschlechteste Idee in der Pandemiebekämpfung ist. Überzeugung ist besser. Für mich führt diese Erkenntnis von den eigenen Unzulänglichkeiten, vor allem, wenn es um Prognosen geht, zu einem anderen Ton, in dem ich versuche, mir die Dinge auch im Nachhinein anzuschauen. Nicht kritikfrei, nicht ohne Härte, da, wo es angemessen ist. Ich mag nicht, dass wir auf alle anderen schauen und sagen: Das ist doch unfassbar, dass ihr das nicht gesehen habt. Dann schauen wir unser eigenes Wirken an und sehen, dass auch wir ein Teil davon gewesen sind. Guter Journalismus sind nicht nur Nachrichten, guter Journalismus zeichnet sich auch durch Urteilskraft aus, aber Urteilskraft sollte aus meiner Sicht in solchen Fällen sein, Leuten nicht apodiktisch zu sagen, was kommt. Ich habe die Gespräche mit Alexander Kluge in guter Erinnerung, weil die der größte Spaß und die größte Herausforderung zugleich gewesen sind. Bisweilen hat er sich auch in gedankliche Höhen geschraubt, wo ich manchmal gedacht habe: Schön, dass wir hier sitzen, aber du hast dir den falschen Gesprächspartner ausgesucht.

COMBRINK: In einem Gespräch ging es um Ihren Rechercheverbund. Alexander Kluge meinte, dass dazu auch ein Poet passen würde. Sie sagten, dass der von der *Süddeutschen Zeitung* kommen müsste.

MASCOLO: Mit der Behauptung, dass es beim NDR und WDR kein Überangebot an Poeten gibt, tritt man den Sendern jedenfalls nicht zu nahe.

COMBRINK: In einer Sendung fragt Alexander Kluge Sie nach den Gefahrenpunkten in der Welt. Sie weisen auf den Nahen Osten und den indischen Subkontinent. Hatten Sie bereits in Stadthagen ein Interesse für Weltpolitik?

MASCOLO: Dass ich ein großes weltpolitisches Interesse in Stadthagen gehabt hätte, will ich nicht behaupten. Aber es hat mich in einer zunehmenden Art interessiert. Ich habe das Privileg gehabt, so lange beim *Spiegel* gewesen zu sein, wo es viele Schnittlinien gibt. Ich habe mich mit vielen unterschiedlichen Themen beschäftigen dürfen. Dann habe ich vor inzwischen 29 Jahren meine Frau geheiratet, die einen anderen Blick auf die Welt mit ins Haus gebracht hat, weil sie immer Auslandskorrespondentin und sehr lange in Moskau war. Da habe ich sie kennengelernt, da haben wir geheiratet. Das hat mir eine ganze Welt eröffnet, in Richtung Osten, sprachlich, gefühlsmäßig, die ich nicht kannte.

Dann haben wir es geschafft, zur gleichen Zeit als Korresponden-
ten in Washington zu sein, sie für den *Stern*, ich für den *Spiegel*.
Das war großartig, und ich habe es Stefan Aust damals hoch an-
gerechnet, weil er das letztlich auch entscheiden musste. *Stern*
und *Spiegel* waren zu der Zeit erbitterte Konkurrenten. Die Vorstellung, dass ein Ehepaar nach Washington geht und beide dort
einen Job haben, war ungewöhnlich. Sicher hat die Zeit in den
USA meinen Blick auf diese Dinge geschärft. Ich habe keinen anderen Ort in der Welt kennenlernen können, wo du das Gefühl
hast, dass alles, was in der Welt passiert, eine Schnittlinie mit den
USA hat. Diese Stadt ist so ein interessanter Schmelztiegel, sowohl
was Journalismus als auch was die Diplomatie oder die Think-
tanks angeht. Dieses Umfeld, in praktisch allen Bereichen kluge
oder klügste Gesprächspartner zu haben, hat mich fasziniert. Ich
habe eine universitäre Erfahrung gemacht, nach meiner Zeit beim
Spiegel. Ich bin für eine Zeit nach Harvard gegangen als Gastdo-
zent. Das war großartig für mich, weil es mir jenseits der eigenen
Verpflichtungen ermöglicht hat, mich ohne jede Tagesordnung mit
unterschiedlichsten Menschen aus unterschiedlichsten Bereichen
austauschen zu können.

COMBRINK: Sind Sie zur Zeitschrift *Der Spiegel* gekommen, als
Stefan Aust bereits Chefredakteur war, oder schon vorher?

MASCOLO: Ich bin vor ihm dorthin gegangen. Wahrscheinlich
würden wir beide heute sagen, dass das zu den eher schwierigeren
Phasen unserer beruflichen Beziehung gehört. Als er Chefredakteur beim *Spiegel* wurde, hätte er mich vermutlich mitgenommen;
dass ich aber vor ihm gegangen bin, als noch nicht feststand, dass
er hingehen würde, fand er nicht gut.

COMBRINK: Wie war das Verhältnis zwischen *Spiegel* und *Spiegel TV*?

MASCOLO: *Spiegel TV* hat dem *Spiegel* gutgetan, weil wir näher
dran waren, neugieriger, hungriger, andere Erzählformen auspro-
biert haben, all das, was der *Spiegel* später auch getan hat. Der
Spiegel war über eine so lange Zeit so erfolgreich gewesen, dass
die Vorstellung, dass da etwas fehlen oder dazukommen könnte,
Ende der Achtziger- und Anfang der Neunzigerjahre nicht existierte. Da gab es Spannungen.

COMBRINK: War an der Bornholmer Straße noch ein anderes Fernsehteam am 9. November 1989 aktiv?

MASCOLO: Ich habe immer darauf gewartet, dass noch andere Bilder auftauchen. Es gibt auch einen Moment, wo man eine Kameraleuchte angehen sieht. Es gibt Berichte, es könnte sich um ein spanisches oder ein japanisches Team gehandelt haben. Ich habe mir nicht vorstellen können, dass uns in der Nacht etwas Außerordentliches gelungen wäre. Die Nacht des Sturms auf die Mauer war ein Donnerstag, gesendet wurde am Sonntag. Ich dachte: Wer will das dann in dieser sich schnell drehenden Zeit noch sehen? Mein Kameramann Rainer März, der eine andere berufliche Erfahrung hatte und durch sein Objektiv schaute, sagte: Mach dir keine Sorgen, das Material ist außerordentlich. Die Tage nach dem 9. November waren genauso hektisch, und ich schaute bestenfalls noch morgens in unserem Hotel ein paar Minuten Westfernsehen. Da dachte ich zum ersten Mal: Warum sehe ich nur Bilder von Trabis auf dem Ku'damm? Wo ist der Moment des Endes der Mauer, des Endes der Diktatur? Wo ist der Moment, den ich bis dahin in meinem Leben so nie gesehen hatte? Der Moment, als die Angst die Seiten wechselte? Diesen Grenzern konnte man ansehen, dass sie unter Druck waren, in der Defensive. Diese Aufnahmen sind uns in dieser Nacht gelungen, sie sind einzigartig. Ich bin dankbar, dass ich ein Chronist dieser deutschen Revolution sein durfte.

COMBRINK: Waren Sie am Nachmittag bei der Pressekonferenz von Günter Schabowski?

MASCOLO: Nein. *Spiegel TV* hat um Pressekonferenzen (und zwar ohne direkte Ansage von Stefan Aust) eher einen Bogen gemacht. Was sollten wir auf Pressekonferenzen? Das ist eine Form von Nachrichtenjournalismus, die uns nicht viel brachte. Natürlich hatten mich diese Nachrichten erreicht. Wir saßen im damaligen Grandhotel, dem Radisson, dem teuersten Devisenhotel in Ostberlin, an dieser Bar, und das Radeberger Pils 0,2 kostete sieben D-Mark. Da saßen alle großen Osteuropakoryphäen, jemand von der *New York Times*, ein Kollege mit langer Erfahrung, las aus Kolumnen, die er vor langer Zeit geschrieben hatte. Es ging um die Frage, wie Moskau, das Zentralkomitee, jetzt reagiert. Es wurden historische Vergleiche angestellt. Ich habe nichts verstanden. Ich saß da in meiner Lederjacke, mit meinen langen Haaren, und hatte das Gefühl, dass an dieser Hotelbar jedenfalls nichts passieren wird, auch nicht in Mitte. Lasst uns an den Prenzlauer Berg fahren, habe ich gesagt, lasst uns so nah wie möglich an die Mauer heran. Dadurch, dass wir mit den Menschen losgezogen sind und ihre Neugierde unsere Neugierde geworden ist, sind wir im richtigen Moment an der richtigen Stelle angekommen. Wenn man sich das Material anschaut, spürt man diesen Druck noch, der auf den Grenzern lastet. Die Menschen wollten nicht mehr warten. Sie waren nicht mehr bereit, sich abweisen zu lassen. Wir sind den Grenzern so auf die Nerven gegangen, dass sie schon unsere Pässe in der Hand hatten und sagten: Wir weisen Sie nach Westberlin aus, von Ihnen haben wir jetzt genug. Wir sind ständig über diesen Grenzbaum gestiegen. Es gibt auch den Moment, wo Rainer März sich da draufgestellt hat, weil er sagt: Ich brauche einen Perspektivwechsel. Deswegen stehen wir auf der Seite der Abfertigungsbaracke. Der erste Moment fehlt, wo der Schlagbaum geöffnet wird. Rainer hat die Kamera unter dem Arm, weil er den Pass hergeben muss. Dann reißt er die Kamera hoch. Wie wir unsere Pässe zurückbekommen haben, weiß ich nicht mehr genau.

COMBRINK: Waren Sie vor dem November 1989 schon in Ostberlin?

MASCOLO: Ich bin im November nach Ostberlin gekommen, vorher war Christiane Meier dort. Ich saß in Hamburg und dachte: Hier wird Geschichte geschrieben, wann kann ich endlich dahin? Christiane Meier machte einen überragenden Job, aber es war klar, dass ich der Nächste bin, der fahren kann. Ich hatte mir meine Einreisegenehmigung schon besorgt. Nach dem 9. November wurde alles einfacher. Ich bin für eine sehr lange Zeit nicht mehr nach Hamburg gefahren. Wir haben in der ganzen Zeit dann irrsinnige Sachen gemacht, über die Geruchsstasi, wir waren die Ersten im DDR-Endlager und im DDR-Kernkraftwerk in Greifswald. Wir waren bei den Streiks in den Gefängnissen dabei. Es war unsere Zeit.

COMBRINK: Von Stefan Aust gab es die Vorgabe, keine gesetzten Interviews zu machen mit Politikern, sondern die Politiker von der Seite anzusprechen. Haben Sie solche Situationen erlebt?

MASCOLO: Ab und zu haben wir uns auch um Interviews bemüht, aber es ist der Ausnahmefall gewesen. Wir haben Politiker eher bei öffentlichen Auftritten abgepasst. Heute gibt es das vergleichsweise oft. Damals galt es als frech. Es gibt den berühmten Jubiläumsfilm zu *Spiegel TV*, wo Volker Rühe den schönen Satz sagt: *Spiegel TV* – die Weltmeister im Rückwärtsgehen. Am 10. November 1989 hatte die SED ein Stück aufgeführt, um sich selbst Mut zu machen. Sie hatten zu einer großen Kundgebung im Lustgarten eingeladen, das Politbüro, also Krenz, Herger, Schabowski, war vor Ort. Es war eine Zeit, in der die Frage, wer welche Autorität hat, in jedem Moment neu ausgetestet werden konnte. Der Boden schwankte. Es ging, was du dich trautest. Wir schoben uns an den Leibwächtern des Politbüros vorbei und standen auf einmal inmitten einer abgesperrten Zone, in der die Limousinen auf die DDR-Funktionäre warteten. Ich machte ein kleines Interview mit Schabowski und Herger. Dann steht da auf einmal Krenz vor meiner Kamera. Er hat selber so eine Unbeholfenheit. In dem Moment ist die Batterie leer, und das Bild wird schwarz. Es war unfassbar. Aber immerhin bekamen wir danach sofort eine neue Kamera. Auch Batterieprobleme hatten wir danach nie mehr.

COMBRINK: Würden Sie das jetzt in Ihrem Alter nochmals machen?

MASCOLO: Ich würde es heute anders machen. Die physische Kraft, nur mit minimalen Pausen zu arbeiten, ist mit Anfang 20 größer. Auf der anderen Seite würde ich mit heutiger Erfahrung vieles anders sehen und auch verstehen. Ich bin dankbar, dass ich dort sein konnte. Ich bin dankbar dafür, dass Stefan Aust mich damals dahin geschickt hat. Ich bin dankbar, dass das Universalgenie Alexander Kluge diese Vision eines unabhängigen Fernsehens hatte und dass ich ein Teil davon sein konnte. Es war meine beruflich aufregendste Zeit.

COMBRINK: Welche Rolle hatte Alexander Kluge damals für Sie bei *Spiegel TV*? War das ein Name im Hintergrund, oder hatte er eine Funktion?

MASCOLO: Nein. Ich kannte natürlich seinen Namen, ich wusste auch ein wenig von seinen Arbeiten. Ein wenig. Ich kam aus einer anderen Welt und habe das Stück für Stück erst begriffen, vor allem beim Tod von Franz Josef Strauß. Es wurde eine Sondersendung konzipiert, die außerordentlich war, weil Rudolf Augstein kam und den Text sprach in dieser abgedunkelten kleinen Sprecherkabine im Chilehaus. Der letzte Satz war: »Gott mit dir, Franz Josef Strauß.« Ich saß im Schneideraum, schaute zu und sah diesen Film *Der Kandidat*, aus dem es im Wesentlichen zusammengeschnitten wurde. Ich dachte, was für eine filmische Brillanz, was für Texte. Ich schaute Stefan Aust mit großem Respekt an und merkte, dass Stefan Aust Alexander Kluge mit größtem Respekt anschaute. Alexander Kluge vereint diese zwei Hälften miteinander die jedenfalls im Journalismus selten sind. Er ist ein Mensch mit einer großen Leidenschaft, einem ungeheuren Talent für unser Metier und zugleich mit einer geschäftlich fast visionären Begabung. Das ist eine Klammer zwischen Stefan Aust und Alexander Kluge. Aust ist auch eine dieser seltenen Begabungen, die im Geschäft denken und entwickeln können und es dann zugleich mit Inhalt, den sie an jeder Stelle selber produzieren, ausfüllen können.

COMBRINK: Ihr Vater ist ein Germanist, der den Schriftsteller Alexander Kluge sicherlich kennt.

MASCOLO: Mein Vater ist ein Italiener, der sich die deutsche Kultur erschlossen hat. Als ich ihm sagte, dass Alexander Kluge mit der Unternehmung *Spiegel TV* etwas zu tun hat, war er begeistert.

COMBRINK: Welche Idee hatten Sie mit dem Rechercheverbund, den Sie gegründet haben nach der Zeit beim *Spiegel*? Der NDR, der WDR und die *Süddeutsche Zeitung* recherchieren doch auch selbst.

MASCOLO: Die war einfach: Wenn der investigative Journalismus es schaffen würde, von Zeit zu Zeit, die Frage des Ergebnisses über das Prinzip des Ellenbogens zu stellen, könnte er außerordentlich davon profitieren. Mir wurde das in meiner Zeit als *Spiegel*-Chefredakteur bewusst. Damals arbeiteten wir gemeinsam mit dem *Guardian* und der *New York Times* an den Wikileaks-Unterlagen. Das war ungewöhnlich, eine Form von Journalismus, den man bis dahin so nicht kannte. Wikileaks wollte den *Spiegel* damals dabeihaben. Und das Material war schlicht so umfangreich, dass die Arbeit für jede Redaktion, egal, wie groß sie ist, kaum noch zu leisten war. Diese Geschichte spielte in den unterschiedlichsten Teilen der Welt. Warum also erzählt man davon nicht auch in Großbritannien, in den USA, in Europa? Später sind noch *Le Monde* und *El País* dazugekommen. Das Ergebnis und die Wirkmacht der Geschichte waren außerordentlich. Es war für alle Medien eine gute Erfahrung. Ich hatte seit dieser Erfahrung eine Skizze im Kopf, wie es aussehen würde, wenn unterschiedliche Redaktionen gemeinsam recherchieren. Der Rechercheverbund ist und wird in weiten Teilen mit der Frage verbunden, warum sich in Deutschland denn NDR, WDR und *Süddeutsche Zeitung* für Recherchen zusammenschließen. Heute aber arbeitet er selbstverständlich mit der *New York Times*, der *Washington Post*, CNN, AP oder *Le Monde* zusammen. Bei großen Finanzleaks, zum Beispiel den Panama Papers, setzen wir einem globalen Missstand eine globale Recherche entgegen, die auch globale Wirkmacht entwickelt. Bei dem Pegasus-Projekt geht es um Überwachungstechnologie, bei der jede Form von Widerstand und Widerspruch unterdrückt wird. Die Menschen haben ein gutes Gespür dafür, ob du eine riesige Bühne errichtest und dann ein mittelklassiges Stück aufführst. Aber wenn die Geschichte außerordentlich ist und ein globales Problem beschreibt, können sich Redaktionen vereinen und zusammenarbeiten. Das hat dieser Verbund in acht Jahren jedenfalls mitbefördert und miterreicht. Darauf bin ich stolz.

COMBRINK: Was machen Sie jetzt?

MASCOLO: Ich bleibe als Autor bei der *Süddeutschen Zeitung*, sicher werden mich auch Buchprojekte beschäftigen.

Das Blut der Welt

Stefan Aust über Öl und »Nachrichten in Echtzeit«,
RTL, 24.6.2012, *10 vor 11*

ALEXANDER KLUGE: Wie würdest du das Wort Nachricht definieren?

STEFAN AUST: Die Nachricht war früher etwas anderes als heute. Früher war sie *nach* dem Ereignis. Heute geht die Nachricht in Lichtgeschwindigkeit um die Welt, gemeint sind die Nachrichten, die wir bekommen im Fernsehen, im Internet, im Radio.

KLUGE: Das sind Lebenszeichen der Wirklichkeit.

AUST: Das Einzige, was zwischen dem Empfänger der Nachricht und dem Ereignis selbst liegt, ist die Lichtgeschwindigkeit. Wir erleben die Welt fast live.

KLUGE: Wir erleben aber das, was von der Welt erreichbar ist. Die Aufnahmegeräte sind nirgends richtig aufgestellt.

AUST: Das ist richtig. Aber dadurch, dass es inzwischen so viele Aufnahmegeräte gibt und viele Menschen welche haben, vergrößert sich die Zahl derjenigen, die ihr eigenes Leben, das, was sie sehen, das, was sie beobachten, aufnehmen. Deswegen gibt es von vielen großen Ereignissen (und es nimmt zu) mehr Aufnahmen als jemals in der Weltgeschichte. Der 11. September 2001 ist schon zehn Jahre her. Inzwischen hat sich die Welt enorm verändert. Aber schon dieses Ereignis ist bestimmt von den Aufnahmen, die man darüber sieht. Der Anschlag auf das World Trade Center ist über die Hälfte von Leuten aufgenommen worden, die keine professionellen Fotografen, Filmemacher, Reporter sind. Das hat noch zugenommen, wenn man an die Smartphones denkt, die heute in hochauflösender Qualität Bilder aufnehmen. Aber das bedeutet auch, dass wir in aktueller Berichterstattung von Fotos oder Bildsequenzen, eins zu eins übertragen, ersticken, sodass die Auswertung nicht mehr Schritt hält.

KLUGE: Ein Fernsehverantwortlicher hat zu mir gesagt: Über Öl kann man keinen Film machen. Was stimmt daran? Ich habe noch die Ölkrise unter Willy Brandt in Erinnerung, da waren die Autobahnen plötzlich leer. Ich kann in Situationsform über Öl viel sagen.

AUST: Am Öl kann man außerordentlich viel zeigen, denn seit der Entdeckung des Petroleums, des Erdöls, hat sich die Welt, als wäre sie vom Öl geschmiert, schneller gedreht. Öl ist das Blut der Welt, und zwar in doppelter Hinsicht, als Blut, das durch die Adern der Welt fließt, also die kommerziellen Adern, die Handelsadern, die technischen Adern.

KLUGE: Außerdem ist es Ursache blutiger Kämpfe.

AUST: Auch von gewaltigen Auseinandersetzungen. Das ist nicht erst seit heute oder gestern so, schon der Erste Weltkrieg war wesentlich durch Öl gekennzeichnet, der Zweite Weltkrieg erst recht.

KLUGE: Über Hitler und das Öl kann man einen Artikel schreiben.

AUST: Es gibt einen interessanten Auftritt von Hitler, wo er darüber redet, dass er nach Aserbaidschan wollte wegen des Öls. Es gibt dieses berühmte Bild von der Torte. Das Tortenstück heißt Baku. Die Torte selbst hatte die Form des Kaspischen Meeres. Die deutschen Panzer fuhren mit Benzin, nicht mit Diesel. Das hatte man auch nicht. Deswegen sind alle mit der Eisenbahn an den Kriegsschauplatz gefahren worden. Dann waren die Tanks relativ schnell leer, weil die auch so viel Sprit verbraucht haben. Die Deutschen hatten nur wenig Öl. Deswegen hat man nach dem Fischer-Tropsch-Verfahren aus Kohle Öl hergestellt oder Benzin. Flugzeuge flogen mit Benzin, was aus Kohle hergestellt war. Man musste die Kohle vergasen, dann das Gas verflüssigen, um den Sprit rauszukriegen. Das macht man heute übrigens massiv in Katar, wo es die größten Gasvorräte der Welt gibt. Das Dieselöl, das wir tanken, kommt zum Teil aus Gas to Liquid, insofern ist Öl wirklich das Blut der Welt. Darüber kann man viele Geschichten schreiben, erzählen und auch Filme machen.

KLUGE: Das ist ein fossiles Erzeugnis.

AUST: Wenn man das am Beispiel Kanadas beschreibt, wo ich gerade war, oben in Alberta, wo die Ölsände abgebaut werden, ist das eine ziemlich schmutzige Angelegenheit. Das liegt direkt unter der Oberfläche. Das ist Sand, der mit Öl getränkt ist. Da wird das Öl rausgewaschen. Diese Gegend oben in Kanada ist der Grund eines fossilen Meeres. Da gibt es wahnwitzige Vorräte. Das ist nicht übermorgen zu Ende. Es gab die Theorie Peak Oil; dabei ging es um die Frage, wann die Spitze des Ölverbrauchs beziehungsweise der Ölförderung erreicht ist.

KLUGE: Du warst auch in Feuerland.

AUST: Feuerland ist eine Insel, die durch die Magellanstraße getrennt ist vom Kontinent, von Südamerika. Da gibt es die Stadt Río Grande. Vor Río Grande gibt es Land, das flach ist, richtig Pampa, wie im südlichen Teil von Argentinien. Da gibt es Öl, dort stehen diese Pferdekopfpumpen. Da findet sich viel Gas und eine Stelle, über die man mit dem Helikopter 80 Kilometer über den Südatlantik fliegt. In ungefähr 80 Kilometer Entfernung vom Ufer stehen zwei Bohrinseln, Aries und Carina, auf Stelzen, unbemannt. Da wird Gas gefördert, das durch eine Pipeline an Land gebracht wird. Dort wird es vorgereinigt, Wasser rausgenommen. Dann gibt es eine Pipeline, die geht 3000 Kilometer bis Buenos Aires. Diese beiden Gasbohrinseln stellen ungefähr die Hälfte der gesamten Energie von Buenos Aires. Man darf nicht vergessen, dass fossile Brennstoffe, also diese Kohlenwasserstoffe, ungefähr das Kompakteste an Energie sind, was man haben kann. Wenn ein Auto zehn Liter Benzin oder Dieselöl verbraucht, hat man ein Gewicht von etwas mehr als zehn Kilo an Bord, um damit 100 Kilometer zurückzulegen. Das ist weniger als ein Wassereimer voll. Wenn man zum Beispiel mit Strom fahren will, dann braucht man eine Batterie, die ungefähr 250 Kilo wiegt. Da kann man sich vorstellen, dass die Energiedichte bei Diesel und bei Benzin, also bei Ölprodukten, außerordentlich groß ist. Das ist schwer zu ersetzen.

KLUGE: Dieses Öl hat eine Geschichte von 150 Jahren. Damit sind Schicksale verknüpft. Calouste Gulbenkian, ein armenischer Geschäftsmann, der mit Öl handelte, nannte sich »Mister Five Percent«. Das bezog sich auf die Vielfalt von Gesellschaften und Geschäften, an denen er jeweils mit bescheidenen fünf Prozent partizipierte. Ein Geschäftsmodell, das insgesamt erhebliche Summen erbrachte.

AUST: Durch diesen hohen Ölpreis gibt es eine Verschiebung von Wohlstand und von finanziellen Mitteln in die Ölstaaten. Die kaufen zwar selbst wieder im Westen oder sich in Firmen ein, aber es gibt einen unglaublichen Transfer von Wohlstand in diese Länder. Wenn es in einem Land wie Saudi-Arabien, wo das Öl leicht zu fördern ist, nichts kostet, das aus dem Boden zu holen, der Ölpreis bei 100 Dollar pro Barrel liegt oder darüber, dann wissen die nicht mehr, wohin mit ihrem Geld.

KLUGE: Diese Lotterie ist wie ein Dauerregen.

AUST: Jeden Tag ein Sechser im Lotto. Länder wie Aserbaidschan fangen erst jetzt an, seitdem sie aus der Sowjetunion entlassen worden sind, das Öl auf dem Weltmarkt zu verkaufen. Das ist unvorstellbar, was da plötzlich für Geld reinkommt. Ganze Städte gibt es auf dem Wasser. Das sind die Ersten gewesen, die offshore gebohrt haben in den Vierzigerjahren. Wenn man diese Ölplattformen sieht, die alle verbunden sind mit Straßen, sieht das aus wie Science-Fiction.

KLUGE: Was machen die Arbeiter auf einer Bohrinsel in der Nordsee? Wo werden sie sexuell getröstet?

AUST: Zu Hause, die haben einen Schichtbetrieb und sind je nach Vereinbarung oft 14 Tage auf der Bohrinsel, arbeiten bis auf acht Stunden Schlaf, wo sie zwischendurch Skat spielen oder Fernsehen schauen. Dann sind sie anschließend 14 Tage zu Hause. Das ist eine reine Arbeitsatmosphäre auf diesen Bohrinseln, am Ende der Welt. Diese Raffinerie am Ufer des Südatlantiks in Feuerland ist mitten in einer absoluten Öde, da ist nichts rundherum.

KLUGE: Keine Liebesgeschichten?

AUST: Die gibt es wahrscheinlich überall. Aber es ist ziemlich trist.

KLUGE: Die *Odyssee* ist deswegen interessanter zu lesen als die *Ilias*, weil bei dem einen nur Kämpfe vorkommen und bei dem anderen auch Liebesgeschichten.

AUST: Wenn man sich die Auseinandersetzungen im arabischen Raum in den letzten Jahrzehnten ansieht, haben die alle mit Öl zu tun. Niemand würde sich um die Frage kümmern, ob Saddam Hussein Diktator vom Irak ist, wenn er nicht über Öl verfügen würde und damit auch über große finanzielle Mittel, um seine Armeen aufzubauen und im Zweifel Atombomben zu bauen.

Alle Auseinandersetzungen dieser Gegend spielen sich um Öl ab, manchmal kriegerisch, manchmal weniger kriegerisch. Wir fahren nächste Woche nach Angola. Dort sind die Chinesen groß im Geschäft und haben die Fördergenehmigung dadurch bekommen, dass sie die Infrastruktur aufbauen. Die Chinesen haben eine andere Strategie. Der Westen ist davon ausgegangen, das Öl bei denen zu bekommen, die müssen große Lizenzen dafür bezahlen. Dann haben die örtlichen Potentaten sich das in die Tasche gesteckt und davon große Armeen aufgebaut, haben Waffen gekauft, Grundstücke oder Aktien. Die Chinesen gehen im Wesentlichen so daran, dass sie für die Staaten die Infrastruktur aufbauen.

KLUGE: Das geschieht mit Zustimmung der Bevölkerung.

AUST: Die nehmen denen auch die Arbeit weg. Aber vielleicht können die bessere Straßen bauen.

KLUGE: Vielleicht braucht man mehr Arbeit, denn Chinas Landwirtschaft wird auch nach Afrika verlegt. Die machen Großgrundbesitz dort und ernähren ihr Land.

AUST: Das ist ohnehin die größte Veränderung, die wir im Augenblick erleben, erlebt haben und noch weiter erleben werden: Chinas Wiederaufstieg.

KLUGE: Das ist Stoff für Epen. Ich stelle mir vor, dass jemand 18 Jahre alt ist, als Mao Zedong die Macht ergreift. Der hat dann einen Sohn und eine Tochter. Und diese haben nach dem Einkind- oder Zweikinderprinzip eine weitere Generation als Nachkommen. Das ergibt eine Generationsfolge, und jeder denkt etwas anderes.

AUST: Gerade in China wird es sicher Autoren geben, die darüber ein Epos schreiben, über den Aufstieg der Familie XY, wo entweder Vater oder Großvater im Reisfeld gearbeitet haben oder aus der chinesischen Parteinomenklatura kamen. Viele der großen Investments in China kommen zum Beispiel aus Taiwan. Taiwan, das immer in Gefahr ist, von China einverleibt zu werden, ist der größte Investor auf dem chinesischen Kontinent. Das sind auch Familiengeschichten.

KLUGE: Ich springe nach Texas und Hollywood. Dort findest du Howard Robert Hughes, den Gründer einer Firma für Erdölbohrer, bestimmt für die Erdölfelder im Süden der USA. Er hat einen Sohn, der das Riesenunternehmen erbt, aber sich primär dafür interessiert, Hollywoodfilme zu machen. Das ist der legendäre Hughes. Das Geld kommt immer noch aus den Erdölbohrern, mit den Filmen verliert der Sohn Geld, ist aber dadurch ein wichtiges Glied der Filmgeschichte geworden. Nicht nur die Buddenbrooks, sondern Geschichten aus aller Welt sind interessant, wenn sie nicht nur einen Lebenslauf, sondern ganze Generationen und die Gegensätze darin umfassen. Wenn du auf deine unmittelbaren Vorfahren, Großeltern und Urgroßeltern, blickst, wen würdest du gerne beschreiben?

AUST: Die interessanteste Figur ist mein Großvater. Er war gelernter Kaufmann. Dessen Vater, also mein Urgroßvater, war Uhrmacher, hatte eine kleine Uhrmacherei auf St. Pauli in der Silbersackstraße. Kurz vor der Jahrhundertwende gab es eine große Mode, da hat man Postkarten gesammelt. Man konnte noch nicht so viel verreisen wie die Touristen heute. Da hat mein Großvater den Kapitänen und Offizieren auf den Schiffen Geld gegeben, damit sie ihm von ihren weltweiten Reisen Postkarten mitbringen. Dann hat er einen Postkartenverlag aufgemacht und damit viel Geld verdient. Es gibt heute noch Sammler von Postkarten, die kennen den Aust Verlag. Das war mein Großvater. Er hat mit dem Geld eine Reederei aufgemacht, die auf der Unterelbe Schiffsverkehr betrieb. Er hatte 10 bis 15 Schiffe, Raddampfer und so etwas. Als in der Weimarer Republik (er wurde gerade 60) der Hamburger Staat ihm mit einer staatlichen Reederei Konkurrenz gemacht hat, kam er in Schwierigkeiten und hat die Reederei an die Hamburger Staatsreederei verkauft, und zwar auf Leibrente. Dann hat er sich an denen gerächt, indem er bis 1962 gelebt hat. Mein Vater selbst war 15 Jahre in Kanada gewesen zwischen den Kriegen. Er war 1939 auf Heimatbesuch und fand sich drei Wochen später als Soldat im Krieg wieder in Polen. Das kommt dabei heraus, wenn man nicht Zeitung liest. Ein anderer Verwandter war 30 Jahre in China, eine Tante war 15 Jahre dort. Eine andere Tante war, glaube ich, 15 Jahre in Guatemala. Die waren sehr global. Einer hat es nur bis Belgien gebracht.

KLUGE: Das sind alles Tatsachen, Nachrichten und Erzählbares. Erzählst du deinen Kindern?

AUST: Die fragen natürlich, wenn ich auf einer Reise war oder wenn wir etwas machen. Wir haben den Schneideraum unten im Keller. Dann kommen die Kinder gelegentlich und schauen. Die reisen auch selbst gern. Meine ältere Tochter ist jetzt Anfang 20. Wenn ich auf Reisen war, habe ich sie häufig mitgenommen. Die ist schon mit 12, 13, 14 Jahren mitgereist. Sie war ein paarmal mit in China, in Tibet, in Australien, in Neuseeland, in Kanada, in der Karibik, in Afrika.

KLUGE: Interpretiere mir am Schluss bitte den Satz: »Erlöst die Nachrichten von der menschlichen Gleichgültigkeit.« Wer erzählt, ist so wichtig wie das, was erzählt wird.

AUST: Es ist wichtig, wer erzählt, auf welche Weise man erzählt und auf welche Weise man die Ereignisse in Verbindung zu den Menschen bringt, um die es bei den Nachrichten geht. Es geht um die Frage der Kausalität, wie es zu den Ereignissen gekommen ist. Und es spielt natürlich eine Rolle, wer etwas erzählt und warum er etwas erzählt. Manchmal verfälscht die Absicht auch den Inhalt.

Stefan Aust, Das Blut der Welt, über Öl und »Nachrichten in Echtzeit«.

Was heißt Aktualität?

Stefan Aust über die »Gegenwart der Vergangenheit«,
RTL, 28. 5. 2006, *Primetime*

ALEXANDER KLUGE: Du hast in deinem Beruf mit Aktualität
zu tun. Was heißt Aktualität?
STEFAN AUST: Aktualität ist nicht die Aktualität der vergangenen Woche, das macht die Sache schwierig. Die Aktualität zum
Beispiel, die sich niederschlägt in der Entscheidung über ein Ti-
telbild, eine Titelgeschichte, eine Titelzeile, ist die Aktualität der
Woche darauf. Am Freitagabend müssen wir ein Gefühl dafür
entwickeln, welches das Thema von Montag ist. Es gibt eine hohe
Auflage, die Maschinen laufen verhältnismäßig langsam, der Ver-
teilungsprozess dauert eine gewisse Zeit, das Heft liegt 24 Stunden
im toten Raum. Am Freitag muss man entscheiden, was am Montag am Kiosk erscheint oder am Sonntagabend. Um das richtige
Thema zu treffen, muss man den Kern der Sache jenseits der aktuellen Ereignisse erkennen. Es gibt Dinge, die scheinen am Freitag
aktuell zu sein, und man denkt, das muss am Montag auf dem
Titel sein. Am Montag stellt man fest, dass es schon überholt ist.
Das Allgemeine im Besonderen hat Bestand. Das Thema ist das,

was die Aktualität überdauern muss. Wenn es nur darum geht, hinter einem singulären Ereignis herzulaufen, liegt man daneben.

KLUGE: Die Wirklichkeit ist immer raffinierter, immer rascher.

AUST: Das aktuelle Ereignis ist nur dann relevant, wenn es einen Trend, der dahinterliegt, ein Problem, ein Thema, blitzartig erleuchtet. Der Blitz ist nicht das Entscheidende. Das Entscheidende ist, was er erleuchtet. Wir haben einen Titel gemacht über Feinstaub. Einerseits haben wir danebengelegen, aber andererseits haben wir auch richtig gehandelt. Es gab diese Feinstaubrichtlinie von Brüssel. Wenn man sie umsetzt, müsste jede deutsche Großstadt nach 35 Tagen lahmgelegt werden. Die Feinstaubwerte sind verrückt, keine Stadt kann die erfüllen, es ist ein Regelungswahn ohne Blick auf die Realität. Das Thema ging durch alle Zeitungen. Die Stadt wird stillgelegt, man muss die Dieselmotoren verbieten und die Feinstaubfilter einführen oder subventionieren. Wenn man sich das in der Realität anschaute, stellte man fest, dass die Dieselmotoren ungefähr sieben Prozent des Feinstaubs bringen. Es war nicht so gewaltig. Wir haben mit unserer Geschichte die Proportionen zurechtgerückt. Die Geschichte hieß dann auch »Das Feinstaub-Gespenst«. Wir haben uns mit der Hysterie darüber beschäftigt und am Montag einen Titel dazu gemacht. Es war ein hochgejubeltes Thema und als Konfliktpotenzial nicht langlebig. (Das dachte ich damals. Aber ich kam nicht auf den Gedanken, dass sich eine Umweltschutzgruppe, eine NGO, Jahre später auf dieses Thema stürzen und es zu einem politischen Problem hochstilisieren würde.)

KLUGE: Wenn das ein Blick auf die Aktualität ist, wie sieht es aus, wenn ein neues Kriegsgerät gerüstet wird? Der Eurofighter war ein Beispiel. In den USA werden Weltraumstationen hergestellt, die jeden Punkt der Erde sehen und auch beschießen können. Diese Dinge brauchen 30 oder 40 Jahre Entwicklungszeit. Die Strategen im Pentagon befassen sich jetzt mit den Fragen von 2040. Das ist unabhängig vom Budget einer einzelnen Präsidentschaft, die vier Jahre dauert.

AUST: Wenn man sich unseren Rüstungsbereich ansieht, stehen bei uns die Garagen des Verteidigungsministeriums voll mit großen Panzern, die nie zum Einsatz gekommen sind.

KLUGE: Die wären vor dem Krieg relevant gewesen.

AUST: Wenn er denn gekommen wäre. Aber vielleicht hätte auch das nichts genutzt, weil es die Politik der Strategie der gegenseitigen sicheren Vernichtung gegeben hätte. Die hätten möglicherweise durch ein totes Gebiet fahren können, wenn die Panzerfahrer noch am Leben gewesen wären. Jetzt haben wir eine Situation, in der alle Konflikte, über die wir im Augenblick nachdenken, globale Konflikte sind; es handelt sich um militärische Polizeiaktionen, mit denen in Somalia oder Afghanistan Sicherungsaufgaben übernommen werden. Es ist eine Technik gefragt und eine Art von Einsatztruppe, die global tätig werden kann, die man schnell irgendwohin bringt und die man mit einer entsprechenden Logistik versehen kann. Was wir an fliegerischem militärischen Gerät haben, ist zum großen Teil noch für den Krieg mit der Sowjetunion auf bundesdeutschem Territorium angelegt. Die Technik ist so veraltet, dass man es auch besser gleich sein lassen kann. (Es sieht allerdings so aus, dass der Ukrainekrieg die Geschichte der Kriegsführung um 75 Jahre zurückgedreht hat.)

KLUGE: Wo wird heute ein Bewusstsein, eine Meinung gebildet, die sich auf die Welt bezieht? Gibt es diese Art von Öffentlichkeit? In der Antike wäre es die Bibliothek von Alexandria gewesen.

AUST: Es ist nicht ein Ort, glaube ich. Die neue Entwicklung ist eine Vernetzung von Wissen auf der Welt, es geht um die Fastgleichzeitigkeit von Informationen, die man von überallher bekommen kann. Wenn ich bei Google ins Internet gehe und einen Begriff eingebe, weiß ich nicht mehr, wo ich die Informationen herbekomme. Die kommen nicht von einem zentralen Ort.

KLUGE: Sie haben keinen Absender.

AUST: Es ist wie ein Hirn, eine Vernetzung von unendlich vielen verschiedenen Speichern, die miteinander kommunizieren. Deswegen kann man nicht mehr sagen, wo die gespeicherten Informationen herkommen. Sie sind überall und nirgends, eher überall. Wo ist das Zentrum? Das Zentrum ist da, wo Leute gerade über die Informationen miteinander diskutieren, das kann ein Seminar an der Uni sein, eine Diskussionsveranstaltung oder eine Talkshow im Fernsehen.

KLUGE: Neulich habe ich dich angerufen in Aspen, das liegt in den Rocky Mountains, ein schöner Gebirgsort, im Winter und im Sommer. Dort treffen sich die großen Stiftungen der USA, wichtige Leute gehen dorthin.

AUST: Das Treffen in Aspen findet alle zwei Jahre statt. Das Aspen Institute veranstaltet zusammen mit der amerikanischen Wirtschaftszeitschrift *Fortune* ein Treffen, das sie »Fortune Brainstorm« nennen. Sie laden eine Reihe von Leuten ein, es ist begehrt, dahin zu kommen. Dort treffen sich Manager, Medienleute, Politiker, Chefs von großen Unternehmen, Michael Eisner von Disney, Paul Wolfowitz, Madeleine Albright und Bill Clinton. Es ist eine hochkarätige Besetzung. Das findet in einer Art von Collegeatmosphäre statt. Die Leute, die alle nicht mehr jung sind, setzen sich morgens um sieben in den Seminarraum; dann gibt es Frühstück mit Pappbechern und ein kleines Büfett. Man meldet sich vorher an oder wird eingeteilt. Die Leute stellen sich vor, und einer macht die Diskussionsleitung. Es ist eine egalitäre collegeartige Situation. Bei uns sitzen alle Leute im großen Saal, und jemand hält auf der Bühne einen Vortrag, dort gibt es kleine und größere Gruppen, Vollversammlung und Panels, jeder ist gezwungen mitzumachen.

KLUGE: Es bilden sich für eine Supermacht dort Meinungen heraus, die hinterher zu Entscheidungen führen.

AUST: Es wird offen diskutiert, es sind unterschiedliche Positionen, die vertreten werden. Es werden zwischendurch auch heftige Kontroversen ausgetragen, aber alles findet in einer Atmosphäre statt wie in einem College, einer Universität.

DIE LETZTE GRÜNDERZEIT IM DEUTSCHEN FERNSEHEN

Um Haaresbreite hätte es das unabhängige Fensterprogramm der dctp mit *Spiegel TV* nicht gegeben

ALEXANDER KLUGE: Die Lizenz im Jahr 1988 für die dctp haben wir nur bekommen, weil Radio Luxemburg, Bertelsmann und Gruner + Jahr keine Lizenz erhalten hätten ohne uns. Trotzdem gibt es einen letzten Aufstand von Schulte-Hillen, dem Chef Gruner + Jahrs, wozu auch der *Stern* gehört, der sagte: Der *Stern* darf nicht senden, aber der *Spiegel*. Die Welt ist in Unordnung, wir legen unser Veto ein. Tatsächlich hat er bei Bertelsmann ein Veto erwirkt. Daraufhin verreisen beide Geschäftsführer von RTL, Helmut Thoma und Jochen Starke, der eine nach Spanien, der andere nach Ungarn, und sind unerreichbar. Sie können nicht vermitteln. Die Luxemburger meinten, dass sie die Lizenz verlieren, wenn *Spiegel TV* gekündigt wird. Das nordrhein-westfälische Mediengesetz schrieb vor, dass wenn einer der Partner bei der gemeinsamen Zulassung den anderen kündigt, beide die Lizenz verlieren. Das wusste Thoma, und auch Starke hat es begriffen. Ich saß in Thomas Büro bei RTL. Er hatte mir seine Frau, die Büroleiterin bei ihm war, zur Seite gestellt. Ich durfte mit seinen Telefonen arbeiten. Nach vier Stunden hatte ich Schulte-Hillen und den Chef von Bertelsmann überzeugt, dass binnen eines Jahres im Lizenzteil der dctp auch *Stern TV* eingerichtet wird, dann habt ihr gesendet.
STEFAN AUST: Bis zum letzten Tag war das unklar.
KLUGE: Das war am 8. Mai 1988. Das gehört zur Öffentlichkeit von 1988, die ist gediegen, vielfältig und entwicklungsfähig nach allen Richtungen.
AUST: Für die gesamte Medienlandschaft war das die Ausnahme. Was du hinbekommen hast mit diesem Gesetz und dieser Platt-

form zum Senden mit der eigenen Verantwortung, war die absolute Ausnahme.

KLUGE: Aber es entspricht deinen, Augsteins und Theobalds Gedanken. Es gibt eine produktionszentrierte Antwort auf die Defizite der Massenmedien am Sockel der Institutionen. Das ist eine Form der Gegenproduktion.

AUST: Hätte die dctp ihr Programm ohne *Spiegel TV* gesendet?

KLUGE: Auf keinen Fall. Wäre eine Erpressung gleich zu Beginn gelungen, wäre auch alles andere kein unabhängiges Programm geworden.

Alexander Kluge

Das Jahr 1988, also das Jahr vor der deutschen Wende, brachte mit dem Prinzip der unabhängigen Fensterprogramme im Privatfernsehen und der Strukturierung dieses Privatfernsehens in eine von Sat.1 (und indirekt dem Kirch-Konzern) strukturierte Südschiene – sogenannte B-Länder: Bayern, Baden-Württemberg und Rheinland-Pfalz – und eine (indirekt an die Compagnie Luxembourgeoise de Télédiffusion und die Bertelsmann AG angelehnte) Nordschiene – Niedersachsen, Hamburg, Schleswig-Holstein – einen Grundriss, der das bis dahin allein bestehende öffentlich-rechtliche Fernsehsystem durch ein dualistisches System ablöste. Die Bundesländer Nordrhein-Westfalen, Hessen, Bremen und Saarland hatten durch die Gesamtzuständigkeit aller Bundesländer für die Rundfunkhoheit eine Mitbestimmung, aber keine eigene Struktur im Rahmen des Privatfernsehens. Zu diesem Zeitpunkt war der Start eines Fernsehsatelliten mit bundesweiter Ausstrahlung parallel zu den Sendemasten, die bis dahin die Fernsehübertragung besorgten, geplant. Zur Errichtung dieses Rundfunksatelliten wurde ein Rundfunkstaatsvertrag zwischen allen damaligen Bundesländern geschlossen und separat der Satellitenfernsehvertrag, und zwar dieser zwischen den bis dahin nicht berücksichtigten Bundesländern: die sogenannte Westschiene.

Der für die Umlaufbahn im Orbit geplante Rundfunksatellit verunglückte. Der Satellitenstaatsvertrag hatte dennoch Bestand.

Aufgrund dieses Westschienen-Staatsvertrages wurde später, im Jahr 1992, der Sender Vox errichtet. Noch heute sendet die dctp in dieser Satellitenlizenz ihr Digitalprogramm im Netz: dctp.tv.

Anders als der fernseherfahrene Helmut Thoma, der den Sender RTL leitete, begann der Sender Vox in einer Formatrichtung, die eher ins öffentlich-rechtliche System als in das der Privatsender passte. Das Programm war, gemessen an den Erlösen des Senders auf der von Bertelsmann programmierten Seite, zu aufwendig. Die Lizenz für dieses Programm war nach dem nordrhein-westfälischen Rundfunkgesetz und dem Westschienen-Staatsvertrag so strukturiert, dass die Antragstellung nur zulässig war, wenn der Antrag durch mehr als eine Einzelfirma gestellt wurde. Es sollte sich nicht um einen Monopolsender handeln. So wurde die Lizenz erworben durch ein von Bertelsmann geführtes Konsortium und, unabhängig davon, von der dctp GmbH, in der sich ebenfalls mehrere Partner, nicht nur Spiegel-Verlag, über Programm und Sendezeiten verständigt hatten. Das Gesetz bestimmte, dass, wenn ein Streit entstünde oder die Unabhängigkeit des kleineren Partners durch einen der mächtigeren verletzt würde, der mächtigere die Lizenz verlieren und der kleinere sie übernehmen würde. Als zwei Jahre später die Bertelsmann AG für die von ihr geführte Seite die Insolvenz erklärte und einen Insolvenzverwalter einstellte, fiel diese Lizenz nach dieser Regelung (und mit Zustimmung des Insolvenzverwalters) an die dctp.

In der Folgezeit wurde bei Vox, dessen Leitung die dctp – und in der Praxis auch Stefan Aust – übernommen hatten, das Gleichgewicht zwischen Einnahmen und Ausgaben wieder hergestellt, das Programm wurde während dieser Sanierungszeit erheblich verändert. Es kam zum Ende des Jahres zu einem erneuten Beitritt von Bertelsmann und – damit verbunden – zu einer Zusammenarbeit mit dem Konzern von

Rupert Murdoch neben Bertelsmann. Das Programm der dctp und die gesellschaftliche Beteiligung brachte ein Stück Gleichgewicht auch in das Verhältnis der beiden Giganten. Die Unabhängigkeit der Sendezeiten der dctp und ihrer Programmpartner und die darauf lautende Lizenz blieben unberührt.

Zu den Programmpartnern der dctp gehörten während der Sanierungszeit außer *Spiegel TV* und den Kulturmagazinen von Kairosfilm die *Zeit* mit ihrer Tochter *Zeit TV*, die *Süddeutsche Zeitung* mit ihrer Fernsehtochter, die *Neue Zürcher Zeitung* mit *NZZ Format*, die BBC Worldwide und für eine kurze Versuchsphase die *International Herald Tribune*. Die für das Prinzip Vielfalt und die Idee der TRANSATLANTISCHEN BRÜCKE hochinteressante Zusammenarbeit mit der in Paris siedelnden *International Herald Tribune*, von der *NZZ* stark befürwortet, scheiterte in der Tagespraxis an dem Sprachproblem zwischen Englisch und Deutsch. Die jeweilige Übersetzung ins Deutsche oder die Untertitelung der Endfassung ließen sich für ein aktuelles wöchentliches Magazin mit den damaligen Mitteln schwer durchführen. Dies wäre mit den digitalen Möglichkeiten von heute zu überbrücken gewesen. Eine solche Zusammenarbeit über den Atlantik hinweg wäre gerade in der heutigen Situation im Fernsehen und in der Digitalität von größtem Interesse. Im Programm von arte, das zeitlich parallel zur Gründung der dctp entstand, ist die Überwindung der Sprachgrenze gelungen.

Operation Vox

Dem Sender Vox ging es inzwischen immer schlechter. Nachdem die *Süddeutsche Zeitung* ausgeschieden war, wollte auch der Hauptgesellschafter Bertelsmann die hohen Programmkosten nicht mehr länger tragen. Im März 1994 zog der Konzern die Notbremse und erklärte, wenn bis zum 31. März kein neuer Investor gefunden werde, würde VOX liquidiert und der Sendebetrieb eingestellt werden. Doch die Gütersloher Manager hatten nicht mit Kluge gerechnet. Der schaute in die Verträge und kam zu dem Schluss, dass VOX nicht so ohne Weiteres den Sendebetrieb einstellen könnte. Laut Vertrag mussten die Sendungen der dctp innerhalb des Rahmenprogrammes ausgestrahlt und die Sendungen auch finanziert werden. Bei Einstellung des Sendebetriebes wäre ein gewaltiger Schadensersatz fällig geworden.

Da drehte Bertelsmann den Spieß um. Kluge könnte ja den Sender übernehmen, das Filmarchiv stünde ihm zur Verfügung, für Werbung müsste er dann schon selber sorgen – und für einen gewissen Zeitraum wäre man bereit, den Sendebetrieb auch noch zu finanzieren. Kluge handelte einen entsprechenden Vertrag aus, unterschrieb ihn vorsichtshalber aber noch nicht.

Ich war auf dem Sprung zu einer kurzen Reise nach Rio de Janeiro, auf Einladung des dortigen Goethe-Instituts. Am Donnerstagabend rief ich Alexander Kluge an und erkundigte mich nach dem Stand der Verhandlungen mit Bertelsmann. Kluge wirkte ziemlich mutlos. Er habe jetzt den Vertrag abgeschlossen, aber wie solle die dctp plötzlich den ganzen Sender VOX übernehmen?

»Darauf warte ich die ganze Zeit«, sagte ich. »Da reiten wir morgen ein und übernehmen den Laden.«

»Und wie soll das gehen?«

»Ganz einfach«, sagte ich wie immer, wenn es kompliziert wurde. »Ich sage meine Reise nach Rio ab. Dann rufe ich

Werner Klatten an, der weiß ja aus seiner Erfahrung als Chef von Sat.1, wie man einen Sender leitet und an Werbeeinnahmen kommt. Der ist gerade bei Kirch raus und hat nicht so recht was zu tun.«

Kluge faxte den noch nicht von ihm unterschriebenen Vertrag. Ich traf mich abends mit Klatten, der telefonierte noch einmal mit Kluge, und wir verabredeten uns für den nächsten Vormittag in Köln bei VOX.

Cassian von Salomon flog mit, denn er musste mal wieder die organisatorische Arbeit übernehmen. Der von Bertelsmann beauftragte »Liquidator« Dr. Blobel empfing uns gemeinsam mit dem Justiziar des Senders. Beide fanden es ziemlich abenteuerlich, dass wir den Sender übernehmen wollten. Aber Kluge hatte zur Verblüffung der Bertelsmänner den Vertrag unterschrieben.

Das könne sowieso nichts werden, erklärte der Justiziar Dr. Arnold. Der WDR habe nämlich eine Klage gegen VOX laufen, um eine ihm entzogene Frequenz zurückzubekommen. Das Verfahren werde in maximal zwei Wochen vom Bundesverfassungsgericht entschieden werden. Dann sei die Frequenz weg, und der Sender habe kaum noch Reichweite. Außerdem würden am nächsten Tag, einem Samstag, die Nachrichten eingestellt werden. Das Personal sei schon entlassen.

»Ja«, sagte ich, »wenn die Nachrichten eingestellt werden, ist VOX ja kein Vollprogramm mehr. Dann entscheiden die Richter in Karlsruhe ganz sicher gegen VOX.« Dann müssten die Nachrichten eben weiterlaufen.

»Haben Sie eine Ahnung, was die Nachrichten täglich kosten?«, fragte der Liquidator und nannte auch gleich die Summe.

»Das machen wir für einen Bruchteil der Kosten von Hamburg aus«, sagte ich und blickte Cassian an. Der nickte.

Dann bat ich Dr. Blobel, die Nachrichtenredaktion noch für eine Woche zu finanzieren, so lange brauchten wir, um die Redaktion in Hamburg aufzustellen. Das tägliche Programm würden wir dann per Glasfaserkabel nach Köln und von dort aus auf den Satelliten schicken.

Die Glasfaserleitung sei viel zu instabil, erklärten die VOX-Leute. Ich widersprach. Wir würden das *Spiegel TV Magazin* jeden Sonntag per Glasfaser nach Köln zu RTL schicken. Da sei noch nie etwas passiert. »Und wenn die Nachrichten mal unterbrochen werden, was solls?«

Dr. Blobel fand das irgendwie skurril und erklärte sich prinzipiell bereit, die Nachrichten noch für eine weitere Woche zu finanzieren. Das gesamte Personal sei aber am Samstag nach Ausstrahlung der letzten Nachrichtensendung freigestellt.

»Darf ich mal mit denen reden?«, fragte ich. Der Liquidator war einverstanden. Ich ging in den Newsroom und erklärte den Redakteuren die Lage. Es wurde eine Art »Blut-Schweiß-und-Tränen-Rede«. Nur wenn die Nachrichtensendung noch für eine Woche in Köln ausgestrahlt werde, könnten wir in Hamburg eine Ersatzredaktion aufstellen. Sonst werde die wichtigste Sendefrequenz ganz sicher an den WDR zurückfallen. Das wäre dann das Ende von VOX. Wir könnten die Arbeitsplätze nicht alle sichern, aber für einige, vor allem in der Technik des Senders, gäbe es weiterhin etwas zu tun.

Die Redaktion machte mit, und wir nahmen den Produktionsleiter der Nachrichtensendung Dirk Pommer gleich mit zu *Spiegel TV* nach Hamburg. Cassian von Salomon schaffte es tatsächlich, innerhalb einer Woche eine neue Nachrichtenredaktion auf Sparflamme aufzubauen. Jeder *Spiegel-TV*-Redakteur und jede -Redakteurin, die immer schon mal moderieren wollten, durften nun auf den Bildschirm. Die Nachrichten liefen jeden Tag – und waren auch nicht schlechter als zuvor. Allerdings deutlich billiger.

Jetzt waren wir tatsächlich für den gesamten Sender VOX zuständig. Für das Programm, die Werbung, für alles. Personal gab es nur noch so viel wie für den Sendebetrieb unbedingt notwendig. Endlich konnte ich bei einem ganzen Sender Programmdirektor spielen. Ich ließ mir eine Aufstellung der Filme und Serien im VOX-Archiv kommen. Dann zeichnete ich eine Art Stundenplan für die gesamte Woche und verteilte die fiktionalen Programme, so gut es ging. Es waren durchaus interessante Spielfilme dabei.

Ich mobilisierte die gesamten Programmreserven von *Spiegel TV*. Wir hatten aus nunmehr sieben Jahren immerhin allein über 300 Magazinsendungen und genauso viele Reportagen, dazu die in den vergangenen zwei Jahren für VOX produzierten Sendungen. Beiträge aus dem Magazin wurden neu verteilt und mit Reportagen zu Themenblöcken zusammengefasst. Dann versuchten wir, Themenblöcke aus Spielfilmen und Dokumentationen zusammenzustellen. Im Archiv gab es etwa den Spielfilm *Apollo 13* mit Tom Hanks, und wir hatten eine sehr gute amerikanische Dokumentation dazu liegen. In der Kombination zwischen Spielfilm und Doku entwickelten sich die Zuschauerzahlen überraschend gut.

VOX hatte in seiner kurzen Geschichte nur in einem einzigen Monat zwei Prozent Marktanteil erreicht, als der Sender im August 1993 die Rechte an den US-Open exklusiv gekauft hatte und Steffi Graf und Boris Becker dort spielten. Sonst dümpelte die Quote bei unter einem halben Prozent. Wir schafften es in wenigen Wochen, mit einem neu zusammengestellten Programm aus dem Archiv von VOX und *Spiegel TV* die Zuschauerzahlen auf zwei Prozent zu kriegen.

Die einzige erfolgreiche regelmäßige Unterhaltungsshow des Senders war die Erotiksendung *Liebe Sünde*. Als VOX abgeschaltet werden sollte, verkaufte der Produzent die Show an ProSieben. VOX durfte nur noch für wenige Wochen am Donnerstagabend Wiederholungen senden. An einem Mittwochnachmittag rief mich der letzte Mann aus der VOX-Werbeabteilung an: »Ich habe hier ein Problem. Die *Liebe Sünde* läuft nächste Woche bei ProSieben. Jetzt habe ich eine Anfrage, ob wir in der letzten Folge einen Werbespot senden wollen mit dem Hinweis, dass die *Liebe Sünde* in Zukunft bei der Konkurrenz läuft. Wir brauchen jede Mark, aber jetzt noch Werbung dafür zu machen, dass die Sendung ab nächste Woche bei ProSieben läuft … Sollen wir das Angebot annehmen oder ablehnen?«

»Annehmen«, sagte ich. »Aber sagen Sie denen gleich, dass wir in derselben Sendung einen Werbespot für unsere Nachfolgesendung zeigen.«

Der Kollege war überrascht: »Ja, haben wir denn eine?«

»Noch nicht«, sagte ich, »aber nächsten Donnerstag haben wir eine.«

»Aber ich brauche den Werbespot heute«, sagte er.

»Kriegen Sie.«

Ich legte auf, setzte mich an meine Schreibmaschine und tippte den Text: »*Liebe Sünde* geht. *Wa(h)re Liebe* kommt. VOX lässt Sie nicht mit Ihrem Sex allein. Ab Donnerstag, den …, geht es verschärft weiter.« Dann rief ich Cutter Erwin und gab ihm das Blatt Papier: »Erwin, mach mal einen kleinen Film daraus. Irgendwie mit Herzen oder so.« Erwin bastelte kurz herum und rief mich in den Schneideraum. »Sieht gut aus«, sagte ich. »Vertonen und sofort an VOX schicken.«

Am Abend lief der Werbespot. Jetzt hatten wir einen Sendungstitel, aber keine Sendung. Wir hatten uns aber aus England einmal eine eher satirische Sexsendung kommen lassen. Wir sicherten uns kurz die Rechte und hatten jedenfalls etwas zu senden. Aber wer sollte die Sendung moderieren? Ich fragte alle, die gern mal vor einer Kamera auftreten wollten. Niemand drängte sich. Dann ging ich zu Marco Berger: »Mensch, Marco, dann können wir Werbung machen: Wer ist besser als Erika Berger?« – die eine Erotik-Talkshow bei RTL moderierte. »Antwort: Marco Berger.« Aber er wollte partout nicht.

Am Ende fragte ich die Reportageredakteurin Britta Sandberg, ob sie die Moderation nicht wenigstens vorübergehend übernehmen könnte. Sie willigte ein. Am Dienstag sollte die Aufzeichnung sein, am Donnerstag die erste Sendung laufen. Am Montag stand Britta bei mir im Büro: »Du kannst mich jetzt rausschmeißen. Aber ich kann das nicht machen. Ich hätte nicht zusagen dürfen. Aber eine Sexsendung zu moderieren, das werde ich im Leben nicht mehr los.«

Ich hatte Verständnis dafür. Jahre später wurde Britta Sandberg Leiterin des Auslandsressorts beim *Spiegel* – ohne Vorgeschichte als Moderatorin der *Wa(h)re Liebe*. Cassian von Salomon, der in der Kürze der Zeit die Aufzeichnung organisiert hatte, war stinksauer: »Und nun, wer soll das jetzt machen?« Schweigen.

»Kennt jemand Lilo Wanders?«, fragte ich in die Runde. »Den oder die habe ich neulich im dritten Programm des NDR bei einer Übertragung aus ›Schmidts Tivoli‹ von der Reeperbahn gesehen.« Einer der Kollegen, Christian Paulick, kannte Ernie Reinhardt, der in der weiblichen Rolle als Lilo Wanders auftrat. Es dauerte kaum eine Stunde, da war Ernie im Chilehaus. Damit hatten wir die Moderatorin Lilo Wanders für die *Wa(h)re Liebe* gewonnen. Die Sendung lief von 1994 bis 2004 und war die mit Abstand quotenträchtigste Sendung bei VOX. Ich habe sie mir praktisch nie angesehen, dafür war ich einfach zu spießig.

Lilo Wanders in *Wa(h)re Liebe* im Fronteinsatz. Sie spielt eine polnische Gräfin, die einen deutschen Offizier verführt, den sie auch liebt. In der Liebesnacht wird er von Partisanen umgebracht.

»Der eigene Sender: XXP«

Alexander Kluge

XXP, ein fünf Jahre dauerndes erfolgreiches Experiment
von dctp und Spiegel TV (2001–2006)

XXP war ein Lokalsender in Berlin. Die Idee war aber nicht,
ein Fernsehen für Kreuzberg, Berlin Mitte, Berlin West, Berlin Ost oder Berlin Nord oder für den Wedding zu machen.
Vielmehr ist für die konkrete Bevölkerung der Hauptstadt
die Weltöffentlichkeit das Beste, Aktuellste und dann auch
das Nachhaltige, das in der historischen Dokumentation, den

Kulturmagazinen, der Musik, in den Künsten und in dem Umgang mit dem Konjunktiv, der Fantasie, den Einbildungskräften besteht, gerade das Rechte. Das Beste für die Basis. Zugleich versteht sich aber das Prinzip der Regionalität als eine Verbindung zwischen den fast 90 Prozent der Lebenswelt von Menschen in Gegenden, die keine Metropolen sind, zu den Geschehnissen der Welt in den Metropolen. Das eine ist nicht wichtiger als das andere. Die Verbindung aller Erfahrung von Menschen in einer Öffentlichkeit ist das Idol. Das haben wir selbstverständlich mit unseren begrenzten Mitteln nicht ausfüllen können. Es bleibt aber ein Programm für alle Öffentlichkeitsmacher, die öffentlich-rechtlichen in vorderster Linie, aber auch für alle freien Kräfte, die nicht rechtlich organisiert sind, ein Ziel. Eine Öffentlichkeit des 21. Jahrhunderts stellt radikale Anforderungen, weil auf der anderen Seite Trägheiten, Minenfelder, Betäubungsmittel, absolut übermächtige transnationale Konzerne Öffentlichkeit zerstören, abbauen oder überlagern. Das sieht quasi aus wie geologische Prozesse. Für die Erfahrung gilt es, ein Klima und ausreichend Gelände für ihre Lebendigkeit zu sichern. Man muss sich weder vor dieser gigantischen Aufgabe fürchten, noch muss man glauben, dass Einzelunternehmen wie die dctp, ihre Partner und *Spiegel TV* allein hier eine Gegenposition herstellen könnten. Mit XXP haben wir etwas versucht. Andere (und begrenzt wir) müssen daran weiterarbeiten. Wenn das die enormen Kräfte, die es in den Redaktionen der öffentlich-rechtlichen Anstalten gibt, institutionell tun dürften, weil ARD und ZDF ihre Rahmen erweiterten, wäre das schon ein breiter Sprung. Immer organisiert von unten nach oben. Zugleich setzen die Rechtsverhältnisse den Rahmen.

Pressekonferenz zum Start des Regionalsenders XXP in Berlin am 25. April 2001

STEFAN AUST: Wir wollten einen kleinen Sender auf die Beine stellen. Der heißt XXP. Im Raum Berlin-Brandenburg haben wir Ende Januar eine analoge Kabellizenz bekommen. Wir sind dort in fast allen Haushalten zu empfangen, ab dem 7. Mai 2001. Das ist ziemlich schnell. Hoffentlich klappt es; wenn nicht, dann haben wir einen kleinen Sendeausfall. Der Sender heißt: XXP – Das Metropolen Programm. Das Unternehmen XXP ist überschaubar, es besteht zu jeweils 50 Prozent aus dctp (vertreten durch Alexander Kluge) und *Spiegel TV*. Neben mir sitzt Werner Eduard Klatten. Er ist mit mir Geschäftsführer von *Spiegel TV*. Außerhalb der Sendungen, die wir ohnehin seit 13 Jahren für verschiedene Sender produzieren (vorwiegend auf einer Lizenzfläche der dctp), trauen wir uns jetzt, einen Schritt in Richtung einer eigenen Lizenz zu gehen. Dazu haben wir die Lizenz in Berlin bekommen und wollen ein Programm machen, welches bescheiden anfängt, aber doch 24 Stunden am Tag abdeckt. Auf dem normalen analogen Kabelsystem werden Sie unser Programm von 15 Uhr bis 7 Uhr morgens empfangen können. In den ausgebauten Kabelgebieten auch rund um die Uhr.

ALEXANDER KLUGE: Wir fangen nicht an, das Fernsehen neu zu erfinden. Wir haben kräftig in den vergangenen Jahren gearbeitet, Erfahrungen aus zwölf Jahren gesammelt. In den letzten sechs Jahren haben wir uns intensiv damit beschäftigt, wie die neuen Zielgruppen aussehen, die das Internet schon kennen, die nicht nur das Kaufhof-Fernsehen bedienen, sondern die mehr Ansprüche haben, die aus ihrem Leben etwas machen wollen, die eine andere Art von Selbstbewusstsein haben und deswegen ein Fernsehen mit Selbstbewusstsein verlangen. Diese neu sich zusammenfindenden Zielgruppen sind in Berlin vertreten. Es gibt auch erotische Zielgruppen.

AUST: Die haben wir bis jetzt nicht im Programm.

KLUGE: Die werden wir haben mit Lilo Wanders und dem Zweiten Weltkrieg. Gehen wir davon aus, dass in sechs Jahren, egal, wie die Börse sich entwickelt, neue Zielgruppen am Markt substanzielles Fernsehen und Vernetzung haben wollen. Auf Vernetzung haben wir uns spezialisiert. Wenn Sie die Thementage bei Vox kennen, dann behaupten wir uns am Samstag von 22 bis 24 Uhr (zu einer Zeit, wo alle Sender klotzen) mit der doppelten Quote, weil wir etwas Zusammenhängendes bieten, weil auf einen emotionalen Spielfilm über Vulkane oder Flugzeugabstürze anschließend 100 Minuten journalistisches Programm folgen. Dieser Zusammenhang wird von Zuschauern belohnt. Zusammenhang bedeutet Unterhaltung genauso wie Information.

AUST: Ein großes Versprechen des privaten Fernsehens ist nicht in die Realität umgesetzt worden. Es wurde nicht mehr Pluralität geschaffen. Vor 13 Jahren, als das private Fernsehen entstand, gab es strenge Regularien dafür, wie viel Prozent eines Senders im Besitz eines einzelnen Unternehmens sein dürfen. Um diese Pluralität aufrechtzuerhalten, sind auch die Sendelizenzen für die dctp vergeben worden, kleine Fensterfrequenzen, auf denen unter anderem Sendungen laufen wie *Spiegel TV Magazin*, aber auch *Stern TV* mit Günther Jauch. 13 Jahre später ist der private Fernsehmarkt aufgeteilt in zwei große Konzerne. Die Verwertungskette, die das Fernsehen profitabel macht, hat in einem quasiautomatischen Prozess dazu geführt, dass es nur noch zwei Konzerne gibt, nämlich die RTL-Gruppe und die Kirch-Gruppe. Wir nehmen nicht an, dass wir es mit einer dieser Gruppen auch nur im Ansatz aufnehmen können. Wir wollen weiter auf den Sendern ausstrahlen, auf denen wir unseren Freiraum durch die dctp haben. Aber wir haben uns vorgenommen, die Materialien, die wir innerhalb dieser Freizone in den verschiedenen Sendern angehäuft haben, und vor allem die Erfahrungen, die wir gesammelt haben, in ein eigenes Programm umzusetzen. Dabei geht es um die Konzentration auf lange Formate, die aus Spielfilmen und aus Dokumentationen bestehen. Beim Sender Vox, bei dem wir beträchtliche Sendeflächen haben, werden zwei Formate besonders gut von den Zuschauern akzeptiert. Als ich vor sechs oder sieben Jahren gesagt habe, dass wir am Samstagabend eine Dokumentation von 22 bis 24 Uhr ausstrahlen werden, haben mich alle für verrückt erklärt. Jetzt haben unsere langen Dokumentationen am Samstagabend große Zuschauerzahlen. Die haben teilweise Marktanteile, die manchmal mehr als doppelt so hoch sind wie die Marktanteile des Senders. In Kooperation mit der Sendeleitung von Vox machen wir Themenabende. Vox programmiert einen Spielfilm, und wir schließen mit einer Dokumentation auf. Da gab es eine TV-Movie-Serie über Kleopatra. Wir haben anschließend mehrere Dokumentationen ausgestrahlt über archäologische Arbeiten in Alexandria im Hafen, über Kleopatra, über deren Palast, über Ägypten, über die Pyramiden. Plötzlich hat sich herausgestellt, dass dieses lange Format bei den Zuschauern gut angekommen ist. Das haben wir auch in Abstimmung mit der Programmdirektion von Sat.1 gemacht. Es gab die Spielserie über den Tunnel, da haben wir anschließend eine Dokumentation gesendet mit dem Titel *Der Tunnel*; es handelte sich um die Aufarbeitung der realen Geschichte. Wir hatten einen Marktanteil von 20 oder 25 Prozent. Das können große Sender nicht. Die brauchen eine Massenbasis, um ihre Werbung an den Mann zu bringen. Cassian von Salomon und Matthias Ziemann haben einen Trailer zusammengestellt, der zeigen soll, wie wir uns die programmliche Aufteilung dieses Senders vorstellen.

 Pressekonferenz zur Eröffnung des Senders XXP.

Woher kommt der Name XXP?

STEFAN AUST: Ich habe mir unsere Pressekonferenz zur Gründung des Senders XXP angesehen.

ALEXANDER KLUGE: Stammt der Name XXP von dir?

AUST: Der *Spiegel* wollte ein Fotoarchiv machen und hat dafür den Namen XXP schützen lassen. Dann habe ich gesagt: Lassen Sie uns doch den Namen nehmen für einen Fernsehsender. Das X ist ein wichtiger Buchstabe. In Amerika wurde immer gesagt, dass der wichtigste Einfluss, den Nixon als Präsident hatte, darin lag, dass Esso sich in Exxon umbenannt hat.

KLUGE: In dieser Konferenz hast du die ersten sechs Wochen des Programms interpretiert. Die Grundlage ist, dass man kurze Filme hat, aber vor allem Langzeitdokumentationen.

AUST: Wir haben festgestellt durch die Sendeplätze bei Vox, dass wir mit den 90-Minuten-Sendungen Marktanteile hatten, die doppelt so hoch waren wie die im Senderumfeld. Das war zu einer Zeit, in der die öffentlich-rechtlichen Sender nur Unterhaltungsprogramme gesendet haben. Wer am Samstagabend vor dem Fernseher sitzt, weiß genau, dass da nur Schrott läuft. Da haben wir mit diesem Gegenprogramm einen großen Erfolg gehabt. Was die Länge betrifft, hatte ich da auch meine Erfahrungen, weil ich mir von *Spiegel TV* die Minutenprotokolle besorgt habe. Wir hatten also die Minutenkurven von den Einschaltquoten beim Magazin auf RTL. Die hatte ich immer montags. Ich wusste, wann die Leute aus- und einsteigen. Als wir den Sender Vox übernommen haben, haben wir am Montagabend das Magazin wiederholt. Auch da hatten wir die Minutenkurven. Wenn du die Minutenkurven verglichen hast, konntest du die Sendung identifizieren, wie mit einem Fingerabdruck. Dieselbe Sendung an einem anderen Tag, zu einer anderen Zeit, auf einem anderen Sender hatte dieselbe Ein- und Ausstiegskurve.

Alexander Kluge

Der Sendestart

Das Hauptstadtbüro des *Spiegels* in Berlin lag gegenüber dem Hotel Adlon am Brandenburger Tor. Die Kulturmagazine der dctp waren eher mit der Staatsoper Unter den Linden, der Deutschen Oper, der Komischen Oper und vor allem mit den Räumen der Volksbühne am Rosa-Luxemburg-Platz verbunden. Es gab auch Events in der nordrhein-westfälischen Landesvertretung und im Naturkundemuseum, die dann mit Fernsehabenden vernetzt waren.

Der Lokalsender XXP verband dies alles in neuen Räumen. Der Eröffnungstag dieses Senders am 7. Mai 2001 ist mir unvergesslich. Um 20:15 Uhr Sendestart. Großer Abendempfang bis in die Nachtstunden im Anschluss. In dem illustren Trubel der Tisch mit Rudolf Augstein. Zu später Stunde, schon im Genuss von Getränken, sang dieser Altmeister mit kräftiger Stimme Lieder aus seiner Jugendzeit und der Kriegszeit. Ich kann nicht von vielen Momenten sagen: So viel Gegenwart war nie. Aber für mich und die Mitarbeiter hatten diese Stunden eine besondere Gegenwart. Diese Mitarbeiter, vor allem die unserer Partner, trafen ja sonst nie zusammen, sondern waren nur elektronisch und durch ihre Arbeit vernetzt. Ich sehe dort Fried von Bismarck, den erfahrenen unternehmerischen Manager des Spiegel-Verlags, ohne den es weder die Kontinuität von *Spiegel TV* noch die Gründung von XXP oder später von *Spiegel Online* gegeben hätte. Stefan Lamby im Gespräch mit ihm, Chefredakteur von *Zeit TV*, während der Zusammenarbeit mit der dctp bei Vox und dann eigenständiger TV-Unternehmer von Lamby-Media. Michael Kloft, der in New York große Kontingente von Dokumentarmaterial des Pentagons ersteigert hatte und für die zeithistorischen Dokumentationen verantwortlich zeichnete. Gäste von der *Frankfurter Allgemeinen Zeitung* waren erschienen. Uns wäre eine zusätzliche Zusammenarbeit auf dem Gebiet der Bildmedien mit dieser konservativen, gediegenen Zeitung lieb gewesen, besonders mir. Karl Korn, in den 1960er-Jahren Feuilletonchef der *FAZ*, hatte in seinem Leitartikel 1962 den Slogan »Papas Kino ist tot« in die Welt gesetzt und den Deutschen Autorenfilm in seinen Anfängen begleitet. Da die *FAZ* Berater hatte, die sich an den Mehrheiten des Zielgruppenpublikums im Privatfernsehen orientierten, nicht an dem Profil des eigenen Blattes, kam die Zusammenarbeit über Gespräche und Pläne nicht hinaus. Für mich bleibt es interessant, dass im späteren Verlauf der Geschäftsführer des *Spiegels*, Karl Dietrich Seikel, Aufsichtsratschef der *FAZ* wurde, und *FAZ Online* wurde geleitet von dem vom *Spiegel* kommenden Chefredakteur und Gründer von *Spiegel Online*, Mathias Müller von Blumencron, ein *FAZ TV* hätte mit *NZZ Format* eine gute kooperative Verbindung ergeben.

STATION 4

Adler oder Kranich als
deutsches Wappentier?

Der Deutschland-Komplex –
21 915 Tage Bundesrepublik

**Ein gemeinsamer abendfüllender Film von Stefan Aust
und Alexander Kluge aus dem Jahre 2009**

STEFAN AUST: Warum fliegen die Schwäne oder die Gänse in
einer Keilform? Einer muss an der Spitze sein, es können nicht alle
an der Spitze sein. Dann gibt es bestimmte Windbewegungen, und
die anderen ordnen sich entsprechend ein. Wenn der vorne müde
ist und abfällt, setzt sich ein anderer Vogel an die Spitze.
ALEXANDER KLUGE: Das ist keine Hierarchie, das Tier vorne
führt nicht.
AUST: Das ist eine Hierarchie desjenigen, der in dem Moment
am besten fliegen kann oder die beste Kondition hat. Die anderen
ordnen sich danach ein. So ein gruppenmäßiges Verhalten ist, man
kann das bedauern, auch bei Menschen üblich.
KLUGE: Viel schöner noch als ein Adler im Wappen, der niemals
Formationsflug macht, wären die Kraniche ein wunderbares Sym-
bol für unser Land.
AUST: Wenn es um Anpassung an die Führungspersönlichkeiten
geht und um Konformismus.
KLUGE: Sind Kraniche Konformisten?
AUST: Es geht um angepasstes Verhalten. Natürlich sind es Kon-
formisten.
KLUGE: Was unterscheidet einen Kranich von einem Phönix?
AUST: Der Phönix ist eine Symbolfigur, die nicht existiert.
KLUGE: Er verbrennt, stirbt, geht unter und steigt wieder auf.
AUST: Das ist der berühmte Phönix aus der Asche, auferstanden
aus Ruinen.
KLUGE: Wie kommst du auf 21 915 Tage?

AUST: Wenn man 60 Jahre in Tage umwandelt, dann sind das 60 mal 365. In 60 Jahren muss es 15 Schalttage (alle vier Jahre) gegeben haben. Wenn man die dazuzählt, kommt man auf diese Zahl.

KLUGE: Was bedeutet ein Tag für dich?

AUST: Das ist schwer zu sagen, weil man nicht weiß, was die Gegenwart ist. Das menschliche Leben besteht in einem Moment, der nicht existent ist, auf der Mitte zwischen Vergangenheit und Zukunft. Die Existenz liegt in der Erinnerung an das, was man erlebt hat. Wenn man sich nicht erinnern könnte, wäre man tot, auch wenn man noch lebt. Die Tage werden immer kürzer, die Zeit verläuft immer schneller.

KLUGE: Marcel Proust sagt, seine Jugend macht so viel Lärm, er kann nichts wahrnehmen. Die Tage sind kurz, weil man in der Jugend schnell und ereignisreich lebt.

AUST: Das einzige Zeitmaß, an das man sich erinnern kann, das man in der eigenen Erinnerung definieren kann, ist die erlebte Zeit. Wenn ich ein Jahr alt bin und nachdenken könnte wie ein Erwachsener, ist das zweite Jahr so viel, wie ich schon erlebt habe. Dann ist ein Jahr 100 Prozent dessen, was ich erlebt habe. Wenn ich zwei Jahre alt bin, ist ein Jahr 50 Prozent dessen, was ich erlebt habe. Wenn ich hundert bin, ist ein Jahr ein Prozent dessen, was ich erlebt habe. Wenn man in einem solchen Land aufgewachsen und älter geworden ist wie in unserem Land, ist man auch Teil dieses Landes, und man kann sich dem nicht entziehen. Man ist gezwungen, alles von einem bestimmten Blickwinkel aus zu betrachten, weil man keinen anderen einnehmen kann.

KLUGE: Hat ein Land auch eine Grammatik? Man kann sagen: Ich war, ich bin, ich werde sein.

AUST: Das sagt Rosa Luxemburg unmittelbar vor ihrem Tod, das hat die RAF übernommen als Schlusssatz der Erklärung von 1998, sich selbst aufzulösen.

KLUGE: Man kann es auch für das eigene Land sagen. Es gibt nicht nur eine Wiedervereinigung, nicht nur den Beschluss, dass Berlin Bundeshauptstadt wird, sondern es gibt den Umzug der Regierung, der etwas Einschneidendes ist.

AUST: Das ist der Vollzug der Vereinigung gewesen; aus zwei deutschen Teilstaaten wurde ein Deutsches Reich geschaffen. Es hat nur einmal ein Deutsches Reich gegeben, das den Namen Deutsches Reich verdient. Das zweite Reich war das wirkliche Reich, das erste Reich war das Heilige Römische Reich Deutscher Nation. Das war halb Europa. Das Deutsche Reich, was man als Deutschland in Erinnerung hat, hatte die Hauptstadt Berlin. Der Umzug von Bonn nach Berlin bedeutet, dass man in die alten Kleider des Deutschen Reiches wieder reinschlüpft. Das hat nicht nur eine symbolische Bedeutung, wenn man sich ansieht, in welche Gebäude man gezogen ist. Man hat den Reichstag, eine absurde Entscheidung, weiter Reichstag genannt. Heute heißt es: der Bundestag im Reichstag. Man hätte ihn in Bundestag umbenennen können. Aber man ist mit den verschiedenen Ministerien in alte Gebäude gezogen, die renoviert, die umgebaut wurden. Es waren die Gebäude, die zur Zeit des Dritten Reiches, auch zur Zeit des Kaiserreiches, eine bestimmte Funktion hatten.

KLUGE: Jetzt wurde das Bundesfinanzministerium in das Gebäude der Treuhand verfrachtet. Das war im Dritten Reich das Luftfahrtministerium, errichtet für und von Hermann Göring. In Berlin-Mitte gibt es viel, was unter dem Boden schlummert; wenn man tief genug gräbt, findet man politische Leichen.

AUST: Nicht nur politische, auch reale Leichen.

KLUGE: Von 1945 bis 1948 sind es drei Jahre.

AUST: Das ist die Zeit, in der die Alliierten die Trümmer so weit zusammengefegt haben, dass sie den Deutschen wieder einen Ansatz von eigener Verantwortung geben konnten, unter Vormundschaft, eine Form des betreuten Wohnens. Man hat drei Jahre gehabt, in denen man versucht hat, das Chaos zu managen.

Die Glückszeit des Wiederaufbaus/
Die Herrschaft von Konrad Adenauer

KLUGE: Wir haben keine Regierung, kein wirksames Geld, keinen Kapitalismus, aber wir haben eine Naturalwirtschaft, eine Schattenwirtschaft, einen Schwarzmarkt mit größten Vertrauensverhältnissen. Die Menschen, die Frauen vor allem, die wieder eine Versorgung herstellen unter dem Schutz der Alliierten, sind beachtlich.

AUST: Den Leuten blieb nichts anderes übrig. Sie haben sich mit der Situation abgefunden.

KLUGE: Aber man ist nicht zuverlässig, man entwickelt nicht diese Art von Tugenden, nur weil man keine andere Möglichkeit hat. Man raubte nicht. Es ist eine zivilisierte und positive Seite in diesen drei Jahren hervorgetreten.

AUST: Dafür waren sowohl das Elend als auch die Schuld in den Jahren vorher so groß, dass die meisten Leute einen Strich machen wollten. Die waren froh, dass sie nicht jeden Tag in den Keller mussten bei neuen Bombenangriffen, dass sie nicht ständig damit rechnen mussten, einen Angehörigen im Krieg zu verlieren. Sie mussten keine Angst mehr haben vor dem Feuersturm. Alles zu dieser Zeit war besser als das, was man vorher mitgemacht, aber auch mit gemacht hatte. Die zweite Phase war die Gründung der Bundesrepublik. Das war eine Phase, die dauerte 13 Jahre. Man hat insgesamt 16 Jahre, wenn man die ersten drei Jahre rechnet mit ungefähr 1000 Tagen, dann hat man anschließend 13 Jahre mit 4500 Tagen.

KLUGE: Jeden Morgen Zähne putzen, zur Arbeit gehen, jedes Jahr kann ein neues Kind kommen. Etwas Reiches steckt in den Jahren. Man sagt: Es kommt auf die Sekunde an bei einer schönen Frau.

AUST: Es kommt im Leben auf jede Sekunde an. Wer sich seine alten Notizkalender anschaut, wird feststellen, dass man sich an jeden einzelnen Tag des Lebens erinnern kann, wenn man den entsprechenden Schlüssel zur Verfügung hat.

KLUGE: Bei ganzen Jahren ist das schwieriger, nicht bei der Momentaufnahme. Jetzt haben wir 13 Jahre hinter uns, von Adenauer geleitet.

AUST: Das ist die Bewältigung der direkten Folgen des Zweiten Weltkriegs. Dann merkt man plötzlich, dass das nicht mehr ausreicht.

KLUGE: Jetzt kommt eine kurze Inkubationszeit, die Große Koalition unter Kurt Georg Kiesinger.

AUST: Es gibt schon eine Phase vorher, der Wechsel von Konrad Adenauer zu Ludwig Erhard, der etwas glücklos agierte. Deswegen war er nicht lange Kanzler. Dann kommt wiederum eine Übergangszeit.

KLUGE: Aber es gibt einen Höhepunkt der Einigung zwischen Regierung und Bevölkerung, wenn ich daran denke, wie er als Kanzler hinfährt zur Rettung der Bergleute in Lengede. Was war das für eine Situation?

AUST: Das ist das Grubenunglück in Lengede, wo Bergleute verschüttet waren und man mit dieser Dahlbuschbombe in einem Bohrloch runterging.

KLUGE: Mit einer Art am Seil hängenden Rakete holt man Leute hoch. Das war eine Ingenieursleistung der Spitzenklasse.

AUST: Das war gleichzeitig ein identitätsstiftender Moment für die Bevölkerung, in allen Zeitungen, in allen Rundfunksendungen wurde darüber berichtet. Es dauerte viele Tage und wurde Sekunde für Sekunde von der gesamten Bevölkerung verfolgt. Und es endete glücklich, indem man die meisten heil rausbekommen hat.

KLUGE: Aber der tüchtige Erhard stürzt in der Republik, er wurde auch gemobbt.

AUST: Er hatte als Wirtschaftsminister seine richtige Rolle gefunden. Aber jemand, der ein guter Wirtschaftsminister ist, muss nicht unbedingt in diesem trickreichen Politintrigengeschäft überstehen. Er war auch in der Außenkommunikation als Kanzler nicht besonders glücklich. Da ist er in eine Rolle gekommen, die ihm nicht lag; dann kommt die nächste Phase der Großen Koalition und anschließend der sozialliberalen Koalition. Die Große Koalition ist eine Vorbereitung gewesen auf die folgende Regierung.

KLUGE: Willy Brandt war Außenminister.

AUST: Das erste Mal in der Nachkriegszeit ist die starke Sozialdemokratie an die Spitze der Regierung gekommen. Dadurch hat sie einen Teil ihrer Rolle als sozialer Außenseiter im politischen System verloren.

KLUGE: Schmidt und Brandt gemeinsam haben wieder eine gleichmäßige Periode von 13 Jahren. Jetzt sind wir schon im Jahr 1982.

Der Sturz von Kanzler Schmidt /
Die Raketenkrise von 1981

AUST: Helmut Schmidt ist abgelöst worden, weil sein Koalitions-
partner, die FDP, auf die Seite der CDU gegangen ist. Das war
der äußere Anlass, aber der innere Anlass war viel maßgeblicher,
nämlich eine starke linke Basis in seiner Partei. Er konnte in seiner
eigenen Partei viele Dinge nicht mehr durchsetzen. Das war eine
ähnliche Situation wie später mit Gerhard Schröder. Der ist nicht
von den Medien aus dem Amt gebracht worden, sondern von der
Basis in seiner eigenen Partei.

KLUGE: In der Raketenkrise gab es 1981 den Aufmarsch der
300 000 in Bonn, bei dem Schmidt hilflos im Plenarsaal sitzt und
abwartet, dass die wieder aus Bonn verschwinden. Er kann nichts
tun.

AUST: Er war davon überzeugt, dass er das Richtige tat. Die Geschichte hat nachher gezeigt, dass er wahrscheinlich recht hatte
in der Angelegenheit. Was passiert wäre, wenn der Westen sich
nicht hart gezeigt hätte, weiß man heute nicht.

Der zwölf Jahre andauernde Protest der
Protestbewegung löst sich auf. Es entsteht eine
»neue Bonner Republik«

KLUGE: Der SDS, also die leitende Organisation der studentischen Protestbewegung, löst sich 1968 freiwillig auf. Es kommt
selten vor, dass eine machtvolle politische Organisation sich freiwillig auflöst.

AUST: Das ist erstaunlich und spricht für diejenigen, die es getan
haben. Es korrespondiert aber nicht mit dem, was sie zu dieser
Zeit gesagt haben an wohlgesetzten Leerfloskeln aus dem Bau-
steinkatalog der sozialistischen Bewegung, zum Teil inhaltsleer,
formelhaft und auch ein Stück obrigkeitsstaatlich, fast stalinis-
tisch. Aus dieser antiautoritären, außerparlamentarischen Bewegung sind unterschiedliche Fraktionen geworden. Der SDS konnte

diese Fraktionen nicht mehr zusammenhalten. Ein Teil der Fraktionen, man sieht das auch auf den Bildern, ist nachher in den Untergrund gegangen. Hinten am Rand dieses Bildes steht Bernward Vesper mit dem Sohn auf dem Arm.

KLUGE: Das ist der Sohn, den er mit Gudrun Ensslin gemeinsam hat.

AUST: Die steht ein Stück weiter auf der rechten Seite, im Hintergrund. An einem solchen Bild merkt man, wo einige Leute geblieben sind. Der Künstler Alfred von Meysenbug steht auch hinten, der ist Künstler geblieben. Dann gibt es Universitätsleute, die an den Universitäten geblieben sind. Einer ist aufgetreten, der war später rechts. Davon gibt es eine Menge Beispiele; ein großer Teil derjenigen, die damals in dieser antiautoritären Bewegung waren, haben den Marsch durch die Institutionen angetreten und sind entweder in den Institutionen, im Gerichtswesen (das voll ist von 68ern), in den Schulen, in der Politik gelandet oder auch im Journalismus. Die Grünenbewegung, die Umweltbewegung, ist zur damaligen Zeit entstanden, aber nicht direkt daraus.

KLUGE: Das ist ein Derivat. In dem Film *Der Baader-Meinhof-Komplex* ist auch Dutschke charakterisiert.

AUST: Rudi Dutschke war als Person eindrucksvoll, ein netter Kerl, mit einer eindrucksvollen Stimme. Er war ein charismatischer Mensch. Bei ihm kam es wie bei einem Popstar nicht auf den Text an, sondern eher auf die Musik. Bei Dutschke machte der Ton die Musik. Er war ein Volkstribun, auch ein Demagoge, und er hat manchmal Dinge gesagt, bei denen man sich fragt, warum er nicht bei der RAF gelandet ist. Rudi Dutschke war theoretisch schwerstens auf dem Gewalttrip.

KLUGE: Habermas hat gesagt, dass er diese Reden als Linksfaschismus versteht.

AUST: Das ist eine zugespitzte Bezeichnung für das, was an Tendenzen erkennbar war. Wenn wir über Faschismus reden, reden wir nicht nur über die faschistischen Theorien und die Reden, die jemand gehalten hat, sondern auch über das, was er tatsächlich gemacht hat. Da gab es bei Rudi Dutschke eine Diskrepanz. Er hat zu Gewalt aufgerufen und war wohl auch an ein paar Stellen kurz davor, etwas zu machen, aber im Endeffekt hat er es nicht ge-

macht. Dann ist er zum Opfer von Gewalt geworden, ein durchge-
knallter Neonazi hat ihn niedergeschossen. Das hat dazu geführt,
dass er Jahre später an den Spätfolgen gestorben ist.

KLUGE: Was würdest du Positives über die Protestbewegung
sagen?

AUST: Die Protestbewegung war eine legitime Reaktion auf drei
verschiedene Dinge. Das eine war der Vietnamkrieg, das zweite
war, dass die Endsechziger die Kinder der Tätergeneration waren
und sich in einem Alter befanden, in dem sie anfangen konnten,
Fragen an ihre Eltern zu stellen. Die Auseinandersetzung mit dem
Dritten Reich hat zu dieser Zeit erst richtig begonnen. Die Elterngeneration, ob nun als Mitläufer, als Täter oder als jemand, der
weiß, dass er nicht genügend Widerstand geleistet hat, wollte sich
nicht mit ihren eigenen Taten und denen ihrer Generation aus-
einandersetzen. Das ist vielleicht ein verständlicher Verdrängungs-
prozess. Der dritte Punkt war ein Modernisierungs- und damit
auch Demokratisierungsschub, der durch die Welt ging, der mit
kultureller Befreiung, auch mit sexuellen Veränderungen, zu tun
hatte. Es ging um Freiheit, Befreiung. Es gab selten eine Periode
in der jüngeren Geschichte, die so kreativ war. Es sind schreckliche Sachen daraus entstanden, aber auch großartige Dinge im
Bereich der Kunst, der Popkultur, auch der Literatur. Es war der
erste Abschied von der Nachkriegszeit.

KLUGE: Es gibt in der letzten Zeit Serien, zum Beispiel über die
Krupp-Familie, über die Buddenbrooks, die großen Deutschen,
Kaiser Otto I., Bismarck, Luther, Friedrich den Großen, auch Wilhelm II., es handelt sich um eine Suche nach Identität. Kann man
das erklären?

AUST: Man möchte als Individuum und Bürger eines Landes,
eines Landstriches oder einer Stadt wissen, woher man kommt.
Warum spricht man eine bestimmte Sprache, wie ist dieses Land
aufgebaut worden, welche Herrscher hat es gegeben, welche
Zünfte, welche sozialen Bewegungen. Aufgrund der ungeheuer-
lichen Ereignisse des Dritten Reiches haben wir uns in den letzten
Jahren intensiv mit dem Dritten Reich befasst. Dadurch wurde
verdrängt, dass das Dritte Reich nur zwölf Jahre bestand. Die
deutsche Geschichte ist länger.

KLUGE: Helmut Kohl ist 16 Jahre an der Macht.

AUST: Kohl war länger Bundeskanzler, als Hitler an der Macht gewesen ist. Selbst die RAF hat es 28 Jahre gegeben, nämlich so lange, wie die DDR zwischen Mauerbau und Mauerfall existierte. Unsere Geschichte ist reduziert worden auf diese zwölf Jahre. Es ist legitim, sich auch mit den anderen Wurzeln unserer Vergangenheit zu befassen. Das ist der Grund dafür, warum sich die Leute für diese Art von deutscher Geschichte in Form von Büchern oder Filmen interessieren. Es sind nicht nur die Geschichten von Machtkämpfen, es gibt auch geistige Strömungen, die in diesen Filmen beschrieben werden. Die Geschichte von Martin Luther betrifft die Veränderung von Denkprozessen in weiten Teilen der Bevölkerung. Das hat auch mit wirtschaftlichen Entwicklungen zu tun.

KLUGE: Du bist Segler und in der Karibik gefahren, auch in Sturmfahrt. Wie hoch können Wellen werden?

AUST: Die Wellen, die ich erlebt habe, waren normale Wellen. Auf dem Atlantik sind die sechs bis acht Meter hoch. Das sind lang gestreckte, gleichmäßige Wellen, jedenfalls wenn man sie hinter sich hat. Ich habe Wellen erlebt, die gingen von hinten weit über das Boot. Das sind aber nicht die berühmten Kaventsmänner, also die Monsterwellen, die es auf der See häufiger gibt. Wir haben glücklicherweise keine Monsterwellen erlebt, aber das passiert manchmal, wenn sich die Wellen gegenseitig aufschaukeln. Da gibt es verschiedene Wellensysteme, und die kommen zufällig in Übereinstimmung. Dadurch gibt es enorme Wellen, die können einen Ozeanriesen zum Kentern bringen.

KLUGE: Was ist der Gebrauchswert, was die besondere Rolle der Bundesrepublik im Jahr 2009?

AUST: Das Land ist durch schreckliche Krisen und Katastrophen gegangen, an denen die Deutschen zum größten Teil selbst schuld gewesen sind.

KLUGE: Dadurch sind wir schutzgeimpft.

AUST: Wir haben schreckliche Dinge in der Weltgeschichte vollbracht, aber die Bundesrepublik gehört zu den wenigen Ländern der Welt, in denen sich die Bevölkerung mit der eigenen Vergangenheit intensiv beschäftigt hat. Deswegen sind wir gegen viele

Dinge gefeit. Wir haben uns intensiv mit den Katastrophen, den Fehlhandlungen und den Grausamkeiten unserer Vergangenheit beschäftigt.

KLUGE: Es ist ein Laboratorium an politischer Erfahrung, das einen Wert hat.

AUST: Die Beschäftigung mit der eigenen Vergangenheit ist von großem Wert für den Reifeprozess der Bevölkerung. Es gibt kein Land der Welt, das sich mit seinen Schandtaten so intensiv auseinandergesetzt hat wie die Deutschen. Das gibt uns eine gewisse Bedeutung auf der Welt. Es hat Umfragen gegeben in der letzten Zeit, welches die Länder sind, die am meisten respektiert werden auf der Welt. Da stehen die jetzigen Deutschen relativ weit oben.

KLUGE: Wenn man die Lebensläufe betrachtet, ist die Zeit zwischen 1918 und 1933 kurz, auch der Zeitraum zwischen 1933 und 1945; die Zeit von 1949 bis 2009 enthält eine lange Glücksstrecke, in welcher der Mensch sich entwickeln kann und die Zeitgeschichte nicht eingreift.

AUST: Die Zeit nach dem Zweiten Weltkrieg bis heute ist wahrscheinlich die glücklichste Zeit gewesen, welche die Deutschen jemals verleben konnten. Ob das so bleibt, weiß man nicht, aber ein solches Privileg, in so langweiligen Zeiten zu leben, haben nur wenige Generationen.

Filmstills aus dem Film *Der Deutschland-Komplex* von Stefan Aust
und Alexander Kluge.

STATION 5

Der rätselhafte Albino-Wal /
Turbulenzen im Bauch des Wals

Der rätselhafte Albino-Wal Moby Dick

**Stefan Aust über Melvilles großen Roman,
RTL, 12.3.2012, *10 vor 11***

ALEXANDER KLUGE: Der berühmte Roman *Moby Dick* ist
geschrieben worden aufgrund einer wahren Geschichte.
STEFAN AUST: Es sind zwei Geschichten. Die eine Geschichte ist
das, was Herman Melville selbst erlebt hat. Er ist mehrere Jahre
auf einem Walfänger gewesen. Das ist die fachliche Grundlage
dieses Buches. Es ist die Geschichte einer Manufaktur, eines globalen Unternehmens, das auf See unterwegs ist und das damals
auch einen zentralen Teil der Wirtschaft repräsentierte. Was in
den Fünfziger- und Sechzigerjahren des 20. Jahrhunderts Houston
war, die Metropole des Öls, war damals die Insel Nantucket vor
Boston. Das war das Zentrum des Walfangs. Von dort aus sind sie

»S.O.S. for whales«/»S.O.S. for whaler«

losgefahren und haben die gesamte Industrie mit Öl versorgt. Mit Walöl wurden Lampen befeuert, mit Walöl wurde die industrielle Revolution geschmiert. Melville beschreibt den entstehenden globalen Kapitalismus. Das andere war die dramatische Geschichte eines tatsächlichen Schiffes. Es war ein Walfänger aus Nantucket mit dem Namen »Essex«. Die »Essex« war unter dem Kommando eines Kapitäns Pollard.

KLUGE: Ein Unglücksrabe.

AUST: Das hat sich später herausgestellt. Pollard ist mit der »Essex« losgefahren, sie sind ums Kap Hoorn gesegelt und von einem Wal gerammt worden. Das war das erste Mal, dass bekannt wurde, dass ein Wal gezielt ein Schiff gerammt hat. Das Schiff ist gesunken, die Mannschaft und der Kapitän haben sich in drei Boote gerettet, die sich in unterschiedliche Richtungen auf den Weg gemacht haben. Ein Boot ist auf eine Insel gefahren, wo sie geblieben sind. Die beiden anderen sind weitergefahren. Der Kapitän war auf einem dieser Boote, bei dem die Nahrungsmittelvorräte ausgingen. Dann haben sie erst die Leichen gegessen und am Ende ausgelost, wer erschossen werden sollte. Ausgerechnet der Neffe des Kapitäns hat dieses Todeszeichen gezogen, und sein Freund hat ihn erschossen. Dann haben sie ihn aufgegessen. Drei Leute in diesem Boot haben überlebt und sind von einem anderen Walfänger übernommen worden. Schließlich sind sie mit einem Schiff namens »Two Brothers« nach Nantucket zurückgesegelt. Als sie dort ankamen, wurde Kapitän Pollard wieder mit einem Walfangschiff betraut, und zwar ausgerechnet mit der »Two Brothers«. Mit der ist er losgesegelt, mit einigen der Überlebenden aus diesem »Essex«-Unglück. Vor Hawaii an der Nordspitze der Hawaiischen Inselkette sind sie auf ein Riff gefahren und gesunken. Sie sind gerettet worden, aber das Schiff war verloren. Pollard ist wieder zurückgefahren nach Nantucket und Nachtwächter geworden. Einer, der mit an Bord war, Owen Chase, hat ein Buch geschrieben, einen Bericht über dieses Unglück, wie sie vom Wal gerammt wurden. Diesen Bericht hat Herman Melville bekommen. 1998 sind die Überreste dieses Schiffes »Two Brothers« zufällig gefunden worden. Die liegen noch auf Grund, und einige Sachen sind geborgen worden.

KLUGE: Wann hast du angefangen, dich für das Buch zu interessieren?

AUST: Mit der Moby-Dick-Geschichte habe ich mich schon lange beschäftigt und wollte immer einen Film drüber machen. Ein Bekannter von mir, der viele Walfilme macht, wollte nach Hawaii fahren, um dort zu drehen. Also sind wir zusammen dorthin gefahren. Und als wir die Reise schon gebucht hatten, gab es Nachrichten, dass dieses Wrack der »Two Brothers« gefunden wurde. Dann sind wir in Hawaii zu den Leuten der Nationalen Ozean- und Atmosphärenbehörde (NOAA) und haben das Material von der Bergung bekommen. Ich habe als Jugendlicher eine gekürzte Kinderversion von *Moby Dick* gelesen. Bei den Recherchen zum *Baader-Meinhof-Komplex* habe ich viele Unterlagen studiert, unter anderem die Zellenkassiber, also die Briefe, die sich die Gefangenen untereinander geschrieben haben. Da habe ich einen Brief von Gudrun Ensslin an Ulrike Meinhof gefunden, in dem sie sich die neuen Decknamen für die Gruppenmitglieder ausgedacht hat. Die hat sie alle aus dem Buch *Moby Dick* von Melville entnommen. Sie hat die Namen entsprechend zugeordnet. Andreas Baader ist Ahab. Sie schreibt an Ulrike Meinhof in diesem Brief: »An der Stelle tritt niemand geringeres als Ahab zum ersten Mal in Moby Dick auf, sehr kunstvoll, nach diesen Gesetzen.« Sie zitiert Melville: »Und sollte von Geburt an oder durch besondere Umstände hervorgerufen tief auf dem Grunde seiner Natur etwas Krankhaftes sein eigensinnig grillenhaftes Wesen treiben, so tut das seinem dramatischen Charakter nicht den geringsten Eintrag. Alle tragische Größe beruht auf einem Bruch in der gesunden Natur.« Horst Mahler, Holger Meins, Jan-Carl Raspe, Gerhard Müller bekommen alle Namen aus diesem Buch.

KLUGE: Sie beziehen sich auf die Besatzungsmitglieder.

AUST: Daraufhin habe ich mir das Buch geholt im Original und habe es intensiv gelesen. Ich habe festgestellt, dass Gudrun Ensslin die Zuordnung der Personen auf eine psychologisch perfekte Weise getroffen hatte. Holger Meins ist derjenige, der von der Gruppe mehr oder weniger ausgesucht worden ist, dass er beim Hungerstreik nicht aufhört und dass er der Erste ist, der dabei zu Tode kommt. Der hieß Starbuck. In *Moby Dick* ist zu lesen, dass er den fanatischen Feldzug seines Kapitäns Ahab in tiefster Seele verachtete, aber »Starbucks Leib und Starbucks unterjochter Wille gehörten Ahab, solange Ahab die magnetische Kraft seines Geistes auf Starbucks Hirn ausstrahlen ließ«. Er war jemand, der inhaltlich nicht mit dem übereinstimmte, was sie dort machten, der aber gleichzeitig im magnetischen Bann seines Chefs war. Jan-Carl Raspe war der technisch Fitteste von denen, die in Stammheim im Hochsicherheitstrakt saßen, der auch vorher beim Bombenbauen gut war, viel gelötet und die Kommunikationsanlagen gebaut hat. Das war der Zimmermann an Bord. Bei Melville wird er verglichen mit einem Schweizer Messer: »Er glich den nicht selbst denkenden, aber höchst sinnreich erdachten und vielseitig verwendbaren Werkzeugen aus Sheffield, die, multum in parvo, wie ein – nur ein wenig angeschwollenes – ungewöhnliches Taschenmesser aussehen, jedoch nicht bloß Klingen jeder Form enthalten, sondern auch Schraubenzieher, Propfenzieher, Pinzetten, Ahlen, Schreibgerät, Lineale, Nagelfeilen und Bohrer. Wollten seine Vorgesetzten den Zimmermann als Schraubenzieher benutzen, so brauchten sie nur diesen Teil seiner Person aufzuklappen, und die Schraube saß fest; oder sollte er Pinzette spielen, so nahmen sie ihn bei den Beinen, und die Pinzette war fertig.« Gerhard Müller kam eher aus dem Kleinkriminellenmilieu in der RAF. Der bekam den Namen Queequeg, der Harpunier, der edle Wilde auf dem Walfänger. Da steht im *Moby Dick*: »So blieb er im Herzen ein Götzendiener wie eh und je und lebte doch unter der Christenheit, trug ihre Kleidung und mühte sich, in ihrem Kauderwelsch mitzuplappern.« Gerhard Müller wurde anschließend zum Verräter. Er war derjenige, der nach seiner Festnahme schnell Aussagen gemacht hat und zum Belastungszeugen geworden ist. Wenn man sich das Buch und die Geschichte dieses Buches anschaut, stellt man fest, dass man den Roman auch durchaus aus der Sicht der Terroristen als Parabel für ihren eigenen Kampf betrachten kann, als Parabel des Kampfes gegen den Staat. Der Leviathan, der Wal, ist gleichzeitig der Staat. Auch bei Melville wird Thomas Hobbes zitiert über den Leviathan, der gleichzeitig der Staat, das Gemeinwesen, ist. Insofern war diese Mannschaft auf diesem Walfänger im Kampf gegen diesen Staat, gegen diesen

Moloch, mit einem abgrundtiefen Hass und einer großen Entschlossenheit, ihn zu erlegen. *Moby Dick* ist in jeder Generation anders interpretiert worden. Ich war gerade in Nantucket und habe mit den Leuten vom Walmuseum, vom Archiv und von der historischen Gesellschaft geredet. Dabei wird einem klar, dass das Buch und diese fanatische Jagd nach dem weißen Wal immer unterschiedlich interpretiert werden. In der ersten Generation ist es der amerikanische Aufbruchswille, die Industrialisierung, gewesen, die Welt zu erobern, sich die Natur nutzbar zu machen.

KLUGE: Man achtet den weißen Wal, die Natur und die Geheimnisse des Ozeans, aber man ist ihnen überlegen.

AUST: Jetzt ist die Interpretation eine andere. Der weiße Wal ist die Natur, und der Mensch ist derjenige, der die Natur verfolgt. Irgendwann rächt sich die Natur, nämlich der weiße Wal, der sie anschließend alle versenkt. Früher waren die Amerikaner auf der Seite von Ahab in der Eroberungsphase der Welt und der Natur. Jetzt sind sie auf der Seite des weißen Wals, der vom Kapitalismus gejagt wird und der sich rächt.

KLUGE: Nur ein Sarg und eine Person bleiben übrig, der Erzähler. Der Sarg ist das Rettungsboot. Du hast nicht viel Zeit. Wie liest du ein dickes Buch wie *Moby Dick*?

AUST: Als ich es aufgrund der Baader-Meinhof-Recherchen das erste Mal in der Hand hatte, habe ich es mit großer Faszination von A bis Z gelesen. Man merkt, was für ein modernes Buch das ist. Das ist nicht geschrieben wie ein Roman des 19. Jahrhunderts, sondern es ist eine Collage von unterschiedlichen Schreibstilen, von Zitaten, von unterschiedlichen Analysen, zum Teil wissenschaftlich, wie der Wal entstanden ist, welche verschiedenen Arten es gibt und was man aus ihm macht, wie er zu Lampenöl verarbeitet wird und wie die Geschäftsprinzipien sind. Diese Hauptwalfanginsel Nantucket ist beherrscht worden von Quäkern, die alle streng, reich und bescheiden, übrigens auch gegen Sklaverei waren. Deswegen haben die Frauen zum Beispiel keine Baumwollkleidung getragen, weil die Baumwolle von Sklaven in den Südstaaten geerntet wurde, aber Seide konnten sie sich leisten. Das gehört alles zu diesem großen Ensemble von verschiedenen Geschichten in diesem Roman. Wenn ich ihn heute lese, schaue ich nach einzelnen Episoden, wie man sie heute interpretieren kann. Ich finde schon den Anfang grandios: »Call me Ishmael«, »nennt mich Ismael«, das ist der Erzähler. Dann erzählt er: »Wenn man den scheußlichen Geschmack auf der Zunge nicht loswerden kann; wenn man das Frostgefühl eines feuchten und kalten Novembers auf der Seele hat; wenn man unwillkürlich vor jedem Sargmagazin stehenbleibt und jedem Leichenzug nachsieht, wenn man sich der Schwermut nicht mehr erwehren kann, daß man auf die Straße stürzen und vorsätzlich den Leuten den Hut vom Kopfe schlagen müßte, dann ist es allerhöchste Zeit, auf See zu gehen. Das ist für mich Ersatz für Pistole und Kugel. Cato stürzte sich mit einer philosophischen Geste in sein Schwert. Ich entscheide mich in aller Ruhe für das Schiff.« Er beschreibt eine Situation, in die jeder häufig kommt. Er zieht daraus die Konsequenz, auf das Meer zu gehen. Dann geht er in Nantucket zum Hafen. Auf dem Schiff sagt der Kapitän Peleg zu ihm: »›Wieder gut. Nun, du wolltest nicht nur die Walfischjagd, du wolltest auch die Welt kennenlernen. Das sagtest du doch? Es kam mir wenigstens so vor. Nun, komm mal her und sieh mal über die Wetterseite, und dann komm mal wieder und sag' mir, was du da siehst!‹ [...] ›Nun, wie lautet der Bericht?‹, fragte Peleg, als ich wiederkam. ›Was hast du gesehen?‹ – ›Nicht viel‹, erwiderte ich, ›nichts als Wasser, sehr viel Horizont, und es scheint mir eine Sturmbö heraufzukommen.‹ – ›Nun, was stellst du dir denn darunter vor, wenn du die Welt sehen willst? Willst du, wenn wir um das Kap Horn herumfahren, mehr davon sehen? Siehst du nicht die Welt überall da, wo du stehst?‹« So wimmelt dieses Buch von unglaublichen Weisheiten, manchmal auch Plattitüden, mit denen man die Mechanismen verschiedener gesellschaftlicher Prozesse unterschiedlich interpretieren kann.

KLUGE: Du warst vor Ort.

AUST: Wir sind nach Nantucket gefahren. Einerseits für diese Geschichte, andererseits aber auch, weil wir einen Film über Öl machen. Das Öl war vor der Entdeckung des Petroleums, Mitte des 19. Jahrhunderts, fast unbekannt. Die Chinesen haben zwar vor tausend Jahren nach Öl gebohrt, aber Öl war als Brennstoff unbekannt. Es gab Stellen, wo es an die Oberfläche kam. Aber es war kein Industrieprodukt. Das einzige Öl, was es gab, zum Schmieren von Uhren, Maschinen und als Brennstoff für Lampen, für Kerzen, war Walöl. Zu der Zeit schwammen Millionen von Walen in den Weltmeeren umher, und man konnte aus einem Wal, speziell aus einem Sperm Whale, also einem Pottwal, außerordentlich viel Öl gewinnen, barrelweise. Es war eine harte, gefährliche, anstrengende Arbeit, unglaublich dreckig, es stank. Wenn die Schiffe in Nantucket einsegelten, konnte man das schon riechen, bevor sie in Sichtweite waren. Es war die Pest auf diesen Schiffen. Deswegen waren das auch brutale Leute. Aber das war das damalige Ölgeschäft. Dann wurde Petroleum entdeckt. In der gleichen Zeit ging die Zahl der Wale zurück, aber nicht stark. So viel konnte man mit diesen Lanzen und Segelschiffen nicht erlegen, um die Population auszurotten. Dann entdeckte man das Petroleum, das viel billiger war. Da war das Walgeschäft tot. Die Ausrottung der Wale ist erst im 20. Jahrhundert erfolgt durch die Fabrikschiffe. Es gibt eine ähnliche Entwicklung beim Öl, das knapper und teurer wird. Man will plötzlich auf regenerative Energien umsteigen. Das hat eine gewisse Ähnlichkeit mit dem Ende des Walfangs und der Ölproduktion. Man denkt immer, der Walfang zur Ölgewinnung war zu Ende, weil es keine Wale mehr gab. Der Walfang ist nicht zu Ende gegangen, weil es keine Wale mehr gab, sondern weil es ein anderes Produkt gab. So ähnlich kann man heute die Parallele zum Ende des Ölzeitalters ziehen. Das Ölzeitalter wird nicht zu Ende sein aus Mangel an Öl, sondern weil Öl zu teuer wird und andere Methoden der Energiegewinnung billiger werden oder zumindest genauso teuer. Der Scheich Yamani, der alte Ölminister von Saudi-Arabien, den ich zu dem Thema interviewt habe, hat gesagt: Die Steinzeit ist nicht aus Mangel an Steinen zu Ende gegangen.

Gudrun Ensslin und Andreas Baader. Die Genossen der Roten Armee Fraktion in Stammheim nennen sich in den Kassibern, die sie untereinander austauschen, nach Codenamen aus dem Roman *Moby Dick* von Melville.

»Die ungestüme Herrlichkeit des Terrors«

Stefan Aust über den Wahnwitz im Baader-Meinhof-Komplex.
Sat.1, 7.12.2008, *News & Stories*

STEFAN AUST: Die RAF hat ein bürokratisches Ende. Nach 28 Jahren beenden sie ihren Kampf und erklären nicht, dass er falsch war. Sie sagen, dass er nicht so erfolgreich verlaufen ist, wie sie gedacht haben. Der Kampf wird wegen Wirkungslosigkeit eingestellt.

ALEXANDER KLUGE: Dieser Weg ist falsch, andere Wege sind möglich. Auch der Zufall hat eine große Bedeutung.

AUST: Bei der Befreiung von Andreas Baader im Institut hat der Mann eine Schreckschusspistole und eine scharfe Pistole in der Hand. Er will mit der Schreckschusspistole einen Drohschuss abgeben. Es geht aber die andere Pistole los. Er trifft einen 62-jährigen Angestellten namens Linke. Der hat einen Steckschuss in der Leber und bricht zusammen. Es ist allgemeine Panik. Ulrike Meinhofs Absicht war es, an der Befreiung zwar mitzuwirken, aber dann überrascht zu tun und sitzen zu bleiben. Das ist in der allgemeinen Panik nicht mehr durchzuhalten. Dann springt sie durch das Fenster für soziale Fragen in den Untergrund.

KLUGE: Auch der Schuss von Karl-Heinz Kurras am 2. Juni, den dieser in Zivil gekleidete Polizist abgibt, scheint ein Stück Zufall zu sein.

AUST: Das war keine wirkliche Absicht. Der war etwas durcheinander und ist nachher freigesprochen worden, weil man ihm leichte Beschattung, zumindest in dieser Situation, zugebilligt hat. Solche Zufälle passieren nur in bestimmten Konstellationen, und das Leben besteht aus Zufälligkeiten. Wenn eine Ansammlung von Zufälligkeiten passiert, kommen manchmal Dinge raus, die unabsehbare Folgen haben, wie ein winziger Stein, der eine große Lawine in Bewegung setzt. Erst Jahrzehnte später kam eher zufällig beim Sichten einer Stasiakte heraus, dass der Täter, der Westberliner Polizeibeamte Kurras, im Nebenberuf Agent des Ministeriums für Staatssicherheit der DDR war.

KLUGE: Am Ende dieser evolutionären Entwicklung liegt diese Perfektion bei der Entführung von Schleyer gegenüber diesen Bewachungsmännern.

AUST: Man hat es geschafft, die Begleiter von Schleyer fast in einem Blutrausch zu ermorden. Es war ihnen egal, ob das ein Personenschützer war oder der Fahrer. Weil es geklappt hat, denkt man, es ist perfekt gewesen. In Wirklichkeit war das eine improvisierte Angelegenheit. Es sind bei der Vorbereitung Fehler passiert. Wenn manche Polizeibeamten ihrer normalen Pflicht und Aufmerksamkeit nachgekommen wären, hätte man das vorher wissen müssen. Man wusste, dass »HM auschecken« sich auf Hanns Martin Schleyer bezog. Das war den Behörden bekannt. Man hat ihm deshalb eine besondere Sicherheitsstufe zugebilligt, aber ihn nicht in ein gepanzertes Auto gesetzt. Der war Manager von Mercedes, von den gepanzerten Autos hatten die wahrscheinlich Dutzende. Die wussten, er ist die Zielscheibe. Das geschah nach der Ermordung des Generalbundesanwalts, der keinen ernsthaften Personenschutz hatte. Dem hat man junge Polizisten ins Auto gesetzt, nicht etwa Leute vom SEK, die sich wenigstens mit so etwas auskennen. Dann ist diese Katastrophe dabei rausgekommen. Beim Schutz von Hanns Martin Schleyer sind erhebliche Versäumnisse begangen worden. Grob teilt man in drei Generationen ein, die erste sind die Gründer Baader, Meinhof, Ensslin. Die zweite Generation sind diejenigen, die Schleyer entführt und versucht haben, die erste Generation zu befreien. Die haben den Anschlag auf die Botschaft in Stockholm gemacht, Buback ermordet, Schleyer entführt und ermordet. Das waren welche, von denen die meisten die Gründer der RAF nicht mehr kannten. Die Führungsfigur war Brigitte Mohnhaupt, die man den Gefangenen in Stammheim zur Schulung mit in die Zellentrakte geschickt hat. Das ist ein unverständlicher Vorgang. Die nächste Generation sind diejenigen, die sich nach dem Selbstmord der Häftlinge in Stammheim gebildet haben.

KLUGE: Das ist die dritte Generation.

AUST: Ulrike Meinhof hat in ihrer ersten Veröffentlichung gesagt: »Wir sagen, natürlich, die Bullen sind Schweine, der Typ in der Uniform ist ein Schwein, das ist kein Mensch [...], und natürlich kann geschossen werden.« Damit hat man allen, die sich jemals als RAF betrachtet haben, den Freibrief mit auf den Weg gegeben. Sie haben den Rest der Welt für vogelfrei erklärt.

KLUGE: Das ist zunächst ein Stück Schriftgut. Es gibt bei dir die Aussage von Dutschke: »Wir können nicht auf eigene Gewalt verzichten.« Das ist noch Rhetorik. In dieser Nacht um 24 Uhr, als Habermas schon bei seinem Auto war und noch mal zurückkehrt und diesen berühmten Satz ...

AUST: ... vom linken Faschismus spricht.

KLUGE: Da nimmt er Bezug auf eine Rede von Dutschke, der zum Ende keine praktische Forderung nennt, die schlimm wäre, aber vorher macht er einen Riesenbogen über die Bedeutung des Widerstands, der Guerilla, der Rücksichtslosigkeit. Der Vorschlag hinterher ist eine Fußgängerdemonstration in Berlin für die nächste Woche. Dieser Überbau wird langsam Praxis und perfektioniert sich.

AUST: Mir ist das klar geworden, als ich dieses Buch noch mal systematisch durchgearbeitet und zusätzliche Quellen herangezogen habe, die ich in den letzten 20 Jahren gesammelt habe, durch Interviews, Dokumentationen, die ich entweder allein oder mit anderen gemacht habe. Das habe ich gesammelt in Aktenordnern und Ähnlichem. Der Terrorismus kam nicht aus der Peripherie der Studentenbewegung, nicht aus den Randbereichen, sondern mitten aus dem Zentrum. Bei all dem, was in dieser Zeit diskutiert worden ist, ist es ein Wunder, dass es nicht noch mehr gewesen sind, die diesen Weg gegangen sind.

KLUGE: Wenn man dein Stichwortverzeichnis im Buch *Baader-Meinhof-Komplex* sieht, ist man verblüfft darüber, dass eine Reihe von Dichtern vorkommt, also Joseph Conrad, auch Herman Melville.

AUST: *Moby Dick* ist eine Parabel auf einen Kampf gegen ein

Monster. Das Monster ist der Weiße Wal, der Leviathan. Der französische Übersetzer von Hegel hat einen Essay geschrieben und *Moby Dick* mit dem *Kapital* von Karl Marx verglichen.

KLUGE: Es erfolgt eine Spiegelung.

AUST: Es ist auch eine Selbstüberhöhung. Wenn Leute im Gefängnis sitzen und keine weiteren Kontakte nach außen haben, spielen Bücher eine andere Rolle als bei jemandem, der zwischendurch fernsieht, arbeitet oder essen geht.

KLUGE: »Wir nährten das Herz mit Fantasien, die Kost versteinerte das Herz.« Das geht hier bis Hermann Hesse.

AUST: Das ist aus den Akten des Sozialistischen Anwaltskollektivs Berlin. Dabei handelt es sich um einen Entwurf von Horst Mahler für das Plädoyer im Brandstifterprozess, wo er Baader und Ensslin verteidigt hat. Da zieht er Parallelen zu Hermann Hesses *Steppenwolf*. Mahler hatte zunächst erwogen, im Gerichtssaal eine längere Passage aus dem Buch vorlesen zu lassen, weil sie eine verschlüsselte Darstellung des sozialen Gehaltes der Tat der Angeklagten enthalte. In seiner Notiz fasste Mahler den Inhalt des damaligen Kultromans der linksalternativen Szene zusammen und identifizierte Baader mit der Hauptgestalt: »Der Held und Ich-Erzähler, unbestimmter sozialer Herkunft, Prof. oder Schriftsteller, lebt als Fremder in gutbürgerlicher Umgebung ... Er wird allmählich immer lebloser, erstarrter, zu Menschen und Dingen beziehungsloser. Seine bürgerliche Umgebung erlebt er ... als die Wirklichkeit des Todes, als die Vergewaltigung des menschlichen Traums. Er läuft in seiner Welt herum, einsam, erkaltend, verzweifelt, als Steppenwolf. Da begegnet ihm Hermine, ein bisexuelles Wesen. Sie macht ihn mit ihren Freunden bekannt. Er erlebt die Gegenwelt, die antibürgerliche Subkultur ... Allmählich lässt sein Krampf nach. Er wird wieder lebendig ... er hat jetzt die Kraft, seinen Traum von Leben gegen die entfremdete Umwelt durchzusetzen ... Das Leben gegen die Zerstörungsmacht dieser Welt zu behaupten, kann nur heißen, das System der Zerstörungsmaschinen zu zerstören, und so gesellt sich zu ihm der Theologe, dem Theologie dieser Welt Tat bedeutet ...« Mahler schildert den Höhepunkt des Romans, auf dem in einer surrealistischen Ballnacht eine Jagd auf Automobile eröffnet wird: »Wie Wild werden sie abgeschossen und verenden mit ihren Insassen ... Töten in diesem Kampf macht einen gewissen Spaß, wenn auch aus Verzweiflung ... Das Wissen, dass ihr Tun keinen realen Erfolgswert hat. Die anderen sind stärker ... Aber sie wissen auch, dass sie keine Wahl haben ... Vor allem, man muss handeln ... Und am Ende steht dann doch die Schuld. Allerdings eine Schuld, die auf die Welt zurückfällt. Sie haben um der Menschlichkeit willen Menschen getötet.«

KLUGE: »Selbstmord ist der letzte Akt der Rebellion.«

AUST: Das habe ich am Rand eines Zellenzirkulars, also eines Kassibers von Ulrike Meinhof gefunden. Das hat sie mit der Hand an den Rand geschrieben.

KLUGE: Das ist eine uralte Tradition, die römischen Könige werden gestürzt, weil die Lucretia durch einen Prinzen vergewaltigt wird. Sie kann sich nicht rächen, tötet sich selbst. Seither gab es in Rom keine Könige mehr.

AUST: Ein Selbstmord ist in vielen Fällen eine Strafe für die Überlebenden. Man schiebt ihnen die Schuld für den eigenen Tod in die Schuhe. Das ist bei vielen Selbstmorden der Fall, nicht nur bei politisch motivierten. Der Selbstmord war hier als Mord getarnt, hinterher wurde behauptet, sie seien ermordet worden. Ich war im Stammheimer Gerichtssaal, als der Untersuchungsausschuss, der die Stammheimer Vorfälle aufklären sollte, Irmgard Möller, die versucht hatte, sich mit einem Messer zu erstechen, befragt hat. Ein Abgeordneter hat sie gefragt: Stellen Sie sich vor, ein Gefangener würde sich in der Haft, in der Isolationshaft, wie Sie das nennen, zu Tode hungern. Wäre das nach Ihrer Meinung Selbstmord oder Mord? Da hat sie sofort gesagt: Das wäre Mord. Die Terroristen sind davon ausgegangen, dass alles, was sie auch mit sich selbst machen, unter diesen Umständen ihrer Definition von Mord entspricht.

KLUGE: Mich verblüfft, dass in deinem Buch alte Töne vorkommen, die man über 2000 Jahre verfolgen kann in der Welt, die sich allerdings hier zuspitzen. Du arbeitest nicht mit Einfühlung, nicht mit Identifikation, schmückst nicht romanartig etwas aus oder ergreifst Partei. Du bist aber auch nicht sachlich, bloß unbeteiligt, sondern man merkt, es gehört zu deinem Leben, das zu beschreiben und festzuhalten. Da wendest du eine unheimliche Intensität auf.

AUST: Manchmal wird bei Dingen, die eher am Rande liegen, viel deutlicher, was sich dort abspielt. Was die RAF offiziell sagt, würde viele Seiten füllen, wenn man es abdrucken würde. Es würde aber über die RAF und die Motive viel weniger aussagen als diese Randbemerkung von Ulrike Meinhof: »Selbstmord ist der letzte Akt der Rebellion.«

KLUGE: Du bist 21 Jahre alt und hast den 2. Juni, das Attentat auf Dutschke, dann die Belagerung des Verlagshauses Springer zum großen Teil miterlebt. Wie hast du das damals eingeschätzt?

AUST: Ich war nie ein politischer Aktivist. Mir sind Massenbewegungen suspekt. Ich fand das peinlich, mit »Ho-ho-ho Chi Minh« und erhobener Faust über den Kurfürstendamm zu hüpfen.

KLUGE: Das war zu schauspielerisch. Ein Mensch aus Stade macht das nicht.

AUST: Dutschke und ich wollten zusammen einen Artikel für *konkret* schreiben. Er kam nicht voran. Dann bin ich Mittwoch nach Berlin geflogen und habe mich am Abend mit ihm getroffen, wir waren beim Italiener essen. Ich musste dringend nach Hamburg zurück, weil Redaktionsschluss war. Rudi sagte, dass ihm noch ein paar Materialien fehlen würden, die würde er im SDS-Zentrum haben, da würde er am nächsten Morgen hingehen. Auf dem Weg dorthin ist er niedergeschossen worden. Dann bin ich dazugekommen. Da lagen die Schuhe noch auf der Straße, ich bin ins SDS-Zentrum gegangen, habe Ulrike Meinhof dort getroffen und die Stimmung mitgekriegt. Am Wochenende war ich mit Ulrike Meinhof zusammen bei diesen Demonstrationen in der Menschenmenge vorm Springerhaus. In den Akten bin ich später auf einen kryptischen Brief gestoßen. Der ist überschrieben mit »Eine Sklavenmutter beschwört ihr Kind«.

KLUGE: Was heißt das?

AUST: Das wurde in einer Plastiktüte am Wittenbergplatz gefunden und Ulrike Meinhof zugeordnet. Das lag in den Akten. Damit hatte niemand etwas anzufangen gewusst. Da ich mich aber mit diesen Sachen intensiv beschäftigt hatte, habe ich sofort gemerkt, dass das die Antwort von Ulrike Meinhof auf einen offenen Brief ihrer Pflegemutter Renate Riemeck ist. Die hatte in *konkret* einen Artikel veröffentlicht: »Gib auf, Ulrike!« Sie hatte ein Plädoyer an sie gerichtet. Dieser Brief »Eine Sklavenmutter beschwört ihr Kind« ist eine Persiflage auf diesen Aufruf, sich zu stellen und den Kampf aufzugeben. Mit einer leichten satirischen Verfremdung begibt sie sich in die Rolle von Renate Riemeck und fordert sich selbst satirisch auf, den Kampf aufzugeben.

KLUGE: Frau Riemeck war die Geliebte der Mutter.

AUST: Sie lebten zusammen und hatten wohl auch eine Beziehung. Renate Riemeck war 14 Jahre älter als Ulrike und deutlich jünger als Ulrike Meinhofs Mutter. Sie war dann die Pflegemutter.

KLUGE: War sie eine gebildete Marxistin?

AUST: Sie war eine strenge Marxistin, aber ich glaube, sie war nicht gebildet. Sie lief damals ständig mit dem Buch von Alexander Mitscherlich *Auf dem Weg zur vaterlosen Gesellschaft* herum. Diese Kombination aus Politik und Psychoanalyse fand sie interessant. Aber das war damals modisch und angesagt. Wir wussten nicht, dass *konkret* bis zu einem bestimmten Zeitpunkt, bevor ich da angefangen habe, von der DDR finanziert wurde. Die Zeitschrift *konkret* ist eine Erfindung der SED, der Stasi oder der illegalen FDJ, von DDR-Kadern gewesen.

KLUGE: Nach dem Tod in Stammheim geht die Entwicklung weiter, jetzt üben Gruppen auf Truppenübungsplätzen in der DDR.

AUST: Das bahnt sich schon früh an. Nach der Baader-Befreiung 1970 sind sie in den Nahen Osten gefahren, über Berlin-Schönefeld mit falschen Pässen. Natürlich hat die Stasi damals gewusst, dass sie da durchreisen. Das hat sich nach der Wiedervereinigung sogar in Akten gefunden. Ich wusste nicht, dass Ulrike Meinhof zu einem frühen Zeitpunkt nach Ostberlin gefahren ist und einen leitenden Genossen von der Partei treffen wollte, um mit ihm eine gemeinsame Strategie zu besprechen. Da ist sie abgeblitzt, aber die Stasi wollte alles wissen und hat die Parteispitze informiert. Als sie aus Jordanien zurückgekehrt sind, ist Hans-Jürgen Becker vorab gefahren und abgefangen worden. Man hat ihn vernommen und einen Bericht schreiben lassen. Diesen Bericht hat man inzwischen gefunden. Da hat er in allen Einzelheiten geschildert, was sie alles in Berlin vorhatten, woraus die Gruppe besteht, wer alles dabei ist, dass sie die Stadtkommandanten entführen und Bomben bei Springer legen wollen.

KLUGE: Da will ein Geheimdienst alles wissen.

AUST: Im Übrigen ist die DDR mit den Palästinensern verbündet gewesen. Das war der gemeinsame Nenner. Nachdem die Stammheimer tot waren und die Schleyer-Entführung schiefgegangen ist, gab es eine Phase, in der Leute aus der zweiten und dritten Generation aussteigen wollten. Sie wollten den bewaffneten Kampf aufgeben. Dann haben sich zufällig über Inge Viett Kontakte zur Stasi entwickelt, und zehn Leute sind in die DDR ausgereist und da resozialisiert worden. Sie haben neue Identitäten bekommen und sind in den realen sozialistischen Staat integriert worden. Hat der Westen das nicht mitgekriegt? Es gibt Beweise dafür, dass die bundesdeutschen Behörden darüber unterrichtet worden sind, mindestens einmal von einem palästinensischen V-Mann, der mit deutschen Geheimdiensten gearbeitet hat. Es gab sogar Hinweise von einem DDR-Bürger, der ausgereist ist und im Westen Fahndungsplakate gesehen und gesagt hat: Mit der Frau habe ich zusammengearbeitet. Es ging um Silke Maier-Witt.

KLUGE: Die wurden nicht von der DDR eingesetzt oder aufbewahrt für einen künftigen Einsatz, so wie eine mittelalterliche Kirche die Sünder in ein Kloster zurücknimmt.

AUST: Es gab Hinweise, dass die Bundesbehörden das hätten wissen können. Es wollte keiner wissen, man war die Leute los. Man hatte eine Option für den Ausstieg, die man selbst nicht geben konnte. Die Leute mussten nicht ins Gefängnis, aber sie waren aus dem Verkehr gezogen. Wenn sie gewusst hätten, dass gesuchte Mörder und Terroristen in der DDR Unterschlupf fanden, hätte das den Entspannungsprozess abrupt beendet. Mehrere Leute waren zum Urlaub in der DDR, sind von der Stasi betreut worden und haben dort auch auf Schießplätzen Schießübungen gemacht. Das ging so weit, dass sie mit einer Panzerfaust RPG 7 geübt haben. Damit ist der US-General Kroesen im Westen beschossen worden. Sie haben nur den Kofferraum getroffen, deswegen ist er nur leicht verletzt gewesen. Dies wurde auf einem Truppenübungsplatz geübt.

KLUGE: Und zwar mit einem Hund.

AUST: Man konnte den beteiligten Stasioffizieren nicht nachweisen, dass es vor dem Anschlag war. Es war nach dem Anschlag, weil die nämlich wissen wollten, wie das vonstattengegangen ist. Ich kenne den Stasioffizier, der dafür zuständig war, der die Aussteiger in der DDR betreut hat. Dann haben sie auf den Rücksitz statt eines Menschen einen Hund gesetzt. Der sollte ausrangiert werden. Der wurde verletzt und anschließend mit der Pistole getötet. Der alte ostdeutsche Schäferhund spielte den General. Sie wollten auf Bitten des Personenschutzes wissen, wie man sich gegen so etwas schützt. Deswegen haben sie das mit denen durchgespielt.

KLUGE: Bitte schildere mir Brigitte Mohnhaupt.

AUST: Sie war am Anfang eine Randfigur in der RAF, sie kam aus der Berliner Szene. Sie war sehr jung und ist zu fünf Jahren verurteilt worden, die sie auch abgesessen hat.

KLUGE: Sie wurde abstrakt verurteilt, wegen Zugehörigkeit zu einer kriminellen Vereinigung ohne Nachweis einer einzelnen Tat.

AUST: Der Zeuge Gerhard Müller behauptete im Stammheimer Prozess, Baader hätte eine Frau ermordet, die Gruppenangehörige war, weil sie aussteigen wollte. Er behauptete auch zu wissen, wo die Leiche vergraben ist. Die hat sich nie finden lassen. Die Frau ist zwar verschwunden, aber bis heute nicht wieder aufgetaucht. Ob sie ermordet worden ist, ist offen. Ich würde es für eher unwahrscheinlich halten. Nachdem Müller seine Aussage gemacht hat, taucht plötzlich auf Wunsch der Anwälte und der Angeklagten Frau Mohnhaupt auf und will deutlich machen, dass es der RAF ferngelegen hätte, jemanden zu ermorden, bloß weil er aussteigen wollte. Als Beleg dafür erzählt sie die Geschichte einer Frau, Edelgard G., in Berlin. Die war daran beteiligt, Wohnungen zu beschaffen, und ist relativ schnell von der Polizei geschnappt worden. Sie hat Aussagen gemacht über das bisschen, was sie wusste. Ein paar Tage später traf bei dpa in Berlin ein Foto ein. Da war eine Frau zu sehen, mit einer schwarzen Flüssigkeit übergossen. Da stand drauf: Das ist die Verräterin Edelgard G. Brigitte Mohnhaupt hat in dem Prozess erklärt: Wenn wir eine Verräterin nicht umbringen, sondern die nur einen Eimer Teer in die Fresse bekommt, dann kann man sehen, dass man Leute, die nur aussteigen wollen, nicht ermordet. Das hat sie kaltblütig im Prozess geschildert.

KLUGE: Horst Herold hat auf der Gegenseite, beim Bundeskriminalamt, ermittelt.

AUST: Dieses Brimborium in der Ermittlungsarbeit hat in den meisten Fällen nicht dazu geführt hat, dass die Leute festgenommen wurden. Zumindest in der ersten Generation war die Festnahme meistens das Ergebnis davon, dass jemand bei der Polizei angerufen und gesagt hat: Da unten ist eine Garage, da habe ich jemanden gesehen, der sieht aus wie Andreas Baader.

KLUGE: Gudrun Ensslin hat in einer Umkleidekabine eine Sekunde Ruhe, und die ist verhängnisvoll.

AUST: Es ist ähnlich wie bei der Festnahme von Ulrike Meinhof. Jemand ruft bei einem linken Lehrer in Hannover an und fragt, ob er Leute bei ihm unterbringen könnte. Dann sagt er zuerst: Kein Problem. Am Abend redet er mit seiner Freundin darüber, und sie kommen zu dem Ergebnis: Das können wir nicht machen. Wenn das keine gesuchten Terroristen sind, kann ihnen nichts passieren. Wenn es welche sind, dann wäre es für uns gefährlich, wenn die bei uns sind. Im Übrigen fand er diesen Privatkrieg, den die führten, auch der linken Sache nicht zuträglich. Dann hat dieser Lehrer bei der Polizei angerufen, und die haben Ulrike Meinhof dort festgenommen. Der ist über Jahre gemobbt und an den Pranger gestellt worden.

KLUGE: Es gibt das Wort Weltmaßstab in allen Fragen des Widerstands und der Stadtguerilla. Da ist in Japan ein Flugzeug entführt, während der Entführung der »Landshut«, des Lufthansa-Flugzeugs. Wir wissen, dass der ehemalige italienische Ministerpräsident im Mai 1978 in einem Kofferraum gefunden werden wird. Man hat den Eindruck, einen Moment lang könnte sich das untereinander verbinden und wäre dann eine Bedrohung für jeden, der herrscht.

AUST: Es war kein Zufall, dass überall auf der Welt zur damaligen Zeit ähnliche Bewegungen entstanden sind. Es war die Zeit kurz vor den Befreiungsbewegungen in der Dritten Welt, und die waren noch unschuldig. Man wusste nicht, dass daraus zum Teil grässliche Diktaturen werden würden. Es gab eine Neigung dazu, sich mit denen zu identifizieren. Deswegen entstanden im Schlepptau von allen diesen Organisationen weltweit diese Sachen. Sie hatten immer einen gemeinsamen Nenner, und das war der Nahe Osten. Sie sind alle in den Nahen Osten gefahren, haben dort ihre Guerillaausbildung gemacht. Dort sind sie, ob sie es wussten oder nicht, mit östlichen Geheimdiensten konfrontiert worden. Guerillas der damaligen Zeit waren zum Teil an der langen Leine von KGB und auch MfS. Der Hauptstützpunkt der Palästinenser, also der PFLP, mit denen die eng zusammengearbeitet haben, war Aden. In Aden im Südjemen war der Geheimdienst in der Hand des DDR-Geheimdienstes. Da gab es Polizeiausbildung. Es waren enge Beziehungen damals. Die wussten genau Bescheid. Als die Lufthansa-Maschine entführt wurde, ging der Plan in einer Hinsicht schief, weil die Maschine in Aden landen sollte. Da sollten die Passagiere raus und in ein Camp gebracht werden. Dann sollten auch die Entführer gegen andere ausgetauscht werden. Aber in Aden war die Rollbahn vollgestellt. Sie konnten nicht landen. Die Bundesregierung hatte mit Moskau Kontakt aufgenommen, auch mit Ostberlin, und Einfluss genommen.

Die heilige Selbstverwirklichung

Stefan Aust über eine jahrtausendalte Komponente
in allen Rebellionen, RTL, 17.11.2008, *10 vor 11*

ALEXANDER KLUGE: Bei der Geschichte der RAF handelt es
sich um eine Szenenfolge, die über zehn Jahre geht und mit deinem
Leben direkt zu tun hat. 1967 bist du 21 Jahre alt. Und 1977 bist
du 31 Jahre. Acht Jahre nach dem Deutschen Herbst erscheint
dein Buch *Der Baader-Meinhof-Komplex*. Dann hast du *Spiegel
TV* begründet?
STEFAN AUST: Das war zwei Jahre später. Die Methode von
Spiegel TV ist beeinflusst gewesen durch unsere Arbeit beim Film
Der Kandidat. Da habe ich viel gelernt.
KLUGE: Auch bei *Krieg und Frieden*?
AUST: Es war eher *Der Kandidat*, in der Art, mit den dokumen-
tarischen Materialien anders umzugehen, als ich das früher vom
NDR her gewohnt war.
KLUGE: Hier gibt es eine Darstellung von Horst Mahler im Film
Der Baader-Meinhof-Komplex, bei der deutlich wird, warum er
heute auf der Rechten rangiert.
AUST: Er hat sich relativ wenig verändert.
KLUGE: Ich könnte ihn aus den Befreiungskriegen herleiten, als
einen der großen Gefolgsleute von Turnvater Jahn, gegen Napo-
leon kämpfend. Sein Verhalten hat vieles von Räuberspielen.
AUST: Das hat die Geschichte am Anfang gehabt. Auf die Idee,
in den Untergrund zu gehen und sich zu bewaffnen, ist mit zuerst
Horst Mahler gekommen.
KLUGE: Beschreib ihn mir bitte.
AUST: Horst Mahler habe ich kennengelernt. Das ist ein brillan-
ter Jurist, ein hochintelligenter Mann.

KLUGE: Der könnte auch Grundstückshandel betreiben.

AUST: Etwas Ähnliches hat er auch gemacht, nicht Grundstückshandel, aber er hat in Baugeschäften als Anwalt gewirkt. Das ist die Aufgabe des Anwaltes, jede beliebige Position erstklassig vertreten zu können. Er kann das als Staatsanwalt und als Verteidiger. Insofern konnte Horst Mahler den rechten Wirtschaftsanwalt geben. Er konnte den linken Anwalt geben, er konnte ein erstklassiges Plädoyer für die RAF halten. Als er im Gefängnis war, konnte er sich aus der Gruppe abseilen und das erstklassig begründen. Über verschiedene KP-Organisationen, also KPD/ML, hat er sich langsam aus dem linken Bereich gelöst, ich glaube, er hat eine Zeit lang mit der FDP geliebäugelt. Dann wandert er immer weiter nach rechts und ist bei der NPD. Das kann er mit derselben Brillanz erklären, wie er Fritz Teufel verteidigen konnte. Ich habe ihn lange nicht gesehen. Anfang der Achtzigerjahre habe ich ihn interviewt, da konnte er diesen Irrweg erklären, den sie gegangen sind. Bei verschiedenen Dokumentationen hat Helmar Büchel, ein Kollege von *Spiegel TV*, ihn interviewt, weil er mit mir nicht sprechen wollte. Das ist ein kluges Interview, und man merkt, dass er sich in seinen jetzigen Ansichten nicht weit von seinen damaligen linken Haltungen entfernt hat. Es gab zum Teil dieselben Ziele gegen den amerikanischen Imperialismus, gegen Israel. Am Rande sagt er so etwas wie: Er würde nicht viel anders denken als früher. Das Einzige, was sie damals bei den Palästinensern gestört hat, war ein Bild von Hitler in der Baracke. Das fanden sie etwas anstößig. Aber da sah er Hitler noch anders als heute. Von den Grundpositionen ist das kein großer Unterschied. Das Wort vom Linksfaschismus ist nicht abwegig. Da ist leider etwas dran.

KLUGE: Habermas hat sich vorsichtig geäußert.

AUST: In den Protokollen von Interviews, die beim NDR lagen, habe ich die Abschrift eines Gesprächs gefunden, was Lutz Lehmann gemacht hat, der spätere DDR-Korrespondent, mit den Eltern von Gudrun Ensslin nach dem Brandstifter-Prozess. Da spricht der protestantische Pfarrer Ensslin über die Motive seiner Tochter und sagt, er habe den Eindruck gehabt, dass es bei ihr eine heilige Selbstverwirklichung gegeben habe. Da ist er auf den Kern der Sache gekommen, ohne es vielleicht gewusst zu haben.

Er wollte die Tat seiner Tochter relativieren und sie damit erklären, dass sie es für eine große Idee gemacht hat. Da muss man auch Dinge tun, die nicht in Ordnung sind. Das Wort von der heiligen Selbstverwirklichung kann man auch anders verstehen: Er hatte recht in der Analyse, dass ein wesentliches Motiv Narzissmus gewesen ist. Gewalt ist geil, würde man heute sagen, sich zu Herren über Leben und Tod zu machen und sich dabei selbst zu verwirklichen.

KLUGE: Saint-Just in der Französischen Revolution ist ein schöner Mann mit schärfsten Worten und schnell bei der Guillotine.

AUST: Die Kassiber, die die Gefangenen sich untereinander im Gefängnis geschrieben haben, geben Auskunft über das, was sie gedacht haben. Nach dem Olympiamassaker in München schrieb Ulrike Meinhof ein Pamphlet. Das hat sie auch rausgekriegt, und es ist veröffentlicht worden, offenbar ohne dass die anderen es wussten. Sie hat es als eine große revolutionäre Tat gepriesen, was diese Mörderbande an dieser israelischen Olympiamannschaft angerichtet hat. Gudrun Ensslin dachte ursprünglich, das hätte Mahler geschrieben, mit dem war sie im Streit. Deswegen machte sie in einem Brief dieses Papier runter. Dann hat Ulrike Meinhof zu erkennen gegeben, dass es von ihr sei, und Gudrun Ensslin lenkte sofort ein. Ulrike Meinhof verteidigte sich. Da stand ein Satz, den ich zunächst nicht unterbringen konnte: »Welche Niedrigkeit begingest du nicht, um die Niedrigkeit abzuschaffen ...« Das stammt aus Bertolt Brechts *Die Maßnahme*. Es ist die Geschichte von kommunistischen Revolutionären, wo einer in der Gruppe dabei ist, der etwas wankelmütig, von der revolutionären Idee ungenügend durchdrungen ist. Dann beschließen sie, den umzubringen, und zwar als potenziellen Verräter. Im Stück geht es darum, dass er seiner Hinrichtung zustimmt, weil er gemerkt hat, dass er nicht genügend von der revolutionären Idee durchdrungen ist. Aus dem Stück stammt ein anderer Satz, der mehr oder weniger oft bei denen auftaucht. Das ist ein Credo, das man auf jeden beliebigen Terrorismus ansetzen kann. Da heißt es: »Furchtbar ist es, zu töten. / Aber nicht andere nur, auch uns töten wir, wenn es nottut, / Da doch nur mit Gewalt diese tötende / Welt zu ändern ist, wie / Jeder Lebende weiß.«

KLUGE: Bei der Disziplinierung von mir selbst, um mich zum Geschoss zu machen, ist alles erlaubt.

AUST: Wir sind das Projektil. Es geht darum, den Körper zur Waffe zu machen, sich selbst in diesen Kampf einzubringen, und zwar so, dass man dabei draufgeht im Sinne einer heiligen Selbstverwirklichung – wie bei einem Selbstmordattentäter aus dem islamischen Umfeld. Das ist dasselbe, bloß auf eine andere Kultur übertragen. Es spielen dabei ähnliche Motive eine Rolle. Daran kann man sehen, dass das Selbstmörderische in der Geschichte von Anfang an angelegt gewesen ist. Das ist die quasireligiöse Dimension, dass man, um sich selbst zu verwirklichen, grässliche Sachen machen muss, die Niedrigkeit begehen kann, um die Niedrigkeit auszutilgen, sich am Ende selbst zum Projektil macht und in die Ewigkeit eingeht als jemand, der gegen das Unrecht gekämpft hat.

KLUGE: Das ist eine spezifische Krankheit des Ichs, eine Grundströmung, die Märtyrer, Assassinen, Fundamentalisten und Terroristen erzeugt.

AUST: Das ist ähnlich. Für eine solche Gruppe verändert sich die Wirklichkeit tatsächlich objektiv. Sie begeben sich in den Untergrund. Sie sind eine verschworene Gemeinschaft. Ich habe ein Zitat von Astrid Proll in das Buch eingebaut. Es gab eine große, heftige Auseinandersetzung. Einmal lagen sich alle im Untergrund in den Haaren. Ich habe sie gefragt, warum das nie diskutiert worden ist. Wenn man angefangen hätte, meinte sie, das zu diskutieren, hätte es sein können, dass man nicht mehr weitergemacht hätte. Die Gefahr, aufhören zu müssen, war so groß, dass man diese Auseinandersetzung gescheut hat und sich lieber weiter in Gefahr begeben hat, um diese Gefahr des Zweifels auszuschalten.

KLUGE: So wie man sagt: Die Schiffe hinter uns müssen verbrannt werden.

AUST: Sie haben die Schiffe verbrannt, und zwar immer wieder. Die erste Gruppe in der antiautoritären Bewegung, damals eine Studentenbewegung, hat sich am Kochelsee getroffen. Das war die »Viva Maria«-Gruppe. Die haben eine spielerische Revolution nach diesem Film mit Brigitte Bardot und Jeanne Moreau angestrebt, haben sich das zum Motto gemacht.

KLUGE: Als mexikanisches Freiheitsdrama.

AUST: Die Revolution in dieser Komödie wird von zwei Schauspielerinnen geführt. Die Texte, die sie in dieser mexikanischen Revolution sprechen, sind von Shakespeare. »Die Freiheit bedarf nur einer Geste! Und überall in den Bergen wird Euer Zorn widerhallen.« Damit beginnt der Film. *Viva Maria!* ist eine Antwort auf Shakespeare. Das wiederum nehmen diese jugendlichen Revoluzzer mit auf ihre Reise, die in dieser Gewalt endet.

KLUGE: Es gibt auf der Verfolgerseite einen Gegenmenschen, der mit den Mitteln Lessings, des 18. Jahrhunderts und der Einfühlung Verfolgerarbeit betreibt. Das ist Dr. Herold. Der wäre der Gegenpol.

AUST: Im Augenblick ist er mein Gegenpol, weil er mich wegen eines lächerlichen Satzes in einer Dokumentation verklagt. Wir haben behauptet, dass das Bundeskriminalamt an den zugegebenen Abhörmaßnahmen in Stammheim beteiligt war. Nun drängt er darauf, dass das BKA nicht beteiligt war. Man kann es nachweisen. Die Mitarbeiter vom BKA haben vielleicht nicht mit einem Schraubenzieher hantiert, um eine Wanze einzubauen. Herold ist ein kluger, weiser und gleichzeitig starrsinniger Mann, der in der RAF eine Lebensaufgabe gefunden hatte. Er hat mir gesagt (ich habe das nicht zitiert, weil mir das keiner geglaubt hätte): Ich war der Einzige, der Baader jemals verstanden hat, und Baader war der Einzige, der mich verstanden hat. Herold hat begriffen, dass diese Art von Terrorismus nicht wie normale Kriminalität zu besiegen ist, weil dafür zu viel Energie und Identifikation mit globalen Entwicklungen verbunden ist. Deswegen hat er den Terrorismus sorgfältig studiert und ist zu dem Ergebnis gekommen, dass der Terrorismus der Ersatz für die Kriege ist. Spätestens seit dem 11. September 2001 wissen wir, dass Terrorismus der Krieg im 21. Jahrhundert ist. Das hat Herold erkannt und war deswegen der Auffassung, man müsse die Ursachen des Terrorismus bekämpfen. Wie er das machen wollte, ist mir nicht klar, denn da würde das BKA sich etwas übernehmen, das Unrecht und die Ungleichheit in der Welt zu besiegen.

KLUGE: Es ist wie bei Andropow, der den KGB ummünzen will und dann Gorbatschow erfindet. Er sagt, ein Stückchen Aufklärung und die Repression gehören zusammen. Das ist französisch gedacht. So ähnlich ist es bei Herold.

AUST: Er hat beobachtet, was sich dort abspielt. Was sein Darsteller im Film sagt, ist zum großen Teil von Herold übernommen, und zwar auf eine erstaunliche Weise. Das ist ein Vortrag, den Herold vor dem Hessenforum gehalten hat, aus dem Otto Schily als Verteidiger in Stammheim vorgelesen hat. Er hat die Analyse des Chefs des Bundeskriminalamtes im Prozess vorgetragen, um dafür zu werben, für die Gefangenen den Kriegsgefangenenstatus einzurichten. Wenn Herold sagt, das ist der Krieg, dann müssen die auch Rechtsstatus haben. Herold hat früh die Computertechnik in die Fahndung einbezogen. Er war der Erfinder der berühmten Rasterfahndung, die damals auf große Empörung gestoßen ist.

KLUGE: Er schlief bei den Computern in seinem Amt.

AUST: Er war ein kluger Polizist, ein kluger Fahnder. Diese Rastersysteme waren intelligent. Man schaut sich die Merkmale an und sortiert diejenigen aus, auf welche die Merkmale nicht zutreffen. Ich finde das auch datenschutzmäßig nicht problematisch. Wenn man solche Fahndungsmaßnahmen macht, löscht man Daten raus. Nachher bleiben zwei oder drei übrig, die ihre Miete in bar bezahlen, die keine Kinder in der Schule haben, die kein Auto auf ihren Namen angemeldet haben, die auch Strom und Wasser bar bezahlen. Davon gibt es nachher nur noch wenige. Damit hat man auch ein paar Erfolge gehabt, aber keine großen. Die Tragik von Horst Herold besteht darin, dass all dieses zum Zeitpunkt der Schleyer-Entführung eingesetzt worden ist, in diesen hochdramatischen 44 Tagen im Herbst 1977. Alle Kompetenz ist dem BKA untergeordnet worden, auf diese Weise hat man die Länderpolizeien in Unordnung gebracht, weil eingespielte Strukturen plötzlich außer Kraft gesetzt worden sind. Am Anfang gab es totales Fahndungschaos. Dann kommt wieder der Vorteil der Methode von Herold. Die hatten Merkblätter an die Polizeidienststellen verteilt. Die Entführer von Hanns Martin Schleyer müssen im Umkreis von ungefähr 20 Kilometern gesucht werden. Innerhalb dieses Kreises gibt es bestimmte Merkmale für die Verstecke, wo er sein könnte, also anonymes Hochhaus, Tiefgarage, Fahrstuhl direkt nach oben, in der Nähe einer Autobahn.

KLUGE: Jetzt gibt es einen Mieter, der in bar bezahlt.

AUST: Dann nimmt ein Polizist, Ferdinand Schmitt, dieses Merk-

blatt und denkt: Dieses Hochhaus in Erftstadt-Liblar, Zum Renn-
graben, kommt infrage. Er geht hin, spricht mit dem Hausmeister,
der schickt ihn zu der Frau von der Wohnungsgesellschaft. Die
sagt: Vor ein paar Monaten war eine Frau hier, Lottmann-Bücklers.
Die hat eine Wohnung gemietet und alles in bar bezahlt. Als sie
mir die Kaution gegeben hat, habe ich gesehen, dass sie in ihrer
Handtasche bündelweise 100- oder 500-DM-Scheine hatte. Dann
hat sie gleich das Schloss austauschen lassen. Da hat der Polizist
sich den Namen aufgeschrieben und ihn ans BKA oder an die vorgesetzte Dienststelle weitergegeben.

KLUGE: Das wäre das Landeskriminalamt Nordrhein-Westfalen;
hier ist jetzt die Informationspanne.

AUST: Dann verschwindet die Mitteilung. Die haken nach. Auch
die nächste Meldung verschwindet. Es passiert nichts. Dann ruft
er selbst oder sein Dienststellenvorgesetzter bei der nächsthöhe-
ren Instanz an. Die sagen: Nerven Sie uns nicht wieder mit Ihren
Sachen. Wir haben genug zu tun. Das kann nicht sein, dass so
etwas nicht ankommt in dieser Zeit. Ferdinand Schmitt fährt mit
seiner Frau gelegentlich an dem Haus vorbei. Er sagt: Schau mal,
da oben, vierter Stock, sitzt Schleyer. Da saß er, und zwar ungefähr zehn Tage lang. Dann ist er noch mit seinem Vorgesetzten
in Zivil in das Haus gegangen, sie haben überall an den Türen
geklingelt. Auf der anderen Seite saß Peter-Jürgen Boock und be-
wachte Hanns Martin Schleyer. Er hörte, wie es klingelt. Das
ist das Trauma des Lebens von Horst Herold: Sie überwachen
Telefonzellen, Hunderte Flughäfen, und eine kleine Polizeipanne
macht alles zunichte.

KLUGE: An der Nahtstelle zwischen zwei Behörden geht eine
Mitteilung verloren.

STATION 6

Auf dem Weg zu einer Straßenkarte
der Irrtümer

Jeder Irrtum hat seinen Grund – Die Gründe für Irrtümer sind ein wertvolles Material der Erkenntnis

Alexander Kluge

Es ist für Menschen vergeblich zu versuchen, sich den Irrtum abzugewöhnen. Gegenprobe dazu: Es ist unmöglich, willentlich einen Irrtum zu produzieren. Man wüsste ja sofort, dass man den Irrtum nur »erfunden« hat. Dass es kein »echter Irrtum« ist. Es wäre einfach nur unwahr.

Das Sammeln von wahren Einsichten – das war das Projekt der Aufklärung im 18. Jahrhundert. Zu einem Sieg der Aufklärung hat das Projekt bisher nicht geführt. Leute wie Sokrates oder Heiner Müller (und eine große Reihe anderer verlässlicher Vertrauensleute) würden uns raten, die Gründe, warum Irrtümer entstehen, zu untersuchen und diesen reichen Erfahrungsschatz zu heben. Vermutlich machen solche »Bodenschätze« 90 Prozent der kollektiven menschlichen Erfahrung aus. Es handelt sich um BERGWERKE DER ERFAHRUNG. Bei Marx gibt es den Begriff des »notwendig falschen Bewusstseins«, also die Lehre von den Irrtümern, die einen menschlichen Grund haben.

Die Öffentlichkeiten von 2022 und 2023 zeigen uns MINENFELDER DER GESCHICHTE. Im Nahen Osten, im Pazifik und in Osteuropa haben sich Kausalitätsketten aufgebaut, die sich zu Krisen zuspitzen. Plötzlich äußern sie sich in aktuellen Kriegen. Das Gefährliche daran ist, dass während ein aggressiver Konflikt wie der in der Ukraine noch kein Ende findet, sich schon ein weiterer Konflikt zwischen den USA und China im Pazifik zuspitzt. Niemand kann vorhersagen, was bis zum Jahre 2032 geschehen wird.

Auf dem Wege des Fortschritts existiert viel VERUNGLÜCKTE REALITÄT. Mit der Sorgfalt, mit der die Brüder Grimm die Märchen sammelten, sollten wir hier unsere Öffentlichkeiten ausrüsten zur Minensuche, Aufräumarbeit, Forschung: Wir sollten unsere Reparaturerfahrung verbessern. Dies ist das Programm einer Enzyklopädie des 21. Jahrhunderts.

»Mit einer Straßenkarte von Großlondon den Harz durchwandern ...«

Wirklichkeitsverlust

Untersucht man Erfahrungsgehalte nicht nur nach richtig und falsch, brauchbar und unbrauchbar, was ja beides, je nach Situation oder Perspektive, sich verändert, so stößt man auf die Unterscheidung von EIGENERFAHRUNG und ENTEIGNETER ERFAHRUNG. Wird meine Erfahrung enteignet, dies geschieht aber durch einen gütigen Herrn, so werde ich zwar unmündig, bin aber behütet. Ich lerne auf der Ebene der Erfahrungen, der Fremdsteuerung bei äußerer Freiheit, die Sklaverei kennen. Sie hat Vorzüge, weil sie den Leistungsdrang von mir nimmt. Ein tüchtiger Sklave kann sich ausruhen. Er sieht seinem Leben zu, ist Konsument seines Geschicks.

Alle Formen der Selbstbestimmung sind demgegenüber anstrengend, wenig *unterhaltend*. Wir müssen uns *überreden*, die Selbststeuerungen zu nutzen. Es wäre libidinös günstiger, sie in ein Museum zu stellen, sie zu verehren, sie aber nicht anzuwenden. Ich meine dies nicht mit ironischem Beiklang. Lernprozesse der unmittelbaren Erfahrung sind atavistisch, anstrengend, in der Mehrzahl vom libidinösen Haushalt entkoppelt. Dies enthält eine weitreichende Konsequenz. Prägung und Rückkontrolle gehen aus von unserer unmittelbaren Erfahrung. Wenn ich mir beim Durchwandern des Harzes mit einer Straßenkarte von Großlondon in einer Kule das Bein breche, werde ich das nicht vergessen, und ich habe etwas gelernt. Tatsächlich leben wir in unserer Medienwelt mit einer großen Masse von mittelbarer Erfahrung. Wir sehen einer Menge Kriminalfilme zu, ohne je verbrecherisch oder strafverfolgend selbst tätig zu sein. Weil diese verschiedenen Sorten der Erfahrung so unterschiedlich auf uns einwirken, ist es wichtig, dass wir die Erzählform des Cross-Mappings ausüben. Eine falsche Karte auf eine echte legen und sich noch einmal irritieren lassen. Das hilft bei Wirklichkeitsverlust zum Aufhorchen.

Gedächtnis, Vergessen, Rekonstruktion

Sich erinnern und vergessen sind Tätigkeiten verschiedener Organapparate im Menschen. Das Wegräumen von Präsenz (Vergessen) gelingt aus anderen Gründen, beruht auf einem gattungsgeschichtlich anderen physiologischen Vorgang als die Rekonstruktion, die aus Spuren, Splittern – und manchmal wie durch ein Wunder – das Gedächtnis herstellt. Es handelt sich also um zwei verschiedene, vermutlich nicht einmal polar miteinander verknüpfte Begabungen. Innerhalb dieser Begabung (für die Prädikate und Belohnungen vergeben werden könnten, wie für Musikalität) werden die Gründe und Arbeitswege von Erinnerung und Vergessen verschieden sein: Vergessen aufgrund von Gleichgültigkeit, Vergessen, weil ein anderes Ereignis plötzlich wichtiger ist, Vergessen aus Großmut und Vergebung – innerhalb der Seele sind dies ganz verschiedene Länder und Souveränitäten.

Es kommt ein Erfahrungsgehalt hinzu, den Jean Piaget beschreibt. Piaget untersucht Katharsis und Gedächtnis. Er sagt: Das Gedächtnis ist nicht die Übersetzung von etwas Unbewusstem oder die Vorstellung von etwas zeitweise Verborgenem, sondern die Bewusstwerdung ist immer eine Reorganisation, eine *Rekonstruktion*. Als Beispiel erzählt Piaget die Geschichte einer sogenannten falschen Erinnerung. Er erinnere sich, sagt er, äußerst genau und lebendig, als Säugling in seinem Wagen angebunden, Opfer eines Entführungsversuchs gewesen zu sein (Ort des Abenteuers, Kampf zwischen dem Kindermädchen und dem Kinderdieb, Heraneilen der Passanten und des Polizisten). Als er 15 Jahre alt war, fährt Piaget fort, habe das Kindermädchen den Eltern brieflich mitgeteilt, die ganze Geschichte sei von ihr erfunden gewesen, sie selbst habe die Kratzer auf der Stirn des jungen Piaget verursacht. Dennoch: Die Erfahrung (unmittelbare Erfahrung), dass der junge Piaget im Alter von fünf oder sechs Jahren vom Entführungsversuch *gehört* hat, an den die Eltern zu diesem Zeitpunkt noch glaubten, ist stärker geblieben als das Dementi. Die Erzählung hat eine visuelle Erinnerung fabriziert, eine Nachbildung, die *mithilfe der konstruktiven Fähigkeiten unseres Vorstellungsvermögens* zu einer vollständigen Szene entwickelt werden kann, so als läge ein Negativ im Archiv. Es sind nur Splitter notwendig, um diese generative Eigentätigkeit der Fantasie in Gang zu setzen. Es gibt sinnliche Fähigkeiten der Menschen, die weniger Dauerwirkung haben (Dauerwirkung haben alle). So könnte man sagen, »dass den Füßen eines jungen Menschen egal ist, welchen Boden sie berührt haben«. »Meine Reden von gestern haben auf der Zunge ihre Spur nicht hinterlassen.« (Wer weiß wirklich, was nach außen gerät, während ich darüber rede; was gerät während des Redens nach innen?) Auf jeden Fall sind rekonstruktive Arbeitsleistungen nie ohne prägende Wirkung, sodass dasjenige, wovon ich mir ein Gedächtnis mache, Besitz von mir ergreift, ich kann damit spielerisch umgehen, aber das ist kein Spiel. Da aufgrund der rekonstruktiven Vervollständigung eines jeden reizenden Splitters einer früheren Erfahrung sich Menschen fast alles in innere Bilder wandeln können, sind die symbolischen Sequenzen, mit denen Spielfilme oder Fernsehprogramme umgehen, keine auswechselbaren, »unterhaltenden« Gebilde: Sie haben materielle Kraft. Sie besitzen diese materielle Gewalt aufgrund der Eigentätigkeit der Menschen, die ihnen zuwächst. Sie wirken wie Magnete oder wie die 13. Fee im Märchen vom Dornröschen, die, nachdem sie aus dem Schloss vertrieben wird, ihre wahre Macht zeigt.

Auf dem Weg zu einer Straßenkarte der Irrtümer

Alexander Kluge im Gespräch mit Stefan Aust

STEFAN AUST: Die Corona-Pandemie ist ein entscheidender Punkt, der das Leben in unserem Land, aber auch auf der Welt, stark verändert hat.

ALEXANDER KLUGE: Es handelt sich um einen Fremdling, der uns nicht kannte, als er sich aus dem Körper einer Fledermaus zu uns verirrt hat. Er hatte dort in einer uns fremden Evolution gelebt. Die Begegnung brachte für uns und für ihn eine Fülle von Irrtümern.

AUST: Es gibt keinen Zweifel daran, dass in dem Labor in Wuhan mit solchen Viren experimentiert worden ist, bevor dieses Virus zu einer Erkrankung geführt hat. Das haben die auch zugegeben und darüber Untersuchungen veröffentlicht. Eine amerikanische Stiftung hat viel Geld investiert, damit man mit dem Virus experimentiert. Unter dem Begriff Gain of Function wollte man dem Virus eine zusätzliche Funktion antrainieren, damit es auch auf menschliche Gene anspringt.

KLUGE: Warum haben die das gefördert?

AUST: Es wird gesagt, sie haben mit diesen Viren experimentiert, um für den Fall einer Epidemie Impfstoffe zu haben. Das ist die offizielle Begründung dafür. Es ist nicht nachgewiesen, dass dieses Virus das Labor verlassen hat. Das wird man nie herausfinden können; es muss sich nur ein einziger Mitarbeiter in dem Labor infiziert haben, nach Hause gegangen sein und auf dem Markt jemand anders angesteckt haben. Es wird sich auch nicht herausfinden lassen, ob andere Ideen dahintergesteckt haben oder ob es nur Forschung war. Aber dass man mit diesen Viren dort experimentiert und sie auf menschliche Andockmöglichkeiten trainiert hat, daran gibt es keinen Zweifel.

KLUGE: Wenn das so wäre, wäre es das erste auf Menschen alphabetisierte Lebewesen in der Natur.

AUST: Allerdings nur mit der griechischen Zählweise.

KLUGE: Das ist wie eine Bildungsreform auf der Seite der Viren, etwas Gefährliches. Wir selbst waren Viren vor 3,5 Millionen Jahren.

AUST: Wir sind permanent mit Viren in Berührung. Diese Viren sind ständig dabei, sich zu verändern.

KLUGE: An Viren, Pilzen, Bakterien und anderen Mikroben finden sich in einem gesunden Darm etwa zwei Kilogramm.

AUST: Bei jemandem, der positiv getestet wurde, aber keine Symptome zeigt, kann man sich fragen, ob das nicht früher gesund hieß.

KLUGE: Es gibt Milliarden, Billionen von Virenvölkern, die auch zu unserer Gesundheit beitragen, vielleicht sogar zu Teilen unserer Intelligenz.

AUST: Wir wären nicht funktionsfähig ohne Viren. Als das Ganze hochging, habe ich häufig mit Otto Schily telefoniert, der eine rationale Position dazu hat. Unter anderem auch deswegen, weil sein Bruder Arzt ist und Chef der Klinik in Witten/Herdecke war. Was sollen diese Infektionszahlen, hat er gefragt. Wer infiziert ist und keine Symptome hat, ist in Wahrheit nicht infiziert. Da hat sich der Körper sofort gegen dieses Virus in Position gebracht. Das kann man nicht als krank bezeichnen. Deswegen sind diese Infektionszahlen eine trügerische Angelegenheit.

KLUGE: Hier hat ein Fremdling an unsere Tür geklopft, ein Alien, nicht aus einer anderen Welt, sondern auf demselben Planeten geboren. Heute findet sich nicht mehr so wie in Babylon die große Schrift an der Wand, sondern mit einer Menge von Kleingedrucktem meldet sich ein kleines Lebewesen zu Wort und erinnert uns daran, dass unsere Kraft begrenzt ist.

AUST: Für mich hat das noch einen anderen Hintergrund. Ich kann mich erinnern, als Aids aufkam. Das gibt es seit über 40 Jahren. Wir haben bis heute keinen Impfstoff dagegen. Man hat allerdings Medikamente gefunden, die den Verlauf der Erkrankung oder die Sterberate stark senken. Als es vor zwei Jahren losging, war ich skeptisch, ob die es schaffen würden, einen Impfstoff gegen Corona zu entwickeln. Zur damaligen Zeit hat man viel über Aids diskutiert, es gab etliche *Spiegel*-Titel dazu (das war vor meiner Zeit beim *Spiegel*). Es gab eine große Gefahrenüberlegung: Stellt euch vor, wir haben eine Krankheit, die so gefährlich ist wie Aids oder wie Ebola (damals gab es den Kinofilm *Outbreak*), und diese Krankheit, diese Infektion verbreitet sich so wie die gemeine Grippe. Jetzt ist das da, wovor wir große Angst hatten und gewarnt haben. Im Vergleich zur damaligen Zeit hat sich eines gravierend geändert: Es gab noch nie so viele Menschen auf dem Planeten Erde. Und es gab noch nie so viel Bewegung unter diesen Menschen auf der Welt. Aus den großen Ballungsgebieten in Afrika, in Asien, auch in Europa gab es noch nie so viel Bewegung in andere Teile der Welt, durch Geschäftsbeziehungen, durch Arbeiter, die in anderen Ländern gearbeitet haben, durch Tourismus und durch Migration. Die wirkliche Veränderung auf der Welt hat dadurch stattgefunden, dass die Weltbevölkerung sich in wenigen Jahrzehnten verdoppelt hat und sich ständig auf dem Globus hin und her bewegt und jede Infektion herumtragen kann.

KLUGE: Das sind nicht nur die Flüchtlingsbewegungen, sondern auch die Bewegungen des Geldes.

AUST: Es geht auch um die digitalen Bewegungen. Vor 20 oder 30 Jahren gab es öffentlich-rechtliche Anstalten. Da arbeiteten Leute, die für Journalismus ausgebildet waren oder auch nicht. Sie hatten Full- oder Halftimejobs, waren freie Mitarbeiter, aber sie waren alle in einer bestimmten Kategorie des Journalismus und der Publikation tätig. Durch das Internet hat sich das geändert. Die Kontakte zwischen den Ländern, den Menschen und den journalistischen Institutionen, Politikern, den NGOs oder Privatpersonen sind so wie noch nie auf diesem Planeten. Du hast ein biologisches und gleichzeitig ein digitales Virus.

KLUGE: Das wirkt im Kopf ansteckend und garantiert Irrtum auf Irrtum, auch Wahrheit auf Wahrheit.

AUST: Es bringt Leute dazu, Journalisten, Politiker, Virologen, sich ständig in den Vordergrund zu stellen. Womit kann man in der Öffentlichkeit, im Internet, in Talkshows oder auf anderen Veranstaltungen mehr Eindruck erwecken, als wenn man sagt:

Der Mensch stirbt. Im Durchschnitt sterben alle Menschen zu 100 Prozent. Es gab schon immer Überlegungen, das Sterben abzuschaffen, indem man von Unsterblichkeit redet oder von Wiedergeburt. Im Paradies treffe ich 72 Jungfrauen.

KLUGE: Oder ich treffe dort Voltaire oder Adorno, das müssen nicht Jungfrauen sein. Was willst du mit 7000 Jungfrauen anfangen?

AUST: 7000 wäre zu viel. 72 würden reichen, so wie das im Islam beschrieben ist, wenn du ins Paradies kommst.

KLUGE: Gibt es einen Toten, mit dem du gerne sprechen würdest?

AUST: Goethe wäre cool.

KLUGE: Du hättest eine Jungfrau auf der anderen Seite, von der du nicht weißt, ob sie dich will.

AUST: Das kommt darauf an, in welchem Alter ich wäre, wenn ich ins Paradies komme. Jetzt würde ich lieber mit Goethe sprechen als mit Jungfrauen diskutieren. Durch diese Corona-Diskussionen ist die Tatsache, dass der Mensch stirbt, in den Vordergrund gerückt. Die Angst vor dem Tod taucht auf eine Weise in den Medien und im Internet auf, wie das vorher nicht der Fall gewesen ist. Das gab es bei einer Katastrophe wie dem 11. September 2011, da waren 3000 Leute tot. Aber dass jeden Tag im Fernsehen gesagt wird, wie viele Menschen an oder mit Corona gestorben sind, hat es vorher nicht gegeben. Nach dem ersten Halbjahr mit Corona, also 2020, habe ich mich mit den Sterbezahlen beschäftigt. Es war schwierig herauszufinden, ob wir eine Übersterblichkeit haben. Es hat sich herausgestellt (das haben wir überprüft), dass wir im ersten Halbjahr 2020, als es mit Corona losging, keine Übersterblichkeit hatten. Wenn man sich die Sterbezahlen des ersten Halbjahres 2020 ansieht, stellt man fest, dass die im Vergleich zu den fünf Jahren zuvor an dritter Stelle liegen. Die höchste Sterblichkeitsrate mit ungefähr 20 000 mehr hatten wir 2018 durch die Grippeepidemie und 2016 auch durch eine Grippewelle. In dem Jahr aber, in dem alle Medien, alle Leute bei jeder Veranstaltung, bei jedem Kaffeetrinken über die Sterblichkeit geredet haben, hat keiner gewusst, dass wir nur an dritter Stelle bei der Sterberate liegen. Im gesamten Jahr 2020 hatten wir keine Übersterblichkeit.

KLUGE: Diese subjektive Seite, was die Menschen darüber denken, und die objektive Seite, was das Infektionsgeschehen betrifft, muss man zusammen betrachten. Ohne die subjektive Seite kann man das Objektive nicht verstehen. Im und nach dem Ersten Weltkrieg geht ein Schock aus von den Toten, die in dem Stellungskrieg starben. Es geht aber auch eine starke Irritation aus von der Spanischen Grippe, die unmittelbar im Krieg entsteht und den Krieg überlebt. Menschen fühlen sich dem Krieg und der Epidemie gegenüber hilflos. Und gleichzeitig geht es für uns darum, diese starken Gefühle, die diese Realitäten begleiten, auszugraben. Ich mache einen Sprung. Aus den Tiefen des Marianengrabens kommt eine Erdbeben- und Flutwelle und löst den Tsunami in Fukushima aus. Die Naturkatastrophe koppelt sich mit der Empfindlichkeit eines AKWs, das auf eine solche Naturkraft nicht vorbereitet ist. Und jetzt interessiert mich – das betrifft die subjektive Seite – die Erzählung über das Ereignis und die Reaktion unserer Bundeskanzlerin, die aufgrund der Katastrophe die AKWs schließen lässt. Was mich als Erzähler dabei verblüfft, ist, dass die Wissenschaftler der Universität Sendai, einer Universität, die ganz in der Nähe von Fukushima liegt, schon vorher darauf aufmerksam gemacht hatten, dass alle 800 Jahre an dieser Stelle der japanischen Inseln – wie ein Gongschlag der Geschichte – eine solche Katastrophe eintritt. Es hat nämlich 800 Jahre vor unserer Zeit schon einmal eine solche Katastrophe gegeben. Eine solche Erzählung der Wissenschaftler setzt bei mir die Assoziation in Gange: Was wäre gewesen, wenn die Windräder den Wind gewendet hätten auf die Riesenstadt Tokio zu? Daraufhin geht meine Einbildungskraft in eine ganz andere Richtung: Es ist nämlich unmöglich, eine Stadt von etwa 37 Millionen Einwohnern in einem solchen Ernstfall zu evakuieren.

AUST: Bei Fukushima sind es die Bilder von dieser riesengroßen Flutwelle, wo die Schiffe und die Autos an Land gespült werden und sich überschlagen. Wenn ausgerechnet an dieser Küste ein Atomkraftwerk steht, kann man sich die Frage stellen, ob man ein Atomkraftwerk in einem solchen Gebiet bauen sollte. Das war ein großes Drama, aber es gab praktisch keine Toten durch das Durchbrennen dieses Atomkraftwerkes. Die Toten in Fukushima und in der Umgebung kamen durch die Flutwelle um, nicht durch das Atomkraftwerk, aber dem Atomkraftwerk wurde die Gefahr zugeschrieben. Deswegen wurde das als Signal genommen, dass man in der Bundesrepublik aus der Atomenergie aussteigen müsste. Angela Merkel hatte in der Regierung mit der FDP gerade die Verlängerung der Laufzeiten der deutschen Atomkraftwerke durchgesetzt, unter großem Protest der Grünen und auch der SPD, die damals, wenn auch in langsamen Schritten, in der rot-grünen Koalition den Ausstieg wollten. Wenige Wochen nach Fukushima war in Baden-Württemberg Wahlkampf. Dort geriet die CDU in die Defensive. Plötzlich war das Thema Atomkraftwerke besonders aktuell. Das wurde durch Fukushima verschärft. Deswegen hat Angela Merkel eine Kehrtwendung betrieben, weg von der Verlängerung. Dann ist sie in die andere Richtung gegangen. Die FDP hat wieder mitgemacht. Dann haben sie den Beinahesofortausstieg entschieden, in Wirklichkeit, damit die Grünen die Regierungsmacht nicht übernehmen. Das hat aber nichts genutzt, sie haben sie trotzdem übernommen.

KLUGE: Die unmittelbaren, nachweisbaren Toten durch das Kraftwerk sind nicht verifiziert. Aber wenn der Wind über Fukushima im entscheidenden Moment nach Süden gedreht hätte und der Atomsmog nach Tokio geweht worden wäre, hätte man nicht gewusst, wie man eine Riesenstadt von 37 Millionen Einwohnern evakuiert. Da trifft man wieder auf etwas Subjektives, wie du es vorhin beschrieben hast. Es geht um Angst. Aber das ist eine berechtigte Angst. Wie willst du zum Beispiel London im Fall einer ubiquitären Gefahr des Krieges evakuieren?

Zum Umgang mit Furcht und Angst

Skypegespräch zwischen Stefan Aust und Alexander Kluge
im Oktober 2022

ALEXANDER KLUGE: In manchen Situationen gibt es keinen Notausgang. Wenn Drohnen uns in einem Luftkrieg bedrohen, kann ich davor nicht kapitulieren. Das hat etwas Unmenschliches. Ein Leitwolf, der einen Rivalen niedergerungen hat, hört auf zu kämpfen, wenn dieser Rivale »kapituliert«. Sind wir Menschen bösartiger oder aggressiver? Die Automatiken sind es in jedem Fall. Wir leben mit der rechten *und* der linken Hirnseite. Unsere Vorfahren haben das getrennt gebraucht, die rechte Hirnseite kann nicht sprechen. Aber da sprachen die Götter, die sagen: Achill, bitte tue das oder unterlasse es. Die linke Seite kann sprechen und handeln, ist aber tagesbezogen.

STEFAN AUST: Das Gefährlichste an der Pandemie, bei der Gefahr vor dem Atomkrieg, damals in der DDR (die Gefahr, dass der Imperialismus kommt) oder beim Terrorismus ist die Angst.

KLUGE: Wenn Sarajevo passiert, muss sich das Deutsche Reich nicht fürchten. Aber alle sind 1914 gegen alle, weil sie voreinander Angst haben.

AUST: Dann gibt es den berühmten Begriff der Schlafwandler, die sich, von Angst getrieben, in eine Situation reinmanövrieren, vor der sie Angst haben. Die Angst ist der Grund dafür, dass sie in die Situation gekommen sind, in der sie tatsächlich Angst haben müssen.

KLUGE: Wir dürfen nicht wegschauen, um die Angst wegzutherapieren. Wir sind immer zwei Lebewesen, ein subjektives und ein objektives. Wir sind sachlich, »unparteiischer Beobachter«, und können kühl schauen wie der Bundeskanzler Helmut Schmidt. Die andere Seite in uns ist die Empathie, die »Einfühlung«. Sie ist eine natürliche Mitgift von uns Menschen. Aber auch der Empathie dürfen wir nicht blind vertrauen, wenn sie zum Beispiel Angst erzeugt, in uns putscht, das Gleichgewicht und die Vernunft zerstört. Der Verstand ist aber nichts gegen die Einfühlung.

AUST: Die gefährlichsten Politiker sind diejenigen, die ihrer Bevölkerung permanent Angst machen. Am Anfang dieser Pandemie gab es ein Land, das bewusst und offen mit den Problemen umgegangen ist und gleichzeitig versucht hat, die Angst möglichst gering zu halten und vernünftig zu operieren. Das sind die Schweden gewesen, die damals von den Medien angegriffen und als unverantwortlich bezeichnet wurden. Jetzt stellt sich heraus, dass sie insgesamt besser durch diese zwei Jahre gekommen sind als wir. Es gibt einen evolutionären Prozess in der Menschheitsgeschichte und in der Geschichte dieses Globus. Bestimmte Dinge passieren, dann geschieht etwas anderes, dann etwas Drittes. Es stellt sich heraus, dass es Entwicklungen gibt, die anders sind, als man sie sich vorgestellt hat. Gerade die Experten und Politiker glauben häufig, dass sie durch Maßnahmen, die sie ergreifen, ein Problem lösen können, während in Wirklichkeit die Möglichkeiten, durch Maßnahmen etwas hinzubekommen, geringer sind, als sie sich vorstellen können. Über die Risiken und Nebenwirkungen der politischen Entscheidungen und Maßnahmen machen sie sich meistens keine Gedanken. Plötzlich steigen die Infektionszahlen ins Unermessliche mit dieser Omikron-Variante. Jetzt sagt sogar Christian Drosten, dass es vielleicht doch nicht so gefährlich ist.

KLUGE: Die Virologin Karin Mölling hat eine Stimme und eine Erzählform, die entspricht Magda, meiner Kinderfrau, die mir als Kind die Märchen erzählt und mich beruhigt hat, wenn ich Angst hatte. Diese Furcht, dass ein Virus uns je vernichten könnte, ist selbst bei unseren ungeheuren Bevölkerungszahlen ganz unwahrscheinlich, sagt Mölling. Der Virus würde seine Basis zerstören, wenn er uns zerstört. Das kann man auch in dem evolutionären Zusammenhang sehen, den du nennst. Die Natur weiß mehr Auswege als jeder Politiker oder wir Menschen. Das ist eine Überschätzung, wenn wir sagen, dass wir Menschen allmächtig sind.

AUST: Wir überschätzen uns maßlos. Das bezieht sich auch auf die Frage der Triage. Jeder Arzt ist bei Unfällen in einer Situation zu fragen: Versuchen wir es noch weiter, oder drehen wir den Strom ab? Als mein Vater in der Klinik war, saßen wir eine Woche oder zehn Tage lang jede Nacht am Bett. Irgendwann hat der Arzt gesagt: Sie haben Ihre Pflichten als Kinder erfüllt. Ich möchte abschalten; dann hat er abgeschaltet, und wir haben erlebt, wie unser Vater gestorben ist. Man muss sich mit der Tatsache des Sterbens abfinden und sagen: Das wird uns auch passieren.

KLUGE: Das geschieht nicht aus Mangel an Vorstellungsvermögen und Empathie, sondern weil wir in einer Wirklichkeit leben, die nicht von Menschen gemacht ist. Sie hängt nicht davon ab, ob wir an Gott glauben.

AUST: Die Frage, ob es Gott gibt, ist eine Frage der Definition. Am Anfang des Johannesevangeliums steht der Satz: »Im Anfang war das Wort.« Aber im Original heißt das Wort Logos. Das Wort kannst du auch als Logik übersetzen. Wenn du den Satz sagst: »Im Anfang war die Logik, und die Logik war Gott, und Gott war die Logik«, dann ist es logisch, dass es Gott gibt.

KLUGE: Das hast du verkürzt übersetzt, weil Logos auch der Sinn ist. Am Anfang war der Sinn, die Bestimmung, das, was in den Dingen hinarbeitet, auf etwas, was auch in uns steckt. Könnten wir mit dem Virus sprechen, könnten wir ihm sagen, dass es unsinnig ist, den eigenen Wirt zu schädigen. Karin Mölling hat mir von einem Element in unserem Erbgut erzählt. Das ist ein über fünf Millionen Jahre altes Virus. Das ist übergelaufen zu den Vorfahren von uns, als wir noch nicht Menschen waren. Es sitzt in uns und verteidigt uns immer noch wütend und träumend gegen Gefahren von Bakterien und Viren von vor fünf Millionen Jahren. Die Gegner unserer Vorfahren, die hier abgewehrt werden, gibt es längst nicht mehr. Wenn wir mit diesem »Urvirus und Überläufer«, der wie ein Hugenotte nach Preußen in unser Erbgut überlief, sprechen könnten, hätten wir vermutlich Zugang zu einem Universalimpfstoff. Wir hätten einen Schutzengel in uns. Neulich musste ich an dich denken, weil du für mich der Ungläubigere bist. Ich habe in einem Mythos von Parsifal gelesen, bei Wolfram von Eschenbach, aus dem 12. Jahrhundert. Parsifal kämpft eines Tages mit seinem Halbbruder, einem Mohammedaner. Er zerschmettert sein

Schwert und denkt, dass er in der nächsten Minute tot ist. Da kommen aus der Zukunft zwei von IHM NOCH NICHT GE-ZEUGTE KINDER, der eine davon heißt Lohengrin, und retten den Vater, WEIL SIE GEBOREN WERDEN WOLLEN.

AUST: Wenn man das in eine solche Szene umsetzt, ist es eine Darstellung des Prinzips Hoffnung.

KLUGE: Das ist eine gute Mitgift. Wir haben ein Urvertrauen als Babys, dass es die Welt gut mit uns meint. Das entspricht später nicht den Tatsachen, bezogen auf die gesamte Wirklichkeit, aber mit Blick auf unsere Nächsten stimmt es.

Augenmaß in der Natur und im Innern von uns Menschen

Skypegespräch zwischen Alexander Kluge und Stefan Aust
im November 2022

ALEXANDER KLUGE: Überall in unserem Körper sind Stammzellen. Unter ihnen herrscht von Natur her Gleichheit. Aber die Leber kommt nicht auf die Idee, ehrgeizig zu werden, Revolution zu machen und Auge zu werden. Die stören sich nicht gegenseitig, da ist eine Menge Gleichgewicht enthalten. Unser Körper ist eine geordnete Anarchie. Wenn du ein Kind siehst (du hast zugeschaut, wie sie geboren wurden), ist das ein Versprechen. Das ist ein hochorganisierter Organismus. Das Deutsche Reich ist nichts dagegen. Womit würdest du deinen Beruf vergleichen?
STEFAN AUST: Ich bin ein neugieriges Wesen mit der Möglichkeit und einem gewissen Drang, meine Erfahrungen mitzuteilen.
KLUGE: Die 18 000 Menschen, die einst in Afrika unsere Vorfahren waren und von denen wir alle abstammen, waren weit verteilt über Afrika. Das waren kleine Clans von fünf oder sieben Leuten. Ein Löwe kann einen solchen Clan mühelos zerreißen. Die sind nicht durch Hunger, nicht durch Raffgier, nicht durch Ehrgeiz, sondern durch Neugier vorwärtsgetrieben worden, durch diese Rebellion in uns, eine gewisse Veränderungssucht.
AUST: Wenn es regnet, stellt man sich unter den Baum, und wenn es nicht mehr regnet, geht man woandershin. Wenn man Hunger hat, geht man dahin, wo man etwas zu essen bekommen kann. Wenn es zu kalt ist, macht man Feuer.
KLUGE: Warst du in Feuerland?
AUST: Als wir den Film über Öl und Gas gemacht haben, waren wir in Feuerland und sind von da aus auf die Bohrinseln im Süd-

atlantik geflogen. Da sind diese Inselgruppen, die in Richtung Feuerland gehen, wo auch die Kreuzfahrtschiffe in die Antarktis fahren. Dann denken die Leute, sie waren in der Antarktis, aber in Wirklichkeit waren sie nur auf dieser Inselkette vor Feuerland.

KLUGE: Wo würdest du mit deinen Kindern, wenn du gute Beziehungen zum Militär hast, im Fall eines Weltkriegs hinflüchten?

AUST: Nach Neuseeland. Neuseeland ist so wie Europa, von Norwegen bis Italien, bloß deutlich kleiner und mit so vielen Einwohnern wie Hamburg. Da würde ich nur im äußersten Notfall hingehen, denn es ist auch etwas langweilig, weil es so schön ist.

KLUGE: Als wir unseren Film *Krieg und Frieden* gemacht haben, habe ich einen Kurzfilm gedreht von einem Piloten, der gerade ein Kind bekam, sich frisch verliebt hat. Er prüft, wo er während der Raketenkrise hinkann. Er hat letztlich die Idee, nach Norden zu flüchten, oberhalb von Spitzbergen. Dann erfährt er, dass es dort besonders gefährlich ist. Wenn etwas ausbricht, werden da die Kämpfe stattfinden. So plant er, zum Kerguelen-Archipel zu kommen. Das ist französisch. Auf Briefmarken sieht das schön aus. Aber es wird dir dort zu kalt sein.

AUST: Wir haben auch einen Film gemacht über die Atomversuche der Amerikaner auf dem Bikini-Atoll und den Marshallinseln. Die Hauptinsel der Marshallinseln ist eine schöne kleine Insel. Da treffen sich gelegentlich Segler, die um die Welt segeln.

KLUGE: Sigmund Freud hat gesagt, der einzige Antimilitarismus ist die Haut, die bekommt Allergien in Flandern. Die Moral reagiert noch längst nicht. Die ist für Kriegsverlängerung.

AUST: »Welche Niedrigkeit begingest du nicht, um die Niedrigkeit abzuschaffen ...«

KLUGE: Brecht ist mir nah, aber an dem Punkt spinnt er.

AUST: Er hat es gedanklich durchgespielt. Nach 1945 hat Brecht untersagt, dass das Theaterstück *Die Maßnahme* aufgeführt wird.

KLUGE: Ich lasse auf ihn nichts kommen, aber etwas dogmatisch, etwas protestantisch ist er.

AUST: Gleichzeitig hat er den Drive, auch das Gegenteil zu denken. Die Dialektik ist mit enthalten.

»Du warst in fast allen Weltgegenden. Wo du segeln kannst, warst du besonders gern«

Skypegespräch zwischen Stefan Aust und Alexander Kluge im November 2022

ALEXANDER KLUGE: Warst du in Afrika?
STEFAN AUST: Ich habe meine erste Reise nach Afrika relativ spät gemacht mit dem Bundeskanzler Gerhard Schröder. Ich war eher in Richtung Amerika und Asien orientiert. Mit Schröder bin ich eine Woche durch Afrika gereist, von Äthiopien bis nach Südafrika. Wir sind mit der Regierungsmaschine geflogen. Dann war ich in Nairobi. Es war langweilig, auf der Konferenz zu sitzen. Da tauchte unser Redakteur Thilo Thielke auf und sagte: Ich habe einen Flug gebucht in die Masai Mara. Wir schauen uns Rinder-, Zebraherden, Elefanten und Löwen an. Dann bin ich mit ihm in ein Camp gefahren. Das hat mich infiziert, was Afrika betrifft. Ich habe die Regierungsreise in Südafrika verlassen. Wir waren in Johannesburg, dann bin ich mit Thilo Thielke nach Kapstadt gefahren. Anschließend habe ich jede Möglichkeit genutzt, wenn wir ein Interview gemacht haben, wieder nach Afrika zu fahren. Bischof Tutu habe ich zum Beispiel interviewt. Ich bin dorthin gefahren, wo die ersten Spuren der Menschheit gefunden worden sind, zusammen mit Richard Leakey, mit dem wir ein Gespräch geführt haben.
KLUGE: Als Kind wollte ich Tropenarzt werden. Wir alle kommen von diesem Kontinent. Wir waren 18 000 Leute, verteilt über Afrika, nach der schlimmsten Frühkatastrophe mit dem Vulkanausbruch in Indonesien. Als alle Himmel von Staub bedeckt

waren, blieben 18 000 übrig. Ein großes Unglück zusätzlich, und es hätte vielleicht keine Menschheit gegeben. Warst du je in der Arktis?

AUST: Ich war in der Antarktis, und zwar auf dem Kontinent. Ein reicher Freund von mir, der ein Flugzeug hat, wollte in der Antarktis landen. Das ist ihm nicht geglückt. Dann haben wir eine Reise gemacht mit seinem Flugzeug nach Kapstadt und sind mit der russischen Transportmaschine, der großen Antonow (übrigens gemeinsam mit Prinz Harry und einer Gruppe von britischen Veteranen), in die Antarktis geflogen. Da ist man noch fünf oder sechs Stunden unterwegs mit der Maschine. Sie sind auf der russischen Basis Nowolasarewskaja gelandet, bei schwerem Schneetreiben, obwohl es der arktische Sommer war. Dann wollten wir zum Südpol. Aber weil das Wetter so schlecht war, konnte die Maschine nicht abfliegen, und wir haben eine Zeit lang festgesessen. Dann gab es eine kleine Maschine, mit der man da hinflog, aber Prinz Harry mit seiner Truppe von Veteranen hat den Vortritt gehabt. Die haben in der Nähe des Südpols eine Bruchlandung hingelegt. Daraufhin musste die Maschine repariert werden. Deswegen sind wir nicht zum Südpol geflogen, zu dem Punkt, wo man in jede Richtung schaut – und es geht immer nach Norden.

KLUGE: Das ist wie ein fremder Planet.

AUST: In der Nähe dieser russischen Station war ein Camp mit Iglus gebaut, nicht aus Schnee, aber sie sahen aus wie Iglus. Da haben wir gewohnt, das war in der Schirmacher-Oase. Alle Berge und Buchten in der Nähe hatten deutsche Namen. Im Jahre 1938 hatte das Deutsche Reich eine »Fettlücke«, das heißt, dass es an Fetten und Ölen mangelte. Deswegen haben sie eine Expedition in die Antarktis ausgeschickt. Sie wollten dort Wale jagen, einen Teil der Antarktis übernehmen und haben das Land kartografiert. Da sind sie mit einem Schiff hingefahren, das »Schwabenland« hieß und der Lufthansa gehörte. Das haben sie umgebaut, sodass man mit einem Flugzeug auf diesem Schiff landen konnte. Dann haben sie bestimmte Bereiche der Antarktis für das Deutsche Reich okkupiert. Daraus wurde aber nichts, weil der Krieg losging. Anschließend hat die Bundesrepublik versucht, dort an der Stelle einen Anteil zu bekommen. Das hat auch nicht funktioniert. Aus dieser

Operation mit dem Schiff »Schwabenland« ist ein Mythos entstanden, die Geschichte von Neuschwabenland. Die Nazis hätten sich nach dem Krieg in die Antarktis zurückgezogen und dort in unterirdischen, mit Nuklearstrom beheizten Hallen gelebt.

KLUGE: Tatsächlich gab es 1945 auf Grönland eine Wetterstation, bewaffnet, gut versorgt, wo Albert Speer im viermotorigen Flugzeug noch hinfliegen sollte. Vielleicht sollte er 1952 nach Deutschland zurückkehren und als Kanzler kandidieren. Das war eine Woche lang eine Planung. Der Lomonossow-Rücken geht übrigens quer durch den Arktischen Ozean. Wenn ein Dritter Weltkrieg käme und der Kalte Krieg heiß würde, fände er vielleicht dort statt, wo man so wenig Bevölkerung hat wie in der Arktis. Also freies Spielfeld, wo Russland und der amerikanische Kontinent aufeinandertreffen. Das hat mir der Kanzler Schmidt erklärt, als wir in seinem Flugzeug saßen und Kanada besuchten. Wir sahen aus dem Bullauge des Flugzeugs auf die Eisfelder hinunter.

AUST: Ich war eingeladen zur Arktis-Konferenz in St. Petersburg. Da sind wir mit einem Schiff gefahren. Vertreter aller Anrainerstaaten der Arktis waren auf dieser Konferenz. Wir sind den Finnischen Meerbusen raufgefahren. Eingeladen hatte der Sicherheitschef von Putin, Patruschew, der KGB-Chef gewesen ist. Ich habe mich intensiv mit ihm unterhalten. Ich will eine mehrteilige Serie übers Klima machen, mit einem Flugzeug von Murmansk aus an der gesamten Nordostpassage entlangfliegen, filmen und zeigen, wie die Temperaturen dort sind, wie sie früher waren, welche Maßnahmen ergriffen werden, wie man darauf reagiert und wie sich das auf die Schifffahrt auswirkt. Die Nordostpassage ist über einen längeren Zeitraum schiffbar als früher. Die Russen fahren mit den Gas-Containerschiffen von Murmansk über die Nordostpassage, um den Strom an China zu liefern. Dafür benötigt man weniger Fahrzeit, als wenn man durch den Suezkanal und durch den Indischen Ozean muss. Darüber wurden Vorträge gehalten, aber immer mit einer nüchternen Perspektive: Wie reagieren wir auf die Veränderungen? Was nutzt uns das? Wo sind die Schwierigkeiten? Es wurde nie über die Klimaapokalypse geredet, sondern gesagt: Es ist wärmer geworden, es taut. Deswegen können wir in bestimmten Regionen Sibiriens Getreide anbauen. Am dritten Tag ist das erste Mal über die Gründe des Klimawandels diskutiert worden, weil die deutsche Vertreterin bei ihrem Vortrag etwas darüber gesagt hat. Das Klima existiert nicht erst seit 1870. Klimawandel hat es schon immer gegeben.

KLUGE: Unsere Mutter Erde ist ein geduldiges, mit Gleichgewicht versehenes Medium, das drei oder vier Grad Erwärmung und mehr als 20 Grad »Erkältung« ausgehalten hat. Eine Zeit lang war die Erde ein Eisball.

AUST: Die Politiker, aber auch die Journalisten, überschätzen den menschlichen Einfluss. Sie glauben, die Menschen sind zu allem fähig, aber auch an allem schuld. Sie sind vielleicht zu allem fähig, aber sie bekommen nicht alles hin. Der Zweite Weltkrieg war die größte menschliche Katastrophe, die man sich vorstellen kann. Zehn Jahre später kannte man das nur noch aus den Geschichtsbüchern. Wenn man sich anschaut, wie die deutschen Städte 1945 ausgesehen haben und wie lange sie gebraucht haben, um wieder eine funktionierende Wirtschaft zu haben, ging das in wenigen Jahren.

KLUGE: Wohin würdest du ein Filmteam im Jahr 2022 schicken?

AUST: Das Filmteam sollte sich anschauen, wie viel Klimawandel es gibt, wie er sich auswirkt und was die Gründe dafür sind. Ob das nur auf CO_2 zurückzuführen ist, da habe ich meine Zweifel. Bei Grönland kann man sehen, welche Gletscher schmelzen oder schon geschmolzen sind. Man kann auch sehen, wie diese Gletscher vor 1000 Jahren ausgesehen haben. Die waren viel kleiner. Im Jahre 1100 haben die Wikinger Grönland besiedelt, Ackerbau dort betrieben. Das kannst du heute noch nicht, außer vielleicht im Treibhaus. Damals sind sie in der Lage gewesen, von da aus mit ihren Ruder- und Segelbooten nach Neufundland zu fahren und dort Siedlungen zu bauen. Sie nannten das Vinland, weil Weinbau betrieben werden konnte.

KLUGE: Könntest du heute drei Schwerpunkte nennen, die man mit Thementagen oder Themenwochen beladen könnte? Was sind unsere auf den Händen, auf den Fingern oder auf den Handflächen brennenden Probleme?

AUST: Der Begriff der Freiheit ist in den letzten Jahren etwas aus dem Blickfeld der Menschen geraten, also die Möglichkeit, als Individuum das zu tun und zu denken, was man denken will. Das »Wir« ist zu stark geworden im Vergleich zum »Ich«. Eine liberale bürgerliche Demokratie muss vom Individuum ausgehen und nicht nur vom Kollektiv. Das Kollektiv ist bei uns zu sehr in den Vordergrund getreten im Vergleich zum Individuum und zu den Rechten und den Möglichkeiten, die das Individuum haben sollte. Die Gesellschaft funktioniert besser, wenn sie mehr aus Individuen besteht und weniger aus Kollektiven.

KLUGE: Der Begriff der Freiheit ist ein differenzierter Begriff. Freiheit steckt in der rebellischen Art, in der unser Körper, unsere Nerven, unsere Verdauung, unsere Augen, unsere Ohren, alle unsere Sinne funktionieren. Sie sind nicht in eine feste Ordnung zu bringen, das ist die Freiheit. In der Kunst ist auch Freiheit das Ziel, nicht Schönheit.

AUST: Es geht um Aufklärung, nüchterne Auseinandersetzung, wenn ich an den Beginn der außerparlamentarischen Opposition denke. Das war eine antiautoritäre Bewegung, die in vielen Teilen schnell in eine autoritäre Denkweise umgeschlagen ist, diejenigen, die antiautoritär auf die Straße gegangen sind, waren in kürzester Zeit bei der KPD/ML oder bei der DKP gewesen. Im Anschluss daran sind sie bei den Grünen gelandet.

KLUGE: Aus Angst kannst du kein Individuum zimmern, man muss es aus Selbstbewusstsein bauen. Der selbstbewusste Mensch kann seine Ich-Schranke senken und hochfahren. Das Gleichgewicht ist die Steuerungsfähigkeit.

AUST: Wir haben uns mit den neuen Verhältnissen bei Xi Jinping beschäftigt, wie der seine Macht festigt, wie er die Amtszeitbegrenzung abgeschafft hat. Es ist selbst für Diktaturen ein Fehler, keine Regularien für einen ordentlichen Machtwechsel herbeizuführen. Wichtig ist eine Amtszeitbegrenzung, weil ein Präsident oder auch ein Bundeskanzler nicht alleine zu lange im Amt sind, sondern mit einem Hofstaat zusammen an der Spitze stehen. Dadurch können sie die Macht gleichzeitig einsetzen, um ihre eigene Macht zu festigen.

KLUGE: Jede Machtballung gehört gekürzt, aber der Einzelne wird dadurch der Allmächtige; der einzelne Teilnehmer ist ein eingebildeter Allmächtiger. Am 6. Januar im vorigen Jahr saß ich ohnmächtig vor dem Fernseher und sah den Riots zu. Da stürmten Leute das Kapitol in Washington, das Gebäude des Gesetzgebers. Die kamen wie kostümiert aus den Ölgemälden des Kapitols herunter. Ich war deswegen machtlos, weil ich weder in Amerika wähle noch einer Stiftung angehöre oder sonst an der Öffentlichkeit der USA teilnehme. Aber über die Zukunft unserer Kinder würde notfalls die Großmacht USA eher entscheiden als wir. Von daher habe ich mich besonders machtlos gefühlt und brauchte den halben Tag, um mich wieder aufzurüsten.

AUST: Die Sicherheitsleute hätten das Kapitol so abriegeln müssen, dass das nicht passieren kann.

KLUGE: 1954 hatten Nationalisten aus Puerto Rico schon einmal das Kapitol besetzt und mehrere Abgeordnete mit Schüssen von der Besuchertribüne schwer verwundet.

»Wir leben in einer Welt der Unbestimmtheit, des Unheimlichen«

Skypegespräch zwischen Stefan Aust und Alexander Kluge im November 2022

STEFAN AUST: Ich habe mir neulich die Dokumentation angesehen, die Oliver Stone über den Mord an John F. Kennedy gemacht hat, *JFK Revisited*. Aufgrund seines Spielfilms von 1991, *JFK*, sind damals die Fristen für die Geheimhaltung von Akten aus dem Umfeld der Warren Commission frühzeitiger freigegeben worden, das sind Millionen von Seiten. Es ist eindeutig belegt, dass das ein Staatsstreich war. Das war nicht Lee Harvey Oswald allein. Wenn du überlegst, was man Trump zugetraut hat (und zwar nicht zu Unrecht), dann ist es nicht unwahrscheinlich, dass Leute auf den Gedanken kommen, einen Politiker wie John F. Kennedy zu erschießen. Es gibt Unterlagen darüber, dass Lee Harvey Oswald vorher CIA-Agent gewesen ist. Es sind drei Patronenhülsen gefunden worden an der Stelle, von wo aus er geschossen haben soll. Man hat gesagt, dass es drei Schüsse gewesen sind. Bei den Obduktionen hat man manipuliert. Die Schüsse, die getroffen haben, kamen von der anderen Seite. Kennedy hatte im Hinterkopf ein großes Loch. Der Einschuss kam von vorne. Wenn der Einschuss von vorne kam, konnte er nicht aus dem Haus kommen.

ALEXANDER KLUGE: Damit hätte man eine Woche, wo man systematisch über Freiheit, über das Wort Arkanum, Kampf gegen versteckte Stellen in der Welt, sprechen könnte.

AUST: Auch über Denkverbote. Natürlich gibt es Verschwörungstheoretiker, also Leute, die glauben, dass bestimmte Dinge von jemandem inszeniert worden sind. Sie merken nicht, dass es evolutionäre Prozesse gibt, dass jemand von Dingen profitiert, die er aber nicht inszeniert hat. Es passiert etwas, und dann verdient jemand Geld daran. Aber derjenige, der daran Geld verdient, muss nicht derjenige gewesen sein, der das Ganze in Bewegung gesetzt hat.

KLUGE: Die Kausalketten marschieren unabhängig vom menschlichen Willen. Eine Kausalkette kann in Gang gesetzt werden und woanders zuschlagen.

AUST: Es gibt auch Fälle, bei denen man den Ursachen wahrscheinlich niemals auf die Spur kommt. Das habe ich bei verschiedenen Projekten festgestellt, bei denen ich die Sachen recherchiert habe. Man kann nicht alles aufklären.

KLUGE: Damit wäre das zweite Themenfeld umrissen. Wir leben in einer Welt der Unbestimmtheit, des Unheimlichen, wir haben ein Sensorium für Ballungen von Zufall, für Auswege, für Notausgänge, für Minenfelder.

AUST: Weil es so viele Menschen gibt, gibt es auch so viele Gehirne und so viele Verhaltensweisen. Jeder ist ständig dabei, nachzudenken darüber, wie er seine Interessenlage mit dieser Situation in Verbindung bringen kann. Deswegen führen manchmal Maßnahmen, die jemand ergreift, zu anderen Dingen, weil ständig jemand darüber nachdenkt: Wie kann ich diese Regularien umgehen?

KLUGE: Umgekehrt gibt es eine Beobachtung der wirklichen Verhältnisse, die Auswege öffnet. Als die »Titanic« 1912 unterging, war das die Metapher und die Fabel, die den Ersten Weltkrieg voraussagte. Der Untergang der Zivilisation ist so ähnlich wie der Untergang eines Luxusdampfers. Der ist unter Wasser, da ist eine Sauerstoffblase, und in der spielt die Kapelle noch. Im Salon sitzt ein Ingenieur, der stoisch seinen Whiskey trinkt. Women and children first, heißt es. Er ist nicht reingekommen in die Rettungsboote. Jetzt kommt der zweite Geiger der Kapelle. Statt Tangos und Foxtrott spielt er Kinderlieder, weil die Situation so traurig ist. Das bewegt diesen Ingenieur. Sein Blick fällt auf das finnische Holz, das in dunkelgebeizten Intarsien ornamental an den Wänden verarbeitet ist. Machen wir daraus Flöße, sagt er sich. So kommen sie um fünf Uhr früh an die Oberfläche. Das öffentliche Interesse aber war schon abgewandert. Das bezog sich auf die

Schuldfrage und nicht auf die Frage, Rettung auszuschicken. So blieben diese Geretteten aus der Bar der »Titanic«, einschließlich des zweiten Geigers im Eis schwimmend, hilflos. Jetzt könnten wir noch etwas erfinden, was auch sie rettet. Freiheit ist letztlich die Freiheit der Rettungswege, wo man noch einen Ausweg findet. Ich musste in Kabul daran denken. Wäre ich Offizier der Bundeswehr in Kundus und hätte eine afghanische Geliebte, was würde ich tun, um über den Pamir mit dem Fahrrad oder dem Auto meine Liebe herauszuholen? Bei Beethovens einziger Oper steht im Mittelpunkt eine Frau, die ihren Mann liebt, der ist revolutionär, von der anderen Fraktion ins Gefängnis gesetzt, und soll gemordet werden. Sie holt ihn raus, maskiert sich, zieht sich Hosen an. Da wäre die Liebesfähigkeit der Notausgang. Bertolt Brecht hatte eine Geliebte, die saß in Russland im Gulag. Er hat nur Briefe geschrieben, gedacht und gedichtet, dass er über Konstantinopel, als Frau verkleidet, einreist und sie rausholt. Aber er hat nichts davon getan. Es geht um den Mut des Befreiens, und da bist du ein Matador. Einmal hast du Kinder geholt, und jetzt hast du Menschen über die Grenze gebracht.

AUST: Wir bemühen uns zu helfen. Wir versuchen, 50 Frauen, Journalistinnen, Frauenrechtlerinnen und Richterinnen aus Afghanistan herauszuholen. Wir verhandeln mit den Behörden darüber, dass sie auf die Listen kommen. Ob wir es im Endeffekt schaffen, weiß ich nicht. Aber wir halten direkten Kontakt zu ihnen.

KLUGE: Das fand ich von Genscher bedeutend, wie er den russischen Oligarchen Chordorkowski rausgeholt hat.

Stichproben zu einer Chronik der Jahre 2009 bis 2022/ Fingerabdrücke der Zeit

Die Jahre von 2009 bis 2022 sind durch politische Verwerfungen gekennzeichnet. Die Zeitgeschichte besteht aus einer Fülle von Besonderheiten und von rätselhaften Vorgängen. Es braucht Jahre, um sie zu verstehen. Mittelwerte und Typik gelten weder für die Lebenswelt der Menschen noch für die Gesellschaft.

Die Wirklichkeit ist ein großer ERZÄHLER. Sie ist auch ein DÄMON, der schwatzt und schwindelt. In jedem Fall ist sie ein CHAMÄLEON, das seine Farben überraschend wechselt.

Unser gemeinsamer Film
Der Deutschland-Komplex
endet mit dem Jahr 2009.
Er bezieht sich ja auf »60 Jahre
Grundgesetz«: Das ist 2009.
Wir setzen hier unsere
Chronik skizzenhaft fort
bis 2022 …

Was ist 2009 anders als 2022?

Skypegespräch zwischen Stefan Aust und Alexander Kluge
im November 2022

ALEXANDER KLUGE: Wir haben einen großen Sack von Themen entwickelt, aufgrund einer einzigen Frage. Diese Frage war
die Differenz in den Jahren von 2009 bis 2022 in unserer Republik. Das eine war der Fremdling, der an unsere Tür geklopft hat:
Coronavirus. Jetzt gibt es auch andere Dinge. Die Wichtigkeit
unserer Republik ist verringert, wenn ich es mit der Zeit von Bundeskanzler Schmidt vergleiche, der den G-7-Gipfel (damals noch
G6) begründet hat.

STEFAN AUST: Der politische Ansatz hat sich verändert. Ich
habe gerade einen Text geschrieben. Hoffmann und Campe macht
ein Buch über die Regierungserklärungen der SPD-Bundeskanzler.
Deswegen habe ich mir die Regierungserklärungen der SPD-Bundeskanzler angesehen, also von Willy Brandt, Helmut Schmidt,
Gerhard Schröder und Olaf Scholz. Der Unterschied zwischen der
Regierungserklärung von Scholz und den anderen besteht darin,
dass Willy Brandt, Helmut Schmidt und Gerhard Schröder von
den Interessen der Bundesrepublik Deutschland geredet haben. Sie
sprechen über das Land, für das sie an die Spitze der Regierung
gewählt worden sind. Deshalb sind sie in vielen Dingen konkret:
Willy Brandt bezieht sich auf die Ostpolitik. Helmut Schmidt beschreibt, was die Interessenlage der Deutschen an einer Entspan-
nungspolitik ist, warum es gut ist, mit der DDR einen Vertrag zu
schließen (weil es die Sicherheit von Westberlin weiter festigt),
warum man über Abrüstungsmaßnahmen sprechen muss. Bei ihm
ging es um wirtschaftliche Dinge. Das war die Zeit der Ölkrise.
Bei Schröder ging es um die Bekämpfung der Arbeitslosigkeit. Bei

ihm kam ein Aspekt hinzu, der mit dieser Art von Rationalität nicht viel zu tun hatte. In seiner Regierungserklärung hat er den Ausstieg aus der Kernenergie nicht damit begründet, dass sie zu teuer, zu unsicher oder zu gefährlich ist oder man nicht weiß, wo die abgebrannten Brennstäbe gelagert werden sollen. Das einzige Argument in dieser Regierungserklärung für den Ausstieg aus der Kernenergie war, dass sie von der Bevölkerung nicht akzeptiert ist. Wenn man damals eine Umfrage gemacht hätte, wäre die Mehrheit wahrscheinlich für Kernenergie gewesen. Aber weil er eine Koalition mit den Grünen gemacht hat, musste dieser Gründungsmythos der Grünen mit »Atomkraft? Nein danke!«, den Demonstrationen in Gorleben und in Brokdorf, in Politik umgesetzt werden. Wenn man sich die Regierungserklärung von Scholz ansieht, ist viel von Umweltfragen die Rede. Es geht weniger um die Interessen des Landes und seiner Bevölkerung, sondern um die großen Dinge. Eigentlich muss die Welt gerettet werden. Die Politik wird moralischer im Vergleich zu früher. Sie ist weniger interessengeleitet.

KLUGE: Wenn ich einen Thementag mit dir machen dürfte (diese 12-Stunden-Thementage waren eine gute öffentliche Plattform), würde ich diese Frage, die Überprüfung der Moralität auf ihre Aggressionspotenziale, in den Vordergrund stellen. Früher wurden den Göttern Menschen geopfert. Dann sind daraus die Zehn Gebote entstanden. Abraham verzichtet auf Weisung des Engels darauf, seinen Sohn Isaak zu töten. Später kommt aber ein Stück vom ursprünglichen kannibalischen Opferritus zurück. Agamemnon tötet seine Lieblingstochter Iphigenie, damit die Beutefahrt, der Raub in Troja, göttlichen Segen bekommt. Verlässlichkeit und Moralität sind etwas Verschiedenes. Im Protestantismus gibt es einen immer wieder aufbrechenden Eifer.

AUST: Der spielt eine unglaubliche Rolle. Ich habe mir die Entwicklung des Terrorismus angesehen und bemerkt, dass das starke religiöse Züge hat, der Ursprung sind die evangelischen Pfarrhäuser.

KLUGE: Bei Immanuel Kant heißt es: »Es ist überall nichts in der Welt, ja überhaupt auch außer derselben zu denken möglich, was ohne Einschränkung für gut könnte gehalten werden, als allein ein guter Wille.« Die Moral ist eine Zuspitzung davon, denn sie geht über das Gemeindenken, über den Austausch mit anderen hinaus.

Im Jahr 2009

Alexander Kluge

3. März: Einsturz des Kölner Stadtarchives

In der Stadt Köln, die über einem römischen Untergrund gebaut ist, stürzt ein Gebäude voller Bücher und archivalischer Schätze zusammen. Durch die Keller hindurch in den Untergrund. Es dauerte Jahrhunderte, die Bücher und Schätze zu versammeln. Das, was sich aus dem Absturz retten lässt, ist zum Teil zerstört. Es wird Jahrzehnte dauern, bis – nach Erkundung der Statik – ein Neubau errichtet ist und die geretteten Reste untergebracht sein werden. Das Ereignis ist eine Metapher dafür, wie wenig wir auf festem Grund siedeln.

Im gleichen Jahr 2009 Eröffnung der World Digital Library. Kommt es einmal zum Zusammenbruch der digitalen Welt, dem Dark Digital Age, wird in dieser Bibliothek ein Restbestand übrig bleiben. Dies entspricht in der Moderne dem Projekt der Arche Noah.

»Nichts geht über Reparaturerfahrung«. Zusammenbruch des Geräts im kühnsten Forschungslabor der Welt, dem CERN bei Genf / Die Nacht der Ingenieure im CERN

Als die gewaltigen Magnete so kurz nach der Premiere der neu gestarteten Anlage zusammenbrachen (aus Gründen, die den Berechnungen der Ingenieure widersprachen, weil der Zusammenhang der Faktoren so viel stärker war als die einzelnen Probleme, die sie vorher so sorgfältig untersucht hatten), gerieten alle Chefs unter Schock. Keine Führung mehr für mehrere Stunden. Um 23 Uhr Notabschaltung überall. Die Initiativen gingen vom Mittelbau aus, von den aktiven Ingenieuren.

Schon um ein Uhr nachts, also zwei Stunden nach dem Unglück, machten sich diese Unterführer an die Reparaturen, den Neuaufbau. Keine Suche nach Schuldigen. Selbsthilfe. So sehr war schon in den Schadensfall eingegriffen worden – allein dadurch, dass der Zusammenbruch der Technik sich nicht mit der Implosion des Selbstbewusstseins dieser Macher verband, sie blieben hochgestimmt, noch im Drall der Fertigstellungsphase des gigantischen Projekts der GRÖSSTEN MASCHINE DER WELT –, dass inzwischen eine Dokumentation des Schadens gegenüber den Versicherungen nicht mehr möglich war. War der Schaden durch Eingriff im letzten Moment oder infolge von Aktionen unmittelbar nach der Havarie verursacht?

Keiner der Ingenieure sah einen Sinn darin, langwierige Gerichtsverfahren bei unklarer Beweislage zu führen, wenn sie doch Könner genug waren, den Schaden selbst zu beheben. Bis drei Uhr nachts stand der Entschluss unter den Reparateuren fest, ohne Weisung, ohne Abstimmung mit den Chefs mit der Instandsetzung zu beginnen. Das bauen wir aus eigenen Kräften wieder neu zusammen, so wie wir es ohne fremde Hilfe entwickelt haben. Übermüdet, mit entzündeten Augen, getrieben von Adrenalinschüben, gingen sie noch in der Nacht ans Werk.

Sie hatten die Geschäftsleitung überrannt. Sie schufen vollendete Tatsachen. Die Planungen der Neukonstruktion waren in einer Skizze niedergelegt. Die Kühlung der Magnete, welche die Wände für die machtvollen Elementarteilchen in den Tunneln bildeten, musste um mehrere Potenzen verstärkt werden. Schon war die Arbeit in vollem Gange. Die Reparatur wurde auf den Zeitraum von einem Jahr geschätzt.

400 Jahre Keplersche Gesetze

Nach den Beobachtungen seines Lehrers Tycho Brahe entwickelte der kluge Mathematiker und Astronom Johannes Kepler, der wegen seiner Kurzsichtigkeit die Teleskope nicht so nutzen konnte wie sein Meister Brahe, über dessen Aufzeichnungen er verfügte, das Modell der Planetenbewegung um die Sonne. Sie ziehen um das Zentralgestirn in Ellipsen herum. Es gibt eine Fülle weiterer Beobachtungen und Gesetze von Johannes Kepler, der seine Mutter, die der Hexerei beschuldigt war, mit seiner Autorität rettete. Ein Meister der Astrologie und Begründer der exakten Astronomie. Berühmt seine Aufzeichnungen, die den Ton, die »Musik«, die Schwingung der Planeten wiedergeben. Davon handeln Keplers HARMONICES MUNDI.

»2009 habe ich N24 übernommen«

ALEXANDER KLUGE: Was hast du 2009 gemacht? Der Nachrichtensender N24, der zur ProSiebenSat.1-Gruppe gehörte und den ihr in einem Management-Buy-out gekauft habt, ist von dir, Torsten Rossmann und euren weiteren Mitgesellschaftern an den Springer-Verlag verkauft worden.

STEFAN AUST: Ausgerechnet zu dem Zeitpunkt, wo wir diese Zeitschrift *Die Woche* entwickelt haben und der Springer-Verlag ausgestiegen ist, haben wir bei Sat.1 den Zuschlag für den Sender bekommen. Das war aber die Zeit nach der Pleite von Lehman Brothers, und die Werbung ging runter. Alle Prognosen sahen so aus, dass wir das erste Jahr nicht überleben würden. Dann sind Torsten Rossmann und ich tingeln gegangen und haben mit Werbekunden geredet. Ich kannte viele Unternehmer und Agenturen aus meiner Zeit beim *Spiegel*. Als Chefredakteur hatte ich mit denen auch Kontakt. Wir haben es geschafft, die Werbung so zu aktivieren, dass wir das erste Jahr überstanden haben und in den schwarzen Zahlen waren. Mehrere Jahre lang haben wir dann saniert und die Zahlen stabilisiert. Zu dem Zeitpunkt wendete sich in den Medien alles in die digitale Richtung. Der Springer-Verlag verkaufte ein Zeitungs- und Zeitschriftenpaket an die Funke Mediengruppe und wollte digitaler werden. Sie stellten fest, dass man dazu einen Fernsehsender haben müsste. Aber einen neuen Fernsehsender zu gründen war praktisch nicht mehr möglich. Als wir XXP gründeten, hatte ich gesagt, dass wir einen Sender haben müssen, solange es noch analoges Fernsehen gibt. Digitales Fernsehen kann man einfacher unter die Leute bringen und ausstrahlen, aber man ist einer unter 1000 Mitbewerbern. Wenn man noch in den analogen Bereich kommt, ist man unter den ersten 30. Deswegen haben der *Spiegel* und die dctp den Sender auch teuer verkaufen können. Als die Springers sich stärker auf den digitalen Bereich bezogen haben, machten sie uns ein Angebot, den Sender zu kaufen. Ich wollte ihn eigentlich nicht verkaufen, weil ich es toll fand, einen Sender zu haben.

KLUGE: Ich habe 2009 ein Buch geschrieben mit dem Titel *Das Labyrinth der zärtlichen Kraft*. Da geht es um die Liebe, es ist eine Sammlung von Liebesgeschichten. Das habe ich gemacht, weil sich das Todesjahr von Adorno jährte. Der ist im August 1969 gestorben. In dem Jahr habe ich den Adorno-Preis bekommen. Ich habe mich dafür bedankt, in dem ich das beleuchtet habe, was ihn am meisten beschäftigt hat, diese subjektive Seite, dieses labyrinthische System, bei dem man journalistisch schwer verstehen kann, was Liebesfähigkeit und was Libido ist, was die Haut sagt zu den Geschehnissen der Welt, was Verliebtheit bedeutet und Treue. Im September 2008 hast du den Zusammenbruch von Lehman Brothers. Richard S. Fuld spielt mit dem Gedanken, ob nicht China Teile der Firma retten und übernehmen kann. Das ist eine interessante Konstellation und ein absurder Gedanke.

AUST: Die Chinesen haben sich an allen möglichen Dingen beteiligt. China verwaltet wieder den größten Teil der amerikanischen Staatskredite.

KLUGE: 1929 hätte es beinahe sein können, dass die russische kommunistische Regierung zum Billigstpreis über einen alexandrinischen Mittelsmann die Börse in New York aufkauft. Die Züge mit Smaragden aus dem Besitz des Zaren standen schon bereit. Das sind die historischen Ränder, die Unwahrscheinlichkeiten.

AUST: Ich beschäftige mich im Augenblick intensiv mit China und den Veränderungen dort, auch mit dem Parteitag. Wenn man unter anderem über die Zwangsmaßnahmen im pandemischen Bereich nachdenkt, stellt man fest, dass es ein kommunistischer Staat ist, der aber gleichzeitig eine kapitalistische Wirtschaft hat. Nachdem Richard Nixon sich mit Deng Xiaoping getroffen hat in den Siebzigerjahren, sie die Grenzen Chinas geöffnet haben und China die Werkbank der Welt geworden ist, wurde der große wirtschaftliche Aufstieg ermöglicht. Die sind kurz davor, vom Bruttoinlandsprodukt die USA zu übertreffen. Das ist keine so große Kunst, wenn man 1,4 Milliarden Einwohner hat, viermal so viel wie die USA.

Einer der letzten Einzelkämpfer von 2008/9

Alexander Kluge

Einer der letzten Einzelkämpfer in Manhattans Vorstandsetagen, Richard S. Fuld, der Chef des Bankhauses Lehman Brothers, sah in der Viertelstunde vor Öffnung der Börse in Tokio, also um ein Uhr nachts amerikanischer Ostküstenzeit, nichts Bestimmtes mehr. Ja, was sah er genau? Schloss er die Augen, hätte er in seine Hirnschale geblickt, wo sich tatsächlich keine Innenwelt befand, sondern Milliarden Synapsen, die das Auge nicht zu sehen vermag, in stürmischer Aufregung. Aber für solche Innenansicht war keine Zeit. Noch länger auf die Computer und Telefone, die Papierstapel oder die eiligen Assistenten zu blicken, dafür war er zu müde. Sich schlafen zu legen, andererseits, war ein absurder Gedanke. Zu diesem Zeitpunkt gab er Weisung, den Antrag auf Eröffnung des Insolvenzverfahrens nach Chapter Eleven an das Gericht zu übermitteln.

In den Daten, die sein Sekretariat über jede seiner Bewegungen festhielt, trug die Woche die Spuren eines Kampfes. Nur hatte der Einzelkämpfer Ort und Zeitpunkte der Kampfhandlungen falsch rubriziert. Wo er etwas für Kampf hielt, blieben die Sachen unentschieden, wo er keinen Kampf vermutete, fand einer statt. So hatte er es nicht als entscheidendes Gefecht aufgefasst, dass sein Widersacher Henry Paulson, den er bitter verletzt hatte (als dieser noch Vorstandsmitglied einer Konkurrenzbank war), seinen Antrag auf Staatshilfe brüsk abwies. Er wollte nicht glauben, dass dieser US-Finanzminister sich auf persönliche Gründe, also Emotion, stützen werde, wenn es um das sachliche Schicksal des Bankhauses Lehman Brothers, einer unverzichtbaren Bastion des Handelsplatzes New York, ginge. Er hielt sich in dem Wortgefecht für den Sieger und zeigte eine »gleichmütige Haltung«.

Noch immer glaubte er daran, dass ein persönlicher und alle Dritten überraschender Vorstoß von seiner Seite für die Gesamtlage eine Wendung bringen könnte. In Tokio verhandelte er über einen Kredit. Das war aber nur der Vorwand, um geografisch in der Nähe der chinesischen Partner zu sein (die er noch für kooperationswillig hielt). Ich bin hier schon in Ihrer Nähe, ließ er ihnen mitteilen, ich fliege morgen das kurze Stück zu Ihnen und würde Sie gern sprechen. Dabei hatte er nicht abgebildet, dass eine bedeutungsvolle Entscheidung wie die über den von ihm erwarteten Großkredit einer Übernahme der drittgrößten amerikanischen Bank durch die Volksrepublik China gleichgekommen wäre und dass innerhalb der institutionellen Struktur jenes Reiches Entscheidungen nur durch Gremien und nicht durch Personen getroffen werden können. Das waren Prozesse, die zwei oder mehr Wochen dauern mussten. So flog er ohne Ergebnis wieder zurück. Die tückischen Briten von Barclays Bank erwarteten ihn. Sie waren nicht bereit, ihr Unterstützungsangebot zu verbessern.

Die Schlacht entschied sich am Sonntag infolge der gleichzeitigen Krise der AIG (American International Group). Ganz mechanisch brachte die Notwendigkeit, diesen Versicherungsriesen zu retten, die Chance einer Staatsintervention zu Fulds Gunsten an ein Ende. Mit der Rettung der AIG waren die verfügbaren Mittel der öffentlichen Hand ausgeschöpft.

So hatte nicht einmal Paulson ihn vernichtet, sondern der Zeitablauf: die durch Reisen, eilige Entschlüsse und Umkonstellationen, auch durch seinen Bluff, das Aufsetzen seines gleichmütigen, entspannten Gesichts, vertane Zeit. War er denn überhaupt vernichtet? Blutstrom und Atem stockten ihm nicht. Nicht er, die Bank war eingestürzt. Die gewohnten anerkennenden Blicke der Mitarbeiter und Assistenten fühlte er nicht mehr auf sich ruhen.

In den Morgenstunden trugen die ersten Angestellten, die aus dem Unternehmen flüchteten, ihre Unterlagen in Kartons aus dem Gebäude. Vertreter ohne Vertretungsmacht in sicherer Erwartung der Genehmigung durch die noch festzustellenden Entscheider (den Insolvenzverwalter oder den CEO) übereigneten das laufende Bankinggeschäft und das zentrale Gebäude des Businesscenters an Barclays. Was außer dem verschiedenen Aussehen unterschied den besiegten Konzernherrn von Napoleon in Fontainebleau? Das hagere, scharf geschnittene Gesicht des CEO glich nicht dem runden Kindergesicht des abgedankten Kaisers. Beiden war es gemeinsam, dass sie nicht mehr in das Zeitalter passten, in welchem sie groß geworden waren.

Im Jahr 2010

3. Februar: Europäische Kommission stellt den Haushalt Griechenlands unter EU-Kontrolle. Aus Anlass der Beitrittsverhandlung zur EU hatte Griechenland gefälschte Zahlen vorgelegt. Strukturelle Probleme, die seit der Befreiung Griechenlands von der osmanischen Herrschaft im frühen 19. Jahrhundert datierten, kumulierten sich zur Finanzkrise. Die Krise war der erste Test auf die Geltung des Euro. Es ist bis heute ungeklärt, ob diese Krise in guter Weise gelöst wurde.

21. April: Die Präsidenten der Ukraine und Russlands, Janukowitsch und Medwedew, vereinbaren die Verlängerung des Nutzungsvertrages der russischen Schwarzmeerflotte in Sewastopol. Dies ist der letzte Punkt, an dem im Verhältnis zur Ukraine und Russland die Friedenschance herrscht. 2008 war auf Betreiben des US-Präsidenten George W. Bush Jr. der Beitritt der Ukraine zur NATO, allerdings aufgrund des Vetos der Bundesrepublik und Frankreichs, mit zeitlichem Aufschub beschlossen worden. Der NATO-Beitritt der Ukraine hätte bedeutet (und konnte in der Zeitschiene in der Zukunft noch bedeuten), dass der Sitz der Schwarzmeerflotte, ein essenzielles Interesse Russlands (das völkerrechtlich mit der Unabhängigkeit der Ukraine als Bedingung verknüpft ist), unter die Oberhoheit der NATO, eines von Russland nicht als freundlich empfundenen Bündnissystems, gerät. Der Vertrag vom 21. April 2010 wirkt dieser Gefahr entgegen.

5. August: 33 Bergarbeiter in einer Kupfer- und Goldmine in San José, Chile, verschüttet. Am 13. Oktober werden alle lebend gerettet.

Republikgründung aufgrund eines Unglücks in 750 Metern Tiefe

Alexander Kluge

Ein Bergwerksunglück in der Atacamawüste, das zahlreiche Opfer forderte, und die unerwartete Entdeckung von 33 verschütteten Bergleuten hatten qualifizierte Forscher der Welt dorthin gerufen, die sich mit Rettung, Ausharren in der Not, plötzlichen Lernprozessen, Bildung und Stabilisierung menschlicher Gesellschaften, kurz: dem Menschengeschlecht, auskennen. So formulierte es Frieda Grafe in der *Süddeutschen Zeitung* nach dem glücklichen Ausgang der Rettungsaktion, die sie als Film verfolgt hatte und deren öffentlicher Lärm die ursprüngliche Wahrnehmung des Anfangs, in dem alles noch ungewiss schien, überlagert hatte.

Der fähige Bergbauminister der Republik Chile, Laurence Golborne, hatte die Botschaften seines Landes sofort nach Entdeckung der Verunglückten angewiesen, die Nachricht zu verbreiten und Hilfe anzufordern. Agenturen berichteten aus der chilenischen Hauptstadt und von der Unglücksstelle. In 500 Meter Tiefe hatte ein Erdrutsch den Mittelteil des Bergwerks verschüttet. Eine Sondierungsbohrung gelangte zu den Bergleuten, die sich in einen Schutzraum 750 Meter unter der Erde gerettet hatten. Seit mehr als 400 Jahren gibt es Erzählungen, die sich mit Unfällen in Bergwerken, zum Beispiel in Schweden, befassen. In zivilisierten Ländern ist folgende Empfindung eingeprägt: Tot geglaubte Bergleute tauchen auf, verschollene Bergleute werden nach Jahrzehnten ausgegraben, aus Gründen der Chemie in den Erdschichten erscheinen sie so jung wie im Augenblick, in dem sie der Tod ereilt hat.

Die in Santiago und am Havarieort in der Wüste eingetroffenen Experten mussten untergebracht werden. Sie waren nicht gewohnt, in einem Zelt zu schlafen. Sich schlafen zu legen waren sie auch nicht bereit. Erregt waren sie. Auch deshalb, weil sie hier mit gut ausgesuchten Leuten zusammentrafen. Viele von ihnen kannten einander bisher nur aus Büchern.

Fest steht, dass die Verschütteten sich auf einen Zwangsaufenthalt in ihrer Erdhöhlung von bis zu 120 Tagen einstellen mussten.

Wie macht man ein solch zeitliches Abstraktum fasslich? Wie teilt man den Verunglückten so etwas mit? Wie organisiert man eine menschliche Gesellschaft tief unter der Erde? Mit Leuten, die bis dahin, so der angereiste Wiener Ethnologe Dr. Helmut Reinl, niemals eine Republik gegründet hatten. Jetzt sollten sie an abgeschlossenem Ort eine menschliche Gruppe bilden. Es ist geradezu sicher, fügte der Evolutionsbiologe Professor Dr. Leimar von der Universität Stockholm an, dass es Krisen geben wird. Dagegen erwies sich, dass keine Enge herrschte. Die Eingeschlossenen hatten im Stollengefüge Raum bis zur Einsturzzone über ihnen.

Gab es jemand unter ihnen, dem sie alle vertrauten? Eine Gruppe, die überleben will, braucht einen Anführer. Entsteht nicht in den frühesten menschlichen Gesellschaften ein Clan der Gleichen? Und später usurpiert einer der Starken die Herrschaft, fragte ein Jurist, der zur Betreuungsgruppe gehörte. Genau umgekehrt ist es, antworteten die Ethnologen: Erst hat der Clan einen Chef, dann wird dieser abgelöst. Sie debattierten in einem Hotel in Santiago. Es ist so, ergänzte ein Anthropologe aus Stanford: Einer hat das Vertrauen der anderen oder ist der Stärkste, dann verschwören sich andere, ihn zu stürzen. Nach dem Sturz (oder Mord) streiten sie um das Erbe. Oft (nicht immer) enden diese Vorgänge damit, dass etwas mehr Gleichheit entsteht. In der Debatte blieb diese Frage strittig. Die nächste Zusammenkunft der Wissenschaftler fand in den Räumen der radioastronomischen Anlage statt, die sich auf den Berggipfeln oberhalb der Atacama befand.

Neben der Probebohrung, durch welche die Gruppe der Verschütteten entdeckt werden konnte, war eine Versorgungssonde nach unten vorgetrieben worden. Über sie gelangten Flüssigkeiten, Anfragen, Konzentratnahrung in sehr schmalen Behältern nach unten. Antworten in Krakelschrift auf die Fragen kamen nach oben, dann wurde eine Telefonleitung gelegt. Heiß war es dort unten. Es zeigte sich, dass nicht derjenige Arbeiter, der vor dem Unglück nach Angaben der Grubeningenieure den Ton angegeben hatte – alle Kenner des Trupps behaupteten, er sei der wahrscheinliche Anführer –, sondern ein unbekannter anderer die Vertrauensperson aller geworden war, der zuvor nicht einmal zum Haupttrupp, sondern zum Trupp in einem Nachbarstollen gehört hatte. Die Organisationsleitung oben stellte sich auf diese veränderte Lage ein. Ratschläge aus großer Entfernung: Aus dem STERNENSTÄDTCHEN bei Moskau, wo man in engen Räumen eingeschlossene Personen testete, um sie auf den 700-Tage-Flug zum Mars vorzubereiten. Wie geht man als Organisationsleiter von außen mit Menschen um, die in kleiner Gruppe in einer engen Kapsel sich gegenseitig ertragen sollen? Wie lässt sich Hoffnung so dosieren, dass sie nicht verzweifeln, aber doch über lange Zeitstrecken aufmerksam bleiben? Ein Unterschied bestand in klaustrophobisch geprägten Situationen zu der Erlebnisweise eines Robinson Crusoe, der seinerzeit ebenfalls Gründer einer neuen Gesellschaft, aber nicht gleicherweise isoliert war. Er verfügte über eine ganze Insel mit Tieren, Wilde landeten am Strand, und das Meer, also die Verbindung zur MÖGLICHKEIT AN UND FÜR SICH, belebte seine Fantasie. In der Leere des Weltraums und in der Dichte des Erdinnern war das gewiss anders.

Brauchten die Verschütteten Abwechslung? Brauchten sie Unterhaltung? Konnte man gegen den Ausbruch der sicher zu erwartenden Krise Vorbeugungsmaßnahmen treffen? Die Arbeiter dort unten sollten sich üben, sportlich und geistig. An sich hätten die Verunglückten einen Lehrgang gebraucht. Die Erfahrung von 6000 Jahren gesellschaftlicher Evolution war in ihrem Charakter neu zu justieren. Und es nutzte nichts, wenn die Experten, welche über diese Erfahrung verfügten, sich untereinander eine solche Adaption vor Augen führten. Sie musste in die Köpfe der Verschütteten und von dort in deren Verhalten eingeschleust werden.

Eine Sorge der Ärzte im Rettungsteam bestand darin, dass keiner der 33 Arbeiter in dem Stollen krank würde. Bedingung dafür war, dass sie Nahrungsaufnahme und Verrichtung der Notdurft peinlich genau örtlich trennten. Den Arbeitern stand im Szenario der Rettung eine wichtige Aufgabe bevor. Die sollten sie kennen, weil es motivierte. Man durfte die Aufgabe und HILFE ZUR SELBSTHILFE nicht übertreiben, wenn man ihre Hoffnung nicht schmälern wollte. Man musste ihnen eine Belohnung versprechen, welche dem Ziel ihrer Rettung (die sie gewissermaßen *uns* schenkten) angemessen war. Die große Bohrmaschine, welche die Bohrung des Rettungsschachtes vornahm, würde nämlich in der Endphase Geröllmassen von etwa 4000 Tonnen nach unten in den Stollen schütten. Die Arbeiter mussten diesen Schutt in andere Stollen forträumen. Dafür brauchten sie körperliche Fitness.

In den letzten Tagen der Rettungsaktion würde, nahm man anfangs an, die Bohrmaschine wegen der Gefährdung der Bergleute nur fünf Meter pro Tag vorankommen. Jetzt, zu Beginn der Bohrung, waren es bis zu 20 Meter. Das erforderte zähes Warten. Wir müssen, sagte der Tunnelbauspezialist und Ökonom Carlo Lamberti, die Köpfe der Arbeiter beschäftigt halten. Es genüge nicht, sie mit Aussicht auf Rettung zu erfüllen. Vielmehr komme es darauf an, die Zielgerade der Motive dadurch gebahnt zu halten, dass man Nebensachen zulasse. Das wurde mit ihnen erörtert. Sie antworteten, sie hätten gern eine »wirkliche« Mahlzeit. Nicht die NASA-Kost in Tuben. Daran sahen wir, so Professor Leimar, dass sie die Vorstellung der Gefahren, die am Ende der Bohraktion liegen würden und stets unberechenbar blieben, aus ihrem Kopf ebenso wirksam herausschaufeln konnten, wie sie es mit dem Geröll tun sollten, das am Ende den Stollen füllte. Wir sandten ihnen, in schmalen dünnen Stiften, der einzigen Art eines Gefäßes, das die Bohrsonde transportierte, Pasta mit gehacktem Fleisch hinunter. Die verunglückten Arbeiter hatten in den Tagen, bevor die Bohrsonde für den Nachschub zur Verfügung stand, die zum Zeitpunkt des Unglücks verfügbaren Nahrungsmittel und Getränke rationiert und untereinander aufgeteilt. Einmal am Tag erhielt jeder einige Gramm Thunfisch und einen Esslöffel an Flüssigkeit, davon hatten sie zwei bei sich. Dieser Zustand, der bei einer Havarie der Bohrsonde erneut eintreten konnte, erforderte, das war die Besorgnis der Experten, eine in der üblichen Lebenspraxis seltene Disziplin, die als Dauerleistung an sich unwahrscheinlich war.

Die Experten hatten bei der NASA, die Erfahrung mit Unglücken im Weltraum besaß, Erkundigungen eingeholt. Gibt es in der Not eine brüderliche Grundstruktur im Menschen? Woher sollen wir das wissen, antworteten die Wissenschaftler der NASA, die keine Erfahrung mit Gruppen von mehr als sechs Eingeschlossenen in einer Raumkapsel hatten. Not allein, meinten sie, reiche für Brüderlichkeit nicht aus. In der Not könnten sie sich auch massakrieren. Es gebe aber Hinweise auf eine Reserve aus frühen Zeiten des Menschengeschlechts, die sie veranlasse, sich im Gefahrenfall zunächst einander zuzuwenden. Werde diese Zuwendung aber allzu eng oder hoffnungslos, so explodiere die Gruppe.

Wir haben es erlebt, sagte der örtliche Organisationschef, der dem Bauminister unterstand, wie sich die Bohrung der Strata 950 (eigentlich ein Ventilschachtbohrer für Tiefen bis zu 20 Metern, jetzt umgebaut) verzögerte, weil ein Schlaghammer für die Maschine aus Deutschland eingeflogen werden musste, das Transportflugzeug aber eine Havarie erlitt.

Präsident Piñera hatte den Bergbauminister beauftragt, zusätzlich zehn weitere Varianten der Rettung mit dem Ziel zu studieren, die Dauer der Aktion auf zwei Monate zu verkürzen. Welche Überraschung für die Verunglückten, welch positive Nachricht für die Weltöffentlichkeit, wenn sich die Hilfe beschleunigte! Zu den Sorgen der chilenischen Organisatoren gehörte es, dass vielleicht nicht die Nerven der Verschütteten versagten, wohl aber das Interesse der Öffentlichkeit, und dass dann auch das der Retter mit Ablauf der Zeit erlahmen könnte. Deshalb glaubte der Präsident des Landes, dass man nicht bis zur Adventszeit warten sollte.

Eine für die Regierung ergiebige politische Debatte knüpfte sich an die Frage der Kosten. Sie sollten vollständig zulasten der Besitzer des Bergwerks gehen. Für die Umsetzung solcher Pläne, eventuell auch die internationale Verstärkung der Bergsicherheit, war eine lang anhaltende öffentliche Aufmerksamkeit Bedingung. Wie organisiert man das? Das Rettungsteam am havarierten Bohrloch konnte dazu nichts beitragen. Wer auf den verschiedenen Kontinenten der Welt bildete die Situation der in der Dunkelheit und in einer Tiefe von 750 Metern Eingeschlossenen über mehrere Monate hinweg ab? Der Investor, der das Bergwerk betrieb, hatte für seine Firma Konkurs angemeldet. Er wollte die Folgekosten, zum Beispiel die Entschädigung für die Familien der tödlich verunglückten Bergleute, auch die Lohnkosten für die zu Rettenden (Eingeschlossensein gilt als Arbeitszeit), vor allem aber die Kostenübernahme für die Rettungsmaßnahmen vermeiden. Das Unternehmen hatte den Status einer Gesellschaft mit beschränkter Haftung. Welch Glück, dass die Rettung der Verunglückten trotz alledem gelang.

20. April: Die Bohrinsel »Deepwater Horizon« explodiert im Golf von Mexiko. Alle Maßnahmen der Feuerbekämpfung sind vergeblich. Gewaltiges Sterben der Seetiere. Wie es der französische Philosoph Michel Serres erläutert: Die Meere und die Seetiere sind empört über die Machenschaften der Menschen und Konzerne.

Das Menschenrecht der Dinge und der Meere.
Mit dem Philosophen Michel Serres.

3. Oktober: Bezahlung der letzten Rate der deutschen Reparationen nach dem Vertrag von Versailles. Der Deutschland demütigende Vertrag von Versailles im Jahre 1919 dekretierte der Höhe nach nicht begrenzte Reparationszahlungen. Das als Sanktion, also als Fortsetzung des Krieges gedachte Reparationssystem wurde Ende der Zwanzigerjahre durch den Young-Plan gemildert. Die Reparationszahlungen wurden der Höhe nach auf einem hohen Niveau fixiert und in abzahlbare Kredite nach internationalem Recht, insbesondere auch durch Kreditgeber in den USA, umgewandelt. Mit einer Pause während des Dritten Reiches wurden diese Kredite ordnungsgemäß abgezahlt. Im Bundesfinanzministerium war bis 2010 ein Referat für die Abwicklung zuständig. Die RHIZOME, also Wurzelsysteme, haben Wurzeln nach unten. Kriege und misslungene Friedensverträge wühlen mit ihren Wurzeln weit in die Zukunft. Die letzte Hypothek für Haussmanns Neubau von Paris unter Napoleon III. wurde 1891 abbezahlt. Die Abzahlung der Reparationen – weil auf die privatwirtschaftliche Ebene verlagert – benötigte 91 Jahre.

Im Jahr 2011

Arabischer Frühling
5. Januar Algerien, 25. Januar Kairo
Fukushima im März

Der Arabische Frühling

**Gespräch zwischen Alexander Kluge und Stefan Aust
vom 20. Oktober 2022**

ALEXANDER KLUGE: Im Dezember 2010 beginnt der Arabische Frühling.
STEFAN AUST: Der Arabische Frühling ist eher ein Arabischer Herbst gewesen. Das war eine längerfristige Folge des Einmarsches der Amerikaner in den Irak. Das hat die diktatorischen, aber gleichzeitig halbwegs stabilen Verhältnisse in Unordnung gebracht. Aufgrund von Krisen in bestimmten Situationen haben liberale Gruppierungen versucht, die Macht in den Staaten zu übernehmen, um für Demokratie und Humanität zu kämpfen. Das ist in den meisten Ländern schiefgegangen, weil anschließend die Islamisten oder andere Diktatoren die Macht übernommen haben.
KLUGE: Verspätet wiederholt sich der Arabische Frühling. In Syrien führt er zu einem Dreißigjährigen Krieg.

Ein Tsunami im Film und in der Realität

**Gespräch zwischen Alexander Kluge und Stefan Aust
vom 20. Oktober 2022**

ALEXANDER KLUGE: 2011 ereignete sich die Katastrophe von Fukushima.
STEFAN AUST: Damals war ich mit meiner Familie und meinem Bruder in Hawaii. Plötzlich ging durch die Nachrichten, dass das Kernkraftwerk in Fukushima aufgrund einer Tsunamiwelle explo-

diert ist. Es wurde erwartet, dass eine große Welle nach Hawaii kommt. In unserem Hotel war Aufregung. Wir mussten alle in die oberen Stockwerke ziehen, weil das Hotel direkt an der Küste lag. Alle Leute wurden oben in den Tanzsälen untergebracht. Ich habe dann aus diesem Hotel Reportagen und Berichte für unseren Nachrichtensender gemacht. Wir warteten auf die Tsunamiwelle, aber sie kam nicht. Am nächsten Morgen stellte sich heraus, dass die Furcht übertrieben gewesen war. Die Welle war nur winzig klein, 20 Zentimeter hoch. Ein Jahr später treffen wir uns bei mir auf dem Land, auch mein Bruder ist dabei. Da haben wir eine Kinoleinwand. Deswegen haben wir uns gelegentlich DVDs geholt. Ein Film war von Clint Eastwood, *Hereafter – Das Leben danach*, eine merkwürdige Geschichte über das Leben nach dem Tod. Wir erkennen in dem Film das Hotel in Hawaii wieder, in dem wir gewohnt haben. Und plötzlich beginnt in dem Film eine Tsunamiwelle, auf die wir ein Jahr vorher gewartet haben und die nicht gekommen ist. Der Film war vor dem Ereignis von Fukushima in dem Hotel gedreht worden. Dann ist uns eingefallen, warum die solche Angst vor der Tsunamiwelle aus Fukushima hatten. Bei denen ist ein Film gedreht worden, der eine Tsunamiwelle zum Thema hatte.

KLUGE: Das ist die Wechselwirkung zwischen Fantasie und Realität, manchmal ist die Fantasie vor der Realität. Manchmal ist sie hinterher. Aber unser Vorstellungsvermögen und die Geschehnisse sind gleicherweise fantastisch.

»Eine Metropole von 37 Millionen Menschen«

Alexander Kluge

Zwölf hochrangige Unzuständige hatten sich in Tokio zu einer Besprechung getroffen. Darunter der Verteidigungsminister. Vom Finger Gottes oder vom geheimnisvollen Willen mächtiger Ahnen hing es ab, ob der Wind nach Süden drehte. Dann würde die radioaktive Wolke die Hauptstadt erreichen. 37 Millionen Menschen (und das ist nur ein statistischer Schätzwert, der die tatsächlich anwesende Menschenmasse nicht wiedergibt) können nicht an einem anderen Ort in Japan untergebracht werden, sagte der Chef der Wasserwerke. Sollte man eine Evakuierung durch Aufteilung auf viele Präfekturen versuchen? Unterbringung in Turnhallen oder in rasch errichteten Zeltstädten? So viele Turnhallen und Zelte gab es im gesamten Inselreich nicht. »Sind denn dazu überhaupt Rechnungen angestellt worden?«, fragte der fantasiebegabte Direktor aus dem Finanzministerium, das zentral für die Körperschaftssteuer in ganz Japan weisungsberechtigt war.

Das Problem der Masse liegt darin, dass man mit Menschenzahlen in solcher Dimension nur mithilfe von Gefäßen umgehen kann, in denen sie sich organisieren: Bezirke, Stadtviertel, Reviere, Busladungen. Ohne Ort, Bewegungsimpuls (den der Eigenwille der Einzelnen unbeirrbar festlegt) und Zeitpunkt ist die Masse abstrakt. Unregierbar? Oder gar nicht existent? Nein, sie ist höchst substanziell, aber dennoch unwirklich. Was verstehen Sie unter unwirklich? Ohne Platz in dieser Welt.

Wie monströse Würmer würden die Kolonnen von Fahrzeugen und Flüchtenden auf den Ausfallstraßen jeden Ausweg versperren, meinte der Verteidigungsminister. Die 260 Kilometer U-Bahn-Tunnel und deren Hochtrassen kommen als Fluchtwege ebenso wenig in Betracht, weil sie sich sogleich verstopfen, ergänzte der Finanzexperte. Man muss eine solche Massenflucht um jeden Preis vermeiden! Und das durch Verbote oder Nachrichtensperre zu erreichen ist ein aussichtsloses Unternehmen. Man braucht einen alternativen Fluchtweg, um einen Fluchtweg zu versperren. Das wusste der Amtsleiter für Versicherungshandbücher noch aus Kriegsberichten des Zweiten Weltkriegs.

Evakuierung einer Metropole

Es ist ein Irrtum, behauptete einer der 150 Experten, welche die USA für den Transport nach Japan bereitgestellt hatten und die in Hotels in Illinois derzeit warteten, dass man eine Metropole wie Tokio nicht evakuieren könne, nur weil die Statistik deren Einzugsbereich samt Vorstädten auf 37 Millionen Menschen beziffere. James Miller war BEVÖLKERUNGSUMSETZUNGS-SPEZIALIST, nicht Kernkraftphysiker. Die Transplantation großer Menschenmengen von dem einen zu einem anderen Ort bezeichnete er aber (in Übereinstimmung mit Kollegen) als zur Physik gehörend, nämlich zur Lehre von den realen Körpern in Zeit und Raum; im Gegensatz zu den Büchern des Aristoteles, die auf die Bücher von der Physik folgen und von der Metaphysik handeln.

Selbstverständlich können Sie die Gesamtzahl von 37 Millionen Menschen weder auf kurzer noch auf langer Strecke bewegen. Das ist aber auch nicht notwendig, wenn, wie angenommen wird, der Wind von Fukushima, statt in Richtung Meer zu wehen, sich nach Süden wendet und somit Tokio bedroht. Die 37 Millionen Menschen leben nicht im Zentrum der Stadt. Man wird also mit der Evakuierung der nördlichen Vororte beginnen. Sie sehen auf den Tabellen hier, wie sich die Zahl verringert.

Und wo sollen die Millionen, aufgeteilt in handhabbare Einheiten, immer unterstellt, dass die Menschen die Transportwege nicht in Panik verstopfen oder einfach nicht gehorchen, am Ende hingebracht werden? Es sind Großstädter, Mr Miller. Sie verstehen es nicht, auf dem Land zu leben. Das konnte der Experte nicht auf Anhieb beantworten. Er wusste nur, wie man zunächst eine absurd große Menge mathematisch und dann praktisch auf übersichtliche Mengen zurückführt.

Aber wer soll mit der verkleinerten Menge anschließend umgehen? Die Behörden, das wurde Miller entgegengehalten, doch wohl gewiss nicht. Nein, bestätigte Miller, auch nach den Handbüchern des Versicherungsrechts gehe es um eine Führung von »unten nach oben«. Also Selbstorganisation? Wo soll die in so kurzer Zeit herkommen, fragte Miller zurück.

Am ehesten schien noch ein Zusammenwirken vorstellbar zwischen dem Eigenwillen der Einwohner und einer gewissen einfachen Informationsarbeit (geklebte Zettel, Hörfunk, Lautsprecherwagen, Lokalsender). Das würde voraussetzen, erwiderte Miller, dass sich die dem Eigenwillen innewohnende Schwarmintelligenz im Fall einer solchen Katastrophe (die sich von einer Flucht des Wildes bei Waldbrand unterscheidet) einem Lernprozess unterziehe. Mir scheint die Natur dieses Eigenwillens für die Rettung einer Weltstadtbevölkerung zunächst wenig hilfreich.

Der Elektriker

Unter den für die Elektrizität des Kernkraftwerkes zuständigen Technikern stand er in der 14. Rangklasse. Alle 13 Vorgesetzten waren geflohen. Er hatte sich in die von Elementarteilchen vergiftete Zone begeben und überall den Strom abgeschaltet. Er konnte nicht billigen, dass sich zur atomaren Katastrophe noch ein konventionelles, auf durchschmorenden Leitungen beruhendes Unglück gesellte. Die Schäden, welche dieser Verantwortungsheld an Darm, Schleimhäuten, Haut, Hirn und Nerven (die Samenstränge nicht gerechnet) erlitt, waren irreparabel. Er musste nicht erst nach dem Werksarzt suchen, der längst geflüchtet war. Für kurze Zeit schien es möglich, dass die Presseabteilung des Energiekonzerns sich des Tapferen bemächtigte: als öffentliches Beispiel für Einsatzbereitschaft. Dann aber hielten die dortigen Träger der Partialverantwortung ihres Ressorts jeden öffentlichen Auftritt des Konzerns überhaupt für kontraproduktiv. Sie richteten ihre Mühen darauf, das Unternehmen vergessen zu machen. Depression hatte alle Hierarchien ergriffen.

Was der Grund gewesen sei für seinen Einsatz, wurde der Todgeweihte gefragt. Der Mann führte alle Gefahren auf, die von Starkstromkabeln in einem zerschlagenen, von keiner menschlichen Kontrolle mehr gehüteten Kernkraftwerk ausgehen. Er schilderte die Verzweigungen der elektrischen Leitungen, die in den Alarmplänen keineswegs vollständig verzeichnet waren.

»Ich hätte mir nicht gefallen, wenn ich, gerettet, jetzt irgendwo säße und Nahrungsmittel zu mir nähme.« Einige der Kabel waren an der Sohle der Wasserbecken befestigt. Er hätte schwimmen müssen. Sein Messgerät hatte in solchem Wasser stark ausgeschlagen. Der Zeiger war dann starr an der Spitze der Skala stehen geblieben. Mein Jahrgang, sagte der Techniker, wurde von der Hochschule weg geschlossen für diesen Meiler rekrutiert. Wir wurden mit Hochachtung begrüßt. Ich habe mich so verhalten, wie es von mir erwartet wurde. Von der Firma, vor allem aber von den Kameraden. Sein Mund war verschwollen, die Stimmbänder kündigten den Gehorsam auf, als er sagte: Das entsprach den technischen Richtlinien. Er meinte: nicht ihrem Wortlaut, sondern deren Sinn. Wenn er von Kameraden sprach, redete er von gedachten Gefährten, da niemand außer ihm vor Ort war. »Ich trage sie in meinem Kopf mit mir.«

Helge Schneider in Fukushima.

Im Jahr 2012

13. Januar: »Costa Concordia« macht eine »Verbeugung« vor einer Insel in der Nähe Italiens, fährt strandnah auf eine Klippe und sinkt. Nach Jahren wird der Kapitän rechtskräftig verurteilt. Genau 100 Jahre nach dem Untergang der »Titanic« beim Kampf um das Blaue Band des Nordatlantiks, scheitert ein ehrgeiziger Kapitän im Mittelmeer. Der Erfahrungsgehalt von 1912: Knappheit und Chaos im Einsatz der Rettungs- boote hat 100 Jahre später keinen Lernprozess gezeigt.

Drei Filme zum Untergang der »Titanic« 1912. Noch immer Grund zur Trauer. Der Schiffsunter- gang sieht im Nachhinein wie ein Vorzeichen für den Kriegsausbruch von 1914 aus. Europa geht unter wie ein Luxusdampfer.

»Nimm den Geiger auf dem sinkenden Linienschiff/Der Ton ist quälend voll und weich« – nach Ben Lerner, »Take the violinist on the sinking liner/ The tone is painfully rich und mellow«

Wenig bekannt ist, dass das Vorderschiff der »Titanic« so rasch in die Eiswasser tauchte, dass sich in den Salons längere Zeit eine Luftblase hielt. In ihr (d. h. in einem Ball zusammengepressten Sauerstoffs von 300 Metern im Kubik) spielte die Bordkapelle bis fünf Uhr früh aus dem aus Southampton mitgeführten Notenmaterial. Gewiss spielten sie nicht mehr für Bezahlung, auch nicht aus Treue gegenüber den Eignern oder dem Kapitän, zu denen die Bindung abgerissen war. Sie spielten die Potpourris, weil jede Änderung ihres Tuns Verzweiflung über sie gebracht hätte. Was sollten sie machen, wenn sie doch ahnten, dass an allen Ausgängen des glanzvoll erleuchteten Salons das Wasser lauerte? Das Schiff kam gegen drei Uhr nachts auf dem Meeresboden an. Es schleuderte über eine sandige Düne und kam in einem Talgrund zum Stehen. Die Musiker spürten den Aufschlag als Ruck und das Innehalten (für 100 Jahre oder mehr, denn noch ist die Hebung der »Titanic« ungewiss) als BEUNRUHIGUNG. Zum ersten Mal seit vielen Tagen: keine Fahrt. Die Geräuschkulisse (Gurgeln, Sirenen, Lärm der Kessel, Schreiende, die gerettet sein wollen), gegen die sie mit ihren Foxtrotts, Operettenmelodien und Tangoweisen angekämpft hatten: sämtlich verschwunden. Eine Akustik, wie man sie nicht oft als Unterhaltungsmusiker zur Verfügung hat, unhörbar jedoch für die Spielenden, die ja jetzt gegen die Aussichtslosigkeit anspielten. Aus keinem anderen Grund als dem, dass jede Veränderung ihrer Tätigkeit die innere Beunruhigung nur vergrößert hätte.

Im Jahr 2013

Einsatz in der Erdbebenzone

Unglücklich irrte das Suchhundkommando aus Deutschland, ohne Verzug eingeflogen, in den Klüften oberhalb Kathmandus auf dem Marsch in Richtung der Hochtäler umher, von denen es hieß, dass dort Such- und Grabetrupps gebraucht würden. Die Marschgruppe besaß keine Dolmetscher. Informationen, in welchen Arealen gesucht und gerettet werden sollte, standen nicht zur Verfügung. Die Erdbeben hatten Häuser, aber auch Strukturen und das Gemeinwesen zersprengt. Die Männer aus Deutschland, von besonderer Individualität und Expertise, jeder versehen mit einem Hund, waren an diesem Tage schon Meilen gelaufen. Es war ausgeschlossen, dass sie irgendwo unterkämen. Zeltausrüstung besaßen sie nicht. Drei Zeitalter bekämpften einander: (1) die geologische Zeit, die zurück bis ins Tertiär reichte; (2) die Moderne, die dem Rettungstrupp einen Aufenthalt von nicht mehr als fünf Tagen in dieser Gegend ratsam erscheinen ließ, und (3) die gebirgsbäuerliche Zeit der Menschen in diesen Hochtälern, in der Gebirgswüste, deren Zeitgefühl sich von dem europäischen auf nicht benennbare Weise unterschied.

Die Hunde waren hängeohrig. Sie lasen aus der Art, wie ihre Führer die Schultern hielten, oft auch aus der Anordnung der Gesichtsmuskeln, die Stimmung des Tages. Die Hundeführer waren traurig. Schon für den Abend des folgenden Tages musste die hochherzig aufgebrochene Gruppe wertvolle Transportkapazität auf dem Airport Kathmandu für den Rückflug belegen. Sie wussten jetzt, was sie alles hätten mitbringen müssen. Nicht zuletzt hätten sie Telefonnummern gebraucht zur deutschen Botschaft in Delhi. Auch eine Verbindung zu Bruderorganisationen in Gilgit und Taschkent hätte organisiert werden müssen.

Im Erdbebengebiet in Nepal

Aus Europa angereist, stritten sich Erwin und seine Vertraute Gitta, die dem Team angehörten, dem keine Rettungstat gelungen war. Die Mannschaft irrte umher und wurde jetzt schon wieder für den Rückflug ins Flugzeug gesetzt. Erwin hatte Gitta angeschrien. Sie hatte leise, aber zischend erwidert. In Zukunft wollten sie sich endgültig trennen. Sie saßen mürrisch und starr auf den engen Sitzen. Unwirklich die Nähe. Die Gemüter der beiden konnten nicht weiter voneinander entfernt sein. Diese Nähe noch acht Stunden ertragen und dann einander niemals wiedersehen. Dann wurde die Region Nepals vom zweiten Beben, südlicher als das erste, überrascht. Die Rettungsteams wurden zurückbeordert. Diesmal ging es in Richtung der Hochgebirgsdörfer. Das Gebiet war auf den Karten verzeichnet und mithilfe von Hinweisen aus dem Orbit gut zu finden. Ein Handgriff ergänzte den anderen. Das Paar fügte sich in das erfolgreich arbeitende Team. Haken und Ösen passten erneut zueinander. Das war sehr hoch im Gebirge, und es war der Zeitpunkt, an dem Gitta im Zelt ihr Kind empfing. Sie nannte es später »ihren Nepalesen«, auch wenn die Milchhaut und die wasserblauen Augen Erwins mit den Augen von Sherpas nicht vergleichbar waren. Keine der Qualitäten des Katastrophengebiets hatte sich auf das Kind übertragen, abgesehen davon, dass es ohne die zweite Folge der Erdstöße aus dem Epizentrum nicht entstanden wäre.

Bootsunglücke vor Lampedusa am 3. und am 11. Oktober. Italienische Staatsanwälte erheben Vorwurf der fahrlässigen Tötung gegen zwei Offiziere der Küstenwache. Wer aber ist für die Ertrunkenen und Toten zwischen Sahel und Europa in Wahrheit verantwortlich?

Der Stolz des Westens endet an der befestigten Grenze. Triptychon.

Im Jahr 2014

Der Begriff *Euromaidan* bezeichnet die Proteste mit Massencharakter in der Ukraine von November 2013 bis Februar 2014. In der Endphase führte der Euromaidan, in der Ukraine als REVOLUTION DER WÜRDE bezeichnet, zur Entfernung von Janukowitsch von der Macht und war dann gefolgt von der Besetzung der Krim durch Russland.

Das Wort Euromaidan besteht aus zwei Teilen. *Euro* steht für Europa, und *Maidan* bezieht sich auf Majdan Nesaleschnosti, Kiews zentralen Platz. Es gibt, zusammengesetzt aus Vorkämpfern dieses Protests und deren erweitertem Kreis, eine sogenannte Euromaidan-Fraktion, die wesentliche Machtpositionen, vor allem in Fragen der Meinungsmacht, in der Ukraine innehält. Der Euromaidan gehört zum Rhizom (Wurzelwerk) des kriegerischen Konflikts in der Ukraine. Andere Wurzeln liegen 1991, 1997 und auf dem NATO-Kongress von 2008. Frische Wurzeln treten aus der Zeit *nach* dem Euromaidan hinzu. Die stärkste Wurzel aber liegt im Euromaidan selbst, und zwar in der letzten Nacht. Vergeblich versuchten drei Außenminister von EU-Staaten, die endgültige Zuspitzung durch Verhandlungen zu vermeiden. Sewastopol, der Sitz der russischen Schwarzmeerflotte, sollte durch die Änderung der politischen Situation in der Ukraine nicht gefährdet sein, und eine vollständige Angliederung an die NATO oder die EU (ohne Sonderstatus) sollte vermieden werden.

Dieses Wurzelwerk ist öffentlich nur oberflächlich erforscht. Dieses Wurzelwerk, oder die »materielle Basis der Interessen«, wird entscheiden, ob dieser Krieg überhaupt zu beenden ist und wie die Nachwelt darüber berichtet.

Im Jahr 2015

Ende aller politischen Mittel

Der Airbus war durch den Piloten gegen die Felsen der französischen Alpen gesteuert worden. Alle Versuche, in die verschlossene Pilotenkabine einzudringen, den psychisch Kranken zu überwältigen und das Flugzeug zu retten, blieben vergeblich. Einen ganzen Sonntag lang empfand der bewährte Bodyguard des französischen Präsidenten Hollande, der sich sonst (vor allem im Kreise seiner Kameraden) jeder Lage gewachsen fühlte (und auch darin ausgebildet war, sich niemals durch Schreck oder Verzweiflung irritieren zu lassen), aufgrund dieses Vorfalls ein tiefes, anhaltendes Gefühl der Ohnmacht, als er sich in die letzten Minuten des Kapitäns des Flugzeugs hineinversetzte. Fest stand, dass die abgesicherte Tür durch keine in der Maschine verfügbare Gewalt einzuschlagen gewesen wäre (keine Bazooka an Bord). Eine Überlistung der Elektronik, welche die Tür unwiderruflich verschloss, hätte einen langen Forschungsprozess erfordert. Dafür war der Kapitän nicht ausgebildet. Auch er, der Bodyguard, wäre ratlos gewesen. Der erfahrene Personenschützer glaubte, dass er sich nur dadurch von dem ausgesperrten Kommandanten unterschied, dass er das Gefühl absoluter Verzweiflung in sich besser hätte unterdrücken können, das ihn aber bei der Nachempfindung jetzt und in der Ruhe des Sonntags, außerhalb der Situation, ganz und gar lähmte. Er mochte nichts essen, obwohl es 13 Uhr war.

Im Sinkflug

Es hätte durch Zufall ein Computerfachmann, ein Programmierer, unter den Fluggästen sein können. Der hätte einen Weg ermitteln können, auf die Elektronik der verschlossenen Tür einzuwirken oder sogar auf den Bordcomputer zuzugreifen, der den Sinkflug lenkte. Die Kooperation aller Übrigen wäre machtlos gewesen, auch war sie ohne Auslösung einer Massenpanik nicht erfragbar. Der Bodyguard in seinem sicheren Appartement in Paris, der mit dem Vorfall ja nur über die nachträgliche Fernsehberichterstattung verbunden war, empfand ein Ohnmachtsgefühl, das mit dem Phantasma, dem Superioritätsgefühl rang, das der Sicherheitsexperte in dem Co-Piloten vermutete.

Hätte eine Nachricht unter der Tür durchgesteckt werden können? Womöglich ein Bewusstseinssplitter im Täter noch erreicht werden können, was diesen angerührt hätte? Kein Mensch oder Täter ist eine wirkliche Einheit, äußerte der Psychologe Alfred Schlösser in Bielefeld. Er hielt einen verzweifelten Ansatz wie die Idee mit dem Zettel für durchaus aussichtsreich. Die Tür zur Pilotenkabine hatte jedoch unten keine Ritze, durch die irgendetwas hätte durchgesteckt werden können. Die Kommunikation mit dem Co-Piloten blieb abgerissen. Allenfalls hätte ein Kontrollturm am Boden das Ohr des Täters erreichen können, da diese Linie der Verständigung, jedenfalls in diesem Flugzeugtyp, nicht blockiert werden kann. Mit Handy hätte vom Flugzeug aus die Kontrolltower angesprochen werden, dort ein psychologisch erfahrener Mitarbeiter gefunden, dann der Todespilot angerufen und beeinflusst werden müssen. Für solche Aktion war keine Zeit! Jedes Rettungsszenario für die letzten Momente bestätigte dem erfahrenen Sicherheitsmann, der sein Wiedergabegerät jetzt abschaltete, die eigene Ohnmacht im radikalen Fall.

Im Jahr 2016

Aus reichem Geschehen zwei Hauptsachen:
Wahl von Präsident Donald Trump und Anfang des Brexit

Im Jahr 2017

G-20-Gipfel in Hamburg. Mit 9. Symphonie von Beethoven in der Elbphilharmonie. Es könnten noch sämtliche Probleme der Welt gelöst werden. Donald Trump trifft Wladimir Putin »wie unter Kameraden«. Nächtlicher Aufstand der Rebellen gegen die – von ihnen gesehen – »Anmaßung des Gipfels«. Autos und einige Straßen verwüstet durch die Riots.

Der Zirkus kommt in die Stadt.
Triptychon.

Im Jahr 2018

2. Mai: ETA gibt ihre Selbstauflösung bekannt. Die ETA ist die Untergrundorganisation der Basken. Schon Wilhelm von Humboldt entdeckte die Besonderheit des Baskenlandes und der baskischen Sprache im europäischen Kontext. Mit seiner hochschwangeren Frau bricht er aus Paris, wo er die Französische Revolution beobachtete, auf in die baskischen Berge. Die Fahrt ist gefährlich für seine Frau. Ihn interessiert vehement, dass die Sprache der Basken – nur vergleichbar mit der der Sarden und der vermutlichen Sprache von Ötzi, die wir aber nicht kennen – von allen anderen europäischen Sprachen eine abweichende Struktur besitzt. So existiert hier die grammatische Form des Ergativs, die Hauptworte und Konjugationen der Verben danach unterscheidet, ob sie mit Arbeit zusammenhängen oder nicht. Lügen, schlafen oder träumen haben eine andere Grammatik als schmieden, putzen, reparieren. Ein Hirn, das so denkt, wird sich mit den

Gehirnen von lateinisch denkenden Verwaltern in Madrid möglicherweise nur schwer verständigen. Der Anthropologe Harald Haarmann in Helsinki beschreibt, wie, vom Schwarzen Meer her kommend, ursprünglich aber als letzter Schub der Frühmenschen aus Afrika und Anatolien, die Einwanderer die Donau aufwärts Europa okkupierten. Die ursprünglichen Sammler-und-Jäger-Völker wurden verdrängt, nur die Basken, die Sardinier und Ötzi zeugen von ihnen. Die Basken sprechen die Ursprache Europas, bevor diese machtvolle Einwanderung sie auf ihre Insel in Nordspanien und Südfrankreich begrenzte. Im Humboldtforum zu Berlin waren ursprünglich 2000 Quadratmeter Ausstellungsfläche für die europäischen Sprachen vorgesehen. Das wesentliche Interesse Wilhelm von Humboldts. Hier wäre ausreichend Platz gewesen, um die baskische Überlieferung an einem zentralen Ort Europas zu dokumentieren. Der Raum wurde umgewidmet für eine Heimatausstellung des Berliner Senats: »Berlin, wie es leibt und lebt«.

Die ETA ist eine der radikalen und am längsten kämpfenden Untergrundorganisationen Europas gewesen. Es gibt eine Ähnlichkeit der irischen Rebellen mit den baskischen.

200. Geburtstag Charles Gounods, französischer Komponist, der die Revolutionsoper *Die Stumme von Portici* komponierte. Dies ist der einzige Fall, in dem ein Kunstwerk, eine Oper, eine Revolution auslöste: die belgische Revolution von 1830.

Die Stumme von Portici.
Eine Oper, die eine Revolution auslöste.

Im Jahr 2019

Brand von Notre-Dame in Paris

»Doleur me bat«/Notre-Dame. Tryptichon.
Mit einer Komposition von Josquin Desprez.

10. April: Dem Projekt »Event Horizon Telescope« gelingt es erstmals, ein direktes Bild der Akkretionsscheibe eines schwarzen Lochs (Messier 87) zu erstellen.

Im Jahr 2020

Januar: Buschbrände in Australien
Februar: Anschlag in Hanau
März: Das Coronavirus greift um sich.
Mai: George Floyd stirbt durch Polizeigewalt.
August: Gewaltige Explosion in Beirut

Im Jahr 2021

Januar: Sturm aufs Kapitol in Washington
August: Das Ende in Kabul
25. Dezember: Das James-Webb-Weltraumteleskop: Das Auge zu den Anfängen des Universums

 Sturm auf das Kapitol am 6. Januar 2021.

 Vier Rebellen aus Puerto Rico ...
Angriff auf das Kapitol 1954.

Die letzten Tage beim Abzug der Amerikaner aus Afghanistan im August 2021

Gespräch zwischen Alexander Kluge und Stefan Aust vom 20. Oktober 2022

ALEXANDER KLUGE: Wir beide stellen uns die letzten anderthalb Tage beim Abzug der Amerikaner aus Afghanistan vor. Der Artilleriegürtel, der elektronisch funktioniert und auch Raketen abhalten kann, um den Flughafen herum ist bereits zerstört, damit die Computer nicht an die Taliban fallen. Jetzt müssen noch fünf voll besetzte Flugzeuge starten.

STEFAN AUST: Eine gute Bekannte in Paris, die Wissenschaftlerin ist, Militärsoziologin und Islamwissenschaftlerin, rief mich an und sagte, dass sie zusammen mit einer ARD-Korrespondentin, die einen iranischen Hintergrund hat, eine Liste mit 50 Frauen aufgestellt hat. Das waren Frauenrechtlerinnen, Journalistinnen und Juristinnen; nachdem die Amerikaner und die Deutschen abgezogen sind, waren die in großer Gefahr und wollten unbedingt heraus aus dem Land. Sie fragte, ob ich helfen könnte. Wir haben ein paar Wochen daran gearbeitet und 50 Frauen rausgeholt. Ich habe mit Ursula von der Leyen geredet und mit dem damaligen Außenminister Maas kommuniziert. Dann haben wir Markus Potzel getroffen. Das war der ehemalige deutsche Botschafter in Kabul, der in der Zwischenzeit in Dubai war und dort die Verhandlungen mit den Taliban geführt hat. Dann kam Annalena Baerbock an die Macht. Sie hat ihn einbestellt und gefragt: Was machen wir mit Afghanistan? Da gibt es die Liste von Stefan Aust mit den 50 Frauen, sagte er. Für die tun wir alles, die holen wir raus, meinte Annalena Baerbock. Wir haben zwischendurch Videos von den Frauen bekommen, nachdem sie in Pakistan gerettet waren, auch Dankschreiben. Als migrationskritischer Mensch habe ich erheblich dazu beigetragen, dass diese 50 Frauen herausgekommen sind. Die Vereinigten Staaten sind mit ihrer Militärmacht in einen Krieg gezogen und haben feststellen müssen, dass sie nicht die geringste Chance haben, dieses Land in eine demokratische, dem Westen ähnliche Struktur umzuwandeln. Es war auf den ersten Blick erkennbar, dass es ein Fiasko wird. Ich war zu der Zeit, als die Amerikaner versucht haben, das State Building zu betreiben, in Moskau und habe einen ehemaligen TASS-Journalisten, der in Afghanistan war, getroffen. Der hat gesagt: Was die Amerikaner machen, kommt mir vor, als ob jemand durch einen Garten läuft, wo eine Harke liegt. In Afghanistan haben die Russen eine Harke liegen gelassen, die Amerikaner treten drauf, und sie haut ihnen gegen den Kopf. Als die Russen aus Afghanistan abgezogen sind, weil sie den Krieg gegen die Taliban dort nicht gewinnen konnten, hat das den Untergang der Sowjetunion eingeleitet. Als die Amerikaner sich zurückgezogen haben aus Afghanistan, haben die Russen gedacht: Die sind auch nicht stärker als wir. Das hat sicher bei den Überlegungen von Putin, in die Ukraine einzufallen, eine Rolle gespielt.

An welchen Weggabelungen werden falsche Entscheidungen getroffen? Ist falsch immer falsch?

AUST: Wenn man die jüngere oder die ältere Geschichte nimmt, kann man sehen, an welchen Weggabelungen falsche Entscheidungen getroffen worden sind.
KLUGE: Kolumbus denkt, er fährt nach Indien, obwohl er nach Westen fährt. Er hat sich geirrt. Er findet Amerika. Das ist noch mal gut gegangen.
AUST: Ich besitze einen Nagel mit einem Stück Holz, den ich

rausgeholt habe aus dem kleinsten Schiff der vierten Kolumbus-Expedition nach Panama. Den habe ich bei einer Tauchexpedition nach dem Wrack der »Vizcaína« geklaut.

KLUGE: Es gibt den Black Digital Friday, den Tag, an dem alle digitalen Netze erlöschen. Entweder werden die Kälteschränke zu warm, oder es gibt einen Angriff auf das digitale Netz in einem Krieg. Das System ist zu komplex, um es aufrechtzuerhalten. Dann musst du wieder anfangen mit einzelnen Notizzetteln und Akten. Von so einer Einsicht her irrst du über die Permanenz der Digitalität, so wie 1913 die Menschen sich täuschten, dass Wien weiter so schön bleibt, wie es war. Es ist 1918 nicht mehr dieselbe Stadt, und Lemberg auch nicht. Wir leben in einer Welt von Irrtümern und Einsichten. Kannst du mir fünf Irrtümer aus der Zeit zwischen 2009 bis 2022 nennen?

AUST: Die größten Irrtümer sind die Energiewende, der Glaube, dass man die Sicherheit des Westens vergrößert, indem man möglichst dicht an die russischen Grenzen heranrückt, der Gedanke, dass es schlau ist, wenn man in einer krisenhaften Situation die stellvertretende Chefin des Kongresses, Nancy Pelosi, nach Taiwan reisen lässt. In einer Sendung des Regionalfernsehens vom NDR war die Rede von einer neuen Biogasanlage. Diese neue Biogasanlage soll Gas herstellen. Es hieß, dass die Biogasanlage mit Mist und Gülle betrieben wird. In Wirklichkeit ist das gelogen. Die Biogasanlagen laufen vor allem mit Mais. Deswegen wird in Deutschland genauso viel Fläche mit Mais angebaut wie mit Weizen. Dieser Mais wird zu Biogas, und dieses Biogas wird zu Strom verarbeitet. Das rechnet sich nur, weil der Strom so hoch subventioniert wird. Mein Eindruck ist, dass dieses Land nicht mehr gut regiert und verwaltet wird.

Im Jahr 2022

Im Februar bitterer Krieg.

Über Realismus

Skypegespräch zwischen Stefan Aust und Alexander Kluge im Januar 2023

ALEXANDER KLUGE: Bismarck sitzt nach der gewonnenen Schlacht von Königgrätz in Tränen aufgelöst in einem Schloss und weint, weil sein Monarch die Idee hat, er müsse vorwärts nach Wien marschieren, um dort eine Parade abzuhalten. Den Monarchen erschüttert dieses weinende Gesicht. Bismarck setzt sich durch, und die Parade findet nicht statt. Das ist verantwortungsbewusst.

STEFAN AUST: Er hat auch die Interessen der Gegenseite mit im Blick gehabt. Er war Realpolitiker.

KLUGE: Politik ist die Kunst des Möglichen, sagt er. Die Enkelgeneration, die Schlafwandler von 1914, antworten darauf: Wir brauchen gerade das Unmögliche. Der Vertrauensmann des Reichskanzlers Bethmann-Hollweg schreibt eine Arbeit über die »Erforderlichkeit des Unmöglichen«: Prolegomena zu einer Theorie der Politik und zu anderen Theorien.

AUST: Der Vietnamkrieg ist unrealistisch gewesen. Der Krieg, den die Amerikaner gegen den Irak geführt haben, hat erst den IS produziert. Es gibt eine Veranstaltung in Washington vom 23. Januar 2018 vor dem Council on Foreign Relations, die gefilmt worden ist. Da wird Joe Biden befragt. Der war der Ukraine-Beauftragte des amerikanischen Präsidenten Obama. Da erzählt er, wie er dafür gesorgt hat, dass der ukrainische Generalstaatsanwalt abgesetzt wird. Das war der Generalstaatsanwalt, der gegen die Firma ermittelt hat, in der sein Sohn Hunter Biden für 50 000 Dollar im Monat im Aufsichtsrat saß. Joe Biden sagt Folgendes: »And I went over, I guess, the 12th, 13th time to Kiev. And I was supposed to announce that there was another billion-dollar loan guarantee. And I had gotten a commitment from Poroshenko and from Yatsenyuk that they would take action against the state prosecutor. And they didn't. So they said they had – they were walking out to a press conference. I said, nah, I'm not going to – or, we're not going to give you the billion dollars. They said, you have no authority. You're not the president. The president said – I said, call him. I said, I'm telling you, you're not getting the billion dollars. I said, you're not getting the billion. I'm going to be leaving here in, I think it was about six hours. I looked at them and said: I'm leaving in six hours. If the prosecutor is not fired, you're not getting the money. Well, son of a bitch. He got fired. And they put in place someone who was solid at the time.« Das ist der jetzige amerikanische Präsident, der mit seiner Ukraine-Politik über Krieg und Frieden entscheidet. Das Wichtigste ist der Realitätsbezug. Es geht darum, sich selbst und seine Einschätzungen immer wieder zu prüfen.

KLUGE: Manchmal kannst du nicht sagen, was wirklich ist. Es ist klinisch nicht erwiesen, dass es Wunder gibt. Es ist aber auch klinisch nicht erwiesen, dass es keine gibt.

AUST: Es ist klinisch noch nicht einmal erwiesen, ob die Covid-Impfung etwas nutzt.

KLUGE: Es gibt zwei Eigenschaften im Menschen. Das ist der Kernpunkt unseres Buches. Es gibt die Einfühlung und die Sachlichkeit, den Standpunkt des Impartial Spectator. Die Sachlichkeit ist nicht etwa kühl. Du brauchst viel Kraft, viel Emotion, um sachlich zu bleiben im Ernstfall.

Die Spitzfindigkeiten des Erzählers Wirklichkeit

Gespräch zwischen Stefan Aust und Alexander Kluge im Februar 2023

ALEXANDER KLUGE: Einer der wenigen abendfüllenden Filme, die ich nicht fertiggestellt habe, war 1988 das Filmprojekt »Augen aus einem anderen Land«. Ich hatte vom Bundesfilmpreis die Mittel dafür. Der Film, von dem nur ein Drehbuch und eine Reihe von Filmfragmenten existieren, hätte in Bonn und in Brüssel gespielt. Das wären die Augen von Mitarbeitern des Außendienstes der DDR gewesen, also von »Kundschaftern des Volkes« im Ministerium des Innern, die für den Außenbereich zuständig waren. Die waren nicht bloß ideologisch, sondern neugierig, die wussten alles. *Ein* Ministerium in Bonn weiß hingegen nicht, was das *andere* tut. Die im Osten konnten alles zusammenfassen.

Der Film sollte meine Empfindung der Zeitchronik wiedergeben. Es ist eine politisch gefährliche Zeit, die auch katastrophisch hätte enden können. Mich hat berührt, dass meine Familie einem Unglück entkommen ist nach der Geburt meiner Tochter. Die war ein halbes Jahr alt, und wir waren in Venedig auf den Filmfestspielen 1983. Wir hielten die Welt für sonnig. Das war aber in Wahrheit der gefährlichste Zeitpunkt im Kalten Krieg. Da gab es das NATO-Manöver unter Beteiligung aller Kabinette des Westens, von dem die alten Leute in Moskau, also die Gerontokraten, die Greise im Zentralkomitee und im Politbüro, annahmen, es drohe der Enthauptungsschlag. Die Flugzeuge für den Gegenschlag waren schon alarmiert. Da hat ein östlicher Agent im Vorzimmer des Generalsekretärs der NATO abgewinkt.

STEFAN AUST: Das war Rainer Rupp. Den habe ich interviewt. Er war ein DDR-Agent, der gesagt hat: Macht euch keine Sorgen, die greifen euch nicht an.

KLUGE: Das sind die Spitzfindigkeiten des Erzählers Wirklichkeit. Das würde einen Balzac heutzutage interessieren. Ich war so vermessen, darüber einen Film zu machen. Ich habe zwei DDR-Agentinnen gefilmt, bei mir waren es Darstellerinnen. Die haben über die Verflüssigung gesprochen, über die Verhältnisse in der DDR. Sie wollten den versteinerten Verhältnissen ihre eigene Musik vorspielen, um sie zum Tanzen zu bringen. Sie wollten das Versteinerte verflüssigen, das ist die These von Marx. Das habe ich den Agentinnen angedichtet. Auf diese Weise sind wir heute noch in der Lage, diese Wende zu erzählen. Das ist ein Zeitenwechsel.

AUST: Es gibt keinen interessanten Roman, der sich mit dieser Zeit beschäftigt.

KLUGE: Mit Ausnahme von Uwe Tellkamps *Der Turm*.

AUST: Das ist eine Geschichte aus der DDR und nicht über den Wechsel.

KLUGE: Das ist nicht über den Wechsel, sondern über die Kontinuität. Diese Dinge sind unerklärt. Wir sollten über das Jahr 1990 (nicht über 1989, was gut dokumentiert ist) einen Film machen. Dort ist eine Vereinigung, die Wende, auf eine bestimmte Weise verloren gegangen.

AUST: Es gibt vom Jahr 1990 unendliche Vorräte von Filmmaterial. Wir haben mit fünf Kamerateams parallel gedreht.

KLUGE: Bei Spector Books ist das Buch *Das Jahr 1990 freilegen* erschienen, über dieses Frühjahr, diesen Sommer und den Frühherbst bis zum 3. Oktober.

AUST: Es gibt die DVD-Edition *Der letzte Sommer der DDR* von *Spiegel TV* und dctp, die sich mit den Geschehnissen 1989 befasst.

KLUGE: Ich bin stolz auf diese Zusammenarbeit mit *Spiegel TV* und dir. *Der letzte Sommer DDR* ist neun Stunden lang. Wir sind verpflichtet, auch von den Schandtaten der Treuhand zu erzählen. Es sind nicht nur Schandtaten, es sind auch gute Sachen.

AUST: Es war eine nie da gewesene Situation, und es war schwer, damit umzugehen.

KLUGE: Ein Ministerialrat aus Nordrhein-Westfalen, jetzt in Diensten der Treuhand, sagte zu mir im Restaurant Borchard in Berlin: Wie fängt man Fische in ostdeutschen Gewässern? Man wirft eine Handgranate rein, und die Fische kommen nach oben. Das ist nicht die gütige Methode, um Fischfang zu betreiben. In der DDR gab es Kalibergwerke. Kali ist ein Kulturgut, und die DDR hatte nicht viel davon. Das Unternehmen wurde von einem westeuropäischen Konglomerat gekauft.

AUST: Man wollte das Geschäft übernehmen, nicht die Minen.

KLUGE: Es wurde stillgelegt, geflutet. Da wurden die Lebensläufe der Menschen, die davon lebten, auch geflutet. Diese Dinge muss man erzählen. Man kann auch die positiven Seiten erzählen. Denn nicht erzählt ist auch, was an den Runden Tischen an Reformideen entwickelt wurde, was einen kurzen Moment blühte. Es gab einen Rechtsanwalt, Erich Schumann, der eine der zwei Familien, denen die *WAZ*-Gruppe gehört, vertrat. Der fuhr den Sommer und den Herbst über in der DDR umher und kaufte nach folgendem Schema die Zeitungen zusammen: ⅓ gehört der Belegschaft, ⅓ gehört der *WAZ*-Gruppe, und ⅓ gehört der öffentlichen

Hand. Nach diesem Schema gründete er regionale Zeitungen und übernahm eine Regierungszeitung nach der anderen mit großer Begeisterung. Das wäre ein Drittelparitätsmodell für Zeitungen gewesen, ideal für eine Beteiligung der Mitarbeiter und einer eigenständigen Öffentlichkeit in den ostdeutschen Ländern. Schumanns Vorstoß wurde von den übrigen Verlegern Westdeutschlands nicht unterstützt. Er scheiterte dann an der DDR-Gesetzgebung und den Einflüssen der Bundesrepublik im Jahre 1990. Die übrigen Verlegergruppen aus Westdeutschland betrieben die Gleichschaltung und Übernahme so, dass Westkonzerne die Parteizeitungen pauschal übernahmen. Da gab es keine Beteiligung der Belegschaft, keine Orientierung vor Ort, keine unabhängige Fortsetzung der Initiativen, wie sie von den Runden Tischen vom Herbst 1989 kamen. Aber Erich Schumanns an die studentische Protestbewegung erinnerndes Drittelparitätsmodell, wäre es entwickelt worden, war aussichtsreich.

AUST: So etwas Ähnliches hat Augstein auch gemacht, und das Resultat sehen wir jetzt.

KLUGE: Ich weiß nicht, ob die Erbengemeinschaft das besser gemacht hätte.

AUST: Die Erbengemeinschaft hätte es noch schlechter gemacht. Augstein hätte mich zu seinem Erben machen sollen.

KLUGE: Augstein hat dich wie einen unehelichen, spirituellen Sohn angesehen.

AUST: Da hat er auch mehrmals darüber geredet.

KLUGE: So haben römische Kaiser in den glücklichen Zeiten des alten Roms gehandelt, das waren die Adoptivkaiser.

STATION 7

»Strukturwandel der Öffentlichkeit« /
»Nachrichten in Echtzeit« /
WAS HEISST AUTHENTISCH?

Nachrichten in Echtzeit

Alexander Kluge

Am 24. Februar 2022 der Kriegsausbruch in der Ukraine, der Sturm auf das Kapitol am 6. Januar 2021, der Angriff auf die Twin Towers am 11. September 2001, diese Ereignisse wurden weltweit in Echtzeit wahrgenommen. Über die Medien ist das eine indirekte Erfahrung, aber es ist eine Erfahrung, die man nicht vergisst. Breaking News: Nachrichten, die den Alltag zerschlagen und die Aufmerksamkeit auf fast alles andere einen Moment lang auslöschen.

Man vergleiche das mit dem Zusammenlaufen der Menschen in der Renaissance oder im Mittelalter auf dem zentralen Platz von Florenz. Das ist der Moment, in welchem die Sturmglocke läutet. Dies ist eine Erfahrung unter Anwesenden, eine unmittelbare Erfahrung. Sie ist nicht über Medien vermittelt. Wenn ich mich falsch bewege, mich der falschen Partei zugeselle, kann mich das das Leben kosten. Auch dies war Echtzeit.

Wie gesagt, durchbricht Echtzeit die Normalität, den Alltag brutal. Das sind POLITISCHE GEWITTER. Gegensätzliche Realitäten stoßen aufeinander. Sie zerstören die Illusion einer wohltemperierten Wirklichkeit, in der wir uns zuvor eingerichtet haben und danach wieder einrichten werden.

In den genannten Beispielen enthält die Nachricht in Echtzeit keine Übertreibung. Ja, der Schock der Situation, die der Nachricht zugrunde liegt, ist in Wahrheit entsetzlicher als die Reaktion des an sicherem Ort vor dem Computer oder dem Fernseher Sitzenden sein kann. Das Wort BESTÜRZEND ändert seine Schattierung, je nachdem, ob man unmittelbar mit einem Unglück verknüpft oder ob man nur Beobachter ist. In der digitalen Welt gibt die Partizipation von Milliarden Öffentlichkeitsteilnehmern dem Prinzip Echtzeit eine nie da gewesene Wirkungsmacht.

Bei allen Breaking News zweiten Grades, die also die Normalität nicht so attackieren wie die hier genannten Beispiele, lässt sich dagegen eine Übertreibung feststellen, weil alle Medien um Aufmerksamkeit rivalisieren. Sie neigen dann dazu, das Ereignis aufzublasen. Es geraten dadurch in Echtzeit ziemlich verschiedene Wichtigkeiten nebeneinander. Es entsteht eine »Überbietung der Sensationen«, die abstumpft. Ähnlich wie der römische Zirkus. Echtzeit erschüttert, aber Echtzeit inflationiert auch.

Die Nachricht in Echtzeit enthält, von den epochalen Ereignissen abgesehen, eine Vereinseitigung der Wahrnehmung. Sie ist natürlich und berechtigt, löscht aber die Aufmerksamkeit für alles, was weniger wichtig ist. Es entsteht eine Art BÖRSE DER SENSIBILITÄT. Eine einfache Gedächtnisstütze wäre dabei die Wahrnehmung: Am Tag von Kennedys Tod verstauchte ich mir die Hand. Das enthält die Reibung, die Friktion zwischen verschiedenartigen Realzusammenhängen. Dass das Prinzip »Nachrichten in Echtzeit« einer Ergänzung bedarf – das Langzeitgedächtnis soll lebendig bleiben, auch wenn die Normalität durchbrochen ist –, zeigt, dass mit dem Einmarsch Russlands in die Ukraine alle Probleme Afrikas oder die Aufmerksamkeit für die Pandemie wie ausgelöscht erscheinen.

Immanuel Kant spricht davon, dass im Innern der Menschen eine Art Bürgerkrieg entsteht, wenn eine einzelne Seelenkraft einseitig die Herrschaft ergreift. Setzt sich die Einbildungskraft absolut, auch in der menschlichen Form des Mitgefühls, entsteht Fantastik. Der Gegenpol, Abstumpfung und Gleichgültigkeit, menschliche Kälte, bezeichnet die andere Seite einer Verzerrung. Nachrichten in Echtzeit sind eine Herausforderung an unsere emotionale Innenausstattung. An unsere Urteilsfähigkeit.

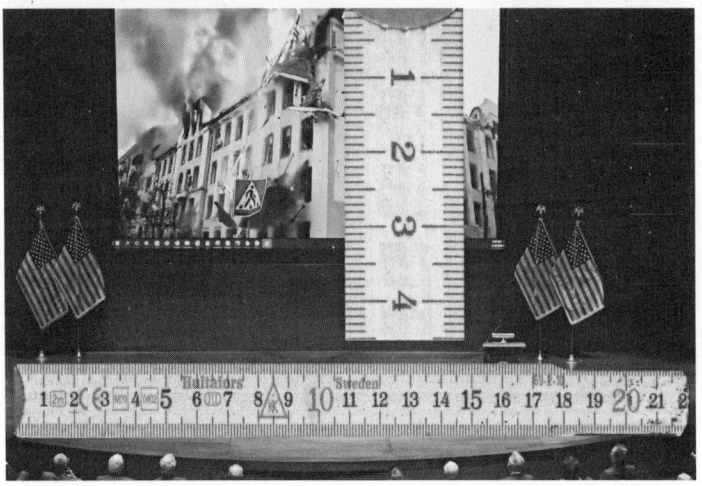

»Maßverhältnisse des Politischen«. Größe des Besuchers, der vom jeweiligen Parlament nicht gewählt ist, aber von der Leinwand herab spricht, im Vergleich mit den Körpergrößen der gewählten Abgeordneten im Kongress der USA bzw. der Delegierten im Sicherheitsrat der Vereinten Nationen. Übertreibung des Fernbilds gegenüber dem Nahbild.

Beispiel für die Eichung von »Echtzeit«

Am 24. Februar 2022 – meine Frau und ich hatten seit den ersten Nachrichten in der Frühe das Geschehen in der Ukraine verfolgt – erinnerte ich mich an die Abreise Gorbatschows von der Konferenz mit US-Präsident Reagan in Reykjavík im Jahr 1986.

Ich sehe noch die russische Wagenschlange, die nach Abbruch der Konferenz zum Flughafen fährt. Gorbatschow hatte Präsident Reagan nicht von dessen Plänen abbringen können, die USA für einen künftigen Weltraumkrieg (den »Sternenkrieg«) aufzurüsten. Das blockierte die bis dahin gut vorangekommenen Abrüstungsverhandlungen. Kurze Zeit später kam es dann doch zur allseitigen Abrüstung. Als Gorbatschow 1991 sein Amt verlor – von diesem Zeitpunkt datiert die Unabhängigkeit der Ukraine –, schien ein augusteisches Zeitalter des Friedens bevorzustehen, eine Sicherheitsstruktur war wirksam etabliert. Zeitlich davor hatten wir in Bonn den Besuch Gorbatschows gefilmt: Die Gorbi-Manie. Hätte sich der russische Staatspräsident damals um das Amt des deutschen Bundespräsidenten beworben, hätte er sich seiner Mehrheit sicher sein können. Alles dies – bis hin zum jetzigen Ukrainekrieg – bildet mit seinen Versäumnissen und vorübergehenden Erfolgen *einen* Zusammenhang. Ein solcher Zusammenhang ist die Echtzeit. Echtzeit ist also nicht genau dasselbe wie »aktuell« oder »gleichzeitig«, obwohl sie auch in diesen Worten die innere Voraussetzung ist.

Ich bin Jurist. Mir fällt dabei auf, dass es im Völkerrecht keine Paragrafen gibt. Es gibt keine von der Gesamtbetrachtung unabhängige juristische Spitzfindigkeit. Für Zivilrecht, wo es nicht um Leben und Tod geht, ist das anders. Für alles Völkerrecht gilt die Klausel *rebus sic stantibus*: Es kommt darauf an, dass das Resultat alle Umstände, alle Zusammenhänge und die Interes-

sen aller Seiten berücksichtigt und dass dieses Resultat Verhält-
nismäßigkeit und Gleichgewichte garantiert. Dazu fällt mir auf:
dass Chruschtschows Dekret als Parteivorsitzender der Kommunistischen Partei der Sowjetunion, das in den Fünfzigerjahren die
Krim auf dem Verwaltungswege der Ukraine zuschlug, aus seiner
Machtposition als Parteichef heraus erfolgte, ohne verfassungs-
mäßige oder völkerrechtliche Legitimation. Das Dekret setzte
damals als Selbstverständlichkeit voraus, dass die Ukraine zu
Russland gehörte – ob das gerecht war oder nicht, die Partei be-
herrschte alles – und dass die Hafenstadt Sewastopol – um die es
schon im Krimkrieg von 1854 ging – Sitz der russischen Schwarzmeerflotte bleibt. Das Letztere war auch vorausgesetzt bei der
Garantie für die Unabhängigkeit der Ukraine im Vertrag von Bu-
dapest. Es gehörte zur POLITISCHEN GESCHÄFTSGRUND-
LAGE. Mit einem solchen Gesamtzusammenhang hat der Begriff
ECHTZEIT zu tun.

Im Jahr 1997 folgte dann die Osterweiterung der NATO. Jel-
zins Verhandler auf russischer Seite stimmten der Verschiebung
der Militärgrenze zwischen NATO und Russland nach Osten
(weit über den Status von 1989 hinaus) zähneknirschend zu. Die
Begleitmusik war unfreundlich. Aber erst die NATO-Konferenz
von 2008 in Bukarest führte zu der Bruchstelle, die die Sicher-
heitsarchitektur – zumindest in der Sichtweise Russlands – zerstörte. Der US-Präsident Georg W. Bush Jr., der sein Land in den
Irakkrieg und den Afghanistankrieg führte, setzte den NATO-
Beitritt für Georgien und für die Ukraine auf die Tagesordnung.
Die Bundesrepublik und Frankreich wagten es nicht, dem großen
Verbündeten direkt zu widersprechen. Sie votierten lediglich, dass
in der Zeitschiene nochmals beraten werden sollte, *wann* dieser
Beitritt durchgeführt würde. Ein solches Ergebnis war für die russische Seite nicht berechenbar. Die US-Präsidenten wechseln möglicherweise alle vier Jahre. Es kann aggressive Präsidenten und
es kann Narren geben. Auch sonst lassen sich die Perspektiven
von Zukunft in wesentlichen Sicherheitsfragen nicht vorhersehen.
Ob zu Recht oder zu Unrecht: Russland empfindet die NATO
nicht als ihm gegenüber freundliche Macht. Es ist dabei gleich,
ob Russland sich irrt, wenn es seine Sicherheit in Gefahr glaubt.

Eingebildete Notwehr nennt man Putativnotwehr. Irrtümer einer Atommacht sind genauso wirklich wie zutreffende Annahmen.

Alles dies rechtfertigt keinen militärischen Angriff wie den vom 24. Februar. Das Urteil, dass ein solcher Angriff völkerrechtlich unzulässig ist und in das Zeitalter der globalen Moderne überhaupt nicht passt, ist in Europa einhellig. Zur Echtzeit der Gefühle gehören aber die Empfindungen *aller* Seiten. Für die Russen ist der Angriff Deutschlands im Jahr 1941 an jedem Gedenktag zum 8./9. Mai 1945 so präsent wie das Gefühl des späteren Sieges, der die Rote Armee bis Berlin führte. Wenn jetzt das historische »Endergebnis in Echtzeit« darin bestehen soll, dass eine Militärgrenze von Russland zur NATO sich dort befindet, wo im Jahr 1942 die deutschen Panzertruppen, nämlich etwas östlich von Charkow, standen, dann entspricht das keinem Gleichgewicht. Der Freiheitswille der Ukraine und ein solches historisches Endergebnis lassen sich in einer friedfertigen Echtzeit nicht miteinander verbinden. Man muss also allseits einen Ausweg suchen, um »Gleichgewichte in Echtzeit« wiederherzustellen. Das erzwingt Wahrnehmungen und Dialoge, die derzeit aktuell nicht stattfinden. Der *gesamte* emotionale und objektive Verlauf von 1941 bis 2023 ist in dieser Sache die Echtzeit, jeder bloße Einzelabschnitt ist an ihr nicht »geeicht«.

Mündliche Überlieferung

Man kann es gar nicht elementar genug darstellen. Heinrich von Kleist sagt es so: »Wenn du etwas wissen willst und es durch Meditation nicht finden kannst, so rate ich dir ... mit dem nächsten Bekannten, der dir aufstößt, zu sprechen.« Der Zustand, dass ich in Gesellschaft bin, gleich ob ich zufällig allein bin oder wirklich in Gesellschaft, genau dies ist Öffentlichkeit.

Dieser elementare Ratschlag ist schon bei öffentlich-rechtlichen Fernsehanstalten nicht leicht zu befolgen. Ich komme hier über den Pförtner erst gar nicht hinaus. Das Programmschema lässt nicht zu, dass ich rede, wenn es mir einfällt. Spezialisten können *so tun*, als improvisierten sie; jeder, der Fernsehdiskussionen mitgemacht hat, kennt die Situation, dass eine Viertelstunde nach Ende der Sendung der Mehrzahl der Beteiligten die passenden Sätze einfallen: lebhafte Atmosphäre. Die Sendung ist beendet. Eine solche Situation ist für eine unmittelbar schwatzende Runde als Element der Öffentlichkeit etwas Natürliches. Eineinhalb Stunden wird geredet, einer im Kreise schweigt. Nach einer Stunde sagt er etwas. Dies gibt dem Gespräch eine Wende. *Dass die Dauer nicht beschnitten wird, ist wichtiger als jeder Inhalt.*

Wir kennen Fernsehsendungen – sie sind selten –, in denen unmittelbar so gesprochen wird wie im Leben. Man darf dort springen, einiges ist einmalig, es entsteht eine Ahnung von natürlicher Dauer. Genau dies meinen wir, wenn wir das Fernsehen für einen Zwitter erklären. Jenseits davon, in dem künftigen Konzern des Medienverbunds, wird die *Industrialisierung der Kommunikation* nicht gelingen. Auch den mächtigen Big Five in Silicon Valley gelingt das meiste, aber nicht alles. Es wird kein Ersatz für klassische Öffentlichkeit entstehen. Die Menschen, deren Köpfe ja nicht in eine industrielle Anordnung zu bringen sind (sozusagen horten sie weiterhin Einmaligkeit und Dauer), werden die *handwerklichen Begrenzer* eines jeden Medienversuchs sein. Aber diese individuellen Gegenmaßnahmen werden nicht mehr gestützt, sie vereinigen sich nicht, wie sie das in der klassischen Öffentlichkeit konnten. Insofern treten hier an die Stelle der politischen Pole, der Kämpfe um Formen und Inhalte, zwei einander feindliche Organisationsprinzipien. *Die Partei des Kinos und die Partei der neuen Medien gehören zu verschiedenen Sternen.* Da es das Prinzip, Zeiten zu zerstreuen, Dauer zu beseitigen, Einmaligkeit durch Wiederholbarkeit zu ersetzen, auch im Kino in reichem Maße gibt, wird nicht deutlich, dass Zuschauer im Kino Zeit hinzugewinnen, *nicht* verlieren.

Der Vorteil davon, dass Menschen in keinem Programm aufgehen: Sie machen Erfahrungen. Dieses Kind hütet sich, den Abgrund hinunterzufallen. Es lässt sich nicht irreführen dadurch, dass der Abgrund durch eine Glasscheibe verdeckt ist. Es prüft das alles langsam und nicht programmgesteuert. In die Lücken seiner Langsamkeit schiebt sich die Erfahrung der Bergziege.

Mittelbare Erfahrung, unmittelbare Erfahrung

Medien = Mittler. In den *Wahlverwandtschaften* gibt es einen Verteidiger der menschlichen Zuverlässigkeit, der ehelichen Treue mit Namen *Mittler*, leicht verscheuchbar, redselig. Heiratsvermittler, Wohnungsvermittler, Stellenvermittler, Dolmetscher – sie sind Medien. Medien sind Instrumente, über die sich *mittelbare Erfahrung* überträgt.

Öffentlichkeit und Erfahrung

Der Löwenanteil der Erfahrung entsteht in den Familien, den intimen Beziehungen, im Lebenslauf. Ein zweiter, riesiger Anteil der Lebenserfahrung entsteht durch den Bildungsweg und in der Arbeitswelt. Beide Quellen der Erfahrung entstehen im Wesentlichen nicht öffentlich. Man vergleicht die Masse dieser informellen Erfahrung mit der formatierten politischen Erfahrung, aus der heraus die Welt regiert wird.

Jeder Mensch verfügt über Massen von Erfahrung. Ob er sie aber mit Selbstbewusstsein verknüpft, hängt davon ab, ob und wie er sie mit anderen teilt. Diesen Transfer leistet die Öffentlichkeit. Eine intakte Öffentlichkeit, an der alle Menschen partizipieren, die wenig verzerrt und nicht von Großmächten (Propaganda, Medien, digitalen Autobahnen, Ressentiments) okkupiert ist, führt zu einem starken Selbstbewusstsein, zu Selbstverteidigungsfähigkeit der Menschen, zu Autonomie. Öffentlichkeit ist die Fabrik, die persönliche Erfahrung zu gesellschaftlicher Erfahrung macht. Ausgrenzung von Erfahrung – weil man sich in einer Öffentlichkeit nicht individuell ausdrücken kann –, weil kein Fahrradverkehr auf digitalen Autobahnen gestattet ist – und Zurückstutzung von Erfahrung ins bloß Private, die Dominanz einer Konsumhaltung in der Öffentlichkeit, kurz gesagt Gleichgültigkeit, verringern die selbstbewusste Erfahrung. Sie nimmt dem Politischen das Grundwasser.

Der »Höhlenmensch in uns« und die Medienwelt um uns herum

Ein Buch aus dem 12. Jahrhundert ist ein *Medium*. Es ist für mich authentisch, wenn ich beurteilen kann, ob das, was das Buch mir berichtet, eine *Quelle* ist. Ich muss beurteilen können, ob es stimmt, was das Buch sagt. Auch Lügen, Missverständnisse, Lücken im Text sind authentische Mittler, solange der Weg zu den Quellen offen bleibt, ich die Herkunft verfolgen kann. Diese Frage der Orientierung, die Frage: Woher kommst du, Fremder, was ist dein Name, ist das Problem der mittelbaren Erfahrung, der Medien. Ich kann es nicht selbst erlebt haben, das bedeutet: mittelbare Erfahrung. Dafür ist es gleich, ob es um einen Fernsehkanal oder um einen fremden Gast geht. Es wird über etwas berichtet, was meine Sinne nicht erlebt haben und deshalb nicht auf seine Herkunft prüfen konnten.

Die sogenannten Neuen Medien sind Unternehmen zur Bildung von neuem Eigentum. Dieses Eigentum realisiert sich in den Köpfen der Menschen, es bildet ein eigentumsähnliches Besitzverhältnis an diesen Köpfen. So etwas bleibt, wenn es etabliert ist, ein Verfügungsrecht, auch wenn die neuen Mittler betonen, sie seien nur Diener. Es handelt sich um einflussreiche Diener. Das Wesentliche ist aber nicht die Macht. Solche Macht über Köpfe hatten ja schon die Eltern, ohne dass sie sie behielten. Neuartig ist im neuen Eigentum der Medien, dass es fast durchweg um mittelbare Erfahrung geht. Wir Menschen aber steuern unsere Rückfragen, unsere Orientierung fast ausschließlich nach den Kriterien der *unmittelbaren* Lebenserfahrung.

Solange Leben und Arbeit miteinander verknüpft sind und wir, weil wir als Bauern die Äcker bearbeiteten, vom Winter zum Frühjahr, zum Sommer, zum Herbst und wieder zum Winter lebenslänglich dahineilten, steuerte sich der Löwenanteil der Erfahrung von selbst. Physikalische Zeit und psychologische Zeit lagen eng beieinander. Was möglich und was unmöglich ist, ergibt sich in der harten Konfrontation meiner Wünsche und Vorstellungen mit der Masse meiner Erfahrung. Das plötzlich hereinbrechende Gewitter dementiert meine Idee, dass ich das Heu noch rette, *unmittelbar*. In diesem Sinne unmittelbar, also nicht Medium, ist auch die umgebende Gemeinschaft, die für mich sorgt und unter deren Aufsicht ich mich befinde. Es ist in unserem Land nicht lange her, dass über 80 Prozent der Bevölkerung in diesem Maß von Zeit und Erfahrung lebten.

Im städtischen Leben *vermindert* sich der Anteil unmittelbarer Erfahrung. Was ich von Fremden höre, die mich weder kennen noch für mich sorgen und von deren Zuverlässigkeit ich nichts wissen kann, was mir Medien berichten, was ich in der Hitzigkeit der Kommunikationen und des Zeitgeistes mir einbilde, der Vorrat an kollektivem Wissen, der unübersichtlich wird – alles dies vermehrt, in der arbeitsteiligen Gesellschaft, in dem städtischen Nebeneinander der aggressiven Lebensentfaltung, die mittelbare Erfahrung; deren Quellen, Zeitmaße kann ich nicht selber prüfen. Es verhält sich so: »Die Entwicklung des pythagoreischen Lehrsatzes braucht eine Zeit von 2000 Jahren. Ihn zu lernen dauert zwei Stunden.«

In einer Gesellschaft, deren ländliche Gebiete allmählich verstädtern, in der das Städtische aber zugleich seinen Charakter verliert, da über das Gesamtgelände sich Lebensformen erstrecken, die weder wirklich Stadt noch wirklich Land sind, in einer solchen Gesellschaft grassiert ein neues Höhlenmenschentum. Der ehemalige Bauer in mir, der Städter in mir, der Industrialisierte, der für die Industrialisierung überflüssig Gewordene, dasjenige an Person, das aus der Differenz von alledem zusätzlich »zu keinem Ort« passt – alles dies zieht sich in den eigenen Kopf, in die vier Wände der eigenen Wohnung zurück, lädt sich, weil das Wirkliche nicht mehr draußen sich findet, sondern innen, in der Vorstellung mit neuartigen *Bedürfnissen nach unmittelbarer Erfahrung* auf. Bedürfnis = »das, was ich nicht habe«.

Das meiste an unmittelbarem Erleben strukturiert sich nach *Sequenzen*, die aus mittelbarer Erfahrung, wie von Märchen, gesteuert werden. Über diese robinsonistische Verfassung des modernen Haus- und Höhlenbewohners reflektieren die Projekte der neuen Eigentumsbildung, der Neuen Medien und der Big Five in Silicon Valley. Die Innerlichkeit wird industrialisiert.

Gute Filme, guter Journalismus und für Menschen brauchbare Politik hören und antworten auf nichts als auf *menschliche Erfahrung*. Sie kennen keine Vorgesetzten.

MAN KANN SICH, WAS ÖFFENTLICHKEIT BETRIFFT, NICHT »SKEPTISCH ZURÜCK-LEHNEN«: WIR BRAUCHEN SIE UM JEDEN PREIS.

Öffentlichkeit gehört zur Souveränität/ Artikel 5 des Grundgesetzes gehört zu den *elementaren* Grundrechten

Die geschichtliche Erfahrung besagt: Das Nachdenken beginnt erst, wenn etwas verloren ging. Geht aber die Öffentlichkeit verloren, so geht die Formenwelt für das Nachdenken ebenfalls verloren. Ich behaupte: In diesem Fall kann nach dem Untergang auch durch Trauer nichts mehr bewirkt werden. Die Stationen der Trauerarbeit setzen ja bereits Öffentlichkeitsarbeit voraus. Es handelt sich, weil wir auf das Gefäß des Gemeinwesens und des gemeinsamen Denkens nicht gut verzichten können, um eine der ganz seltenen Fragen, die den Kern der Souveränität betreffen.

Tage und Wochen: Grundeinheiten des Lebens. Ein langes Menschenleben umfasst etwa 5000 Wochen

Gespräch zwischen Alexander Kluge und Stefan Aust,
Silvester 2022

ALEXANDER KLUGE: In der Sowjetunion hat man 1929 versucht, die Woche aufzubrechen in einen 5-Tage-Rhythmus der Produktion ohne Wochenenden, dafür mit mehr Jahresurlaub. Die Französische Revolution hat einen 10-Tage-Kalender – entsprechend dem Dezimalsystem – entwickelt, ohne Feiertage. Beides war nicht von Dauer.

STEFAN AUST: In der Bibel steht, dass Gott am siebten Tage ruhte. Offenbar hat die Menschheit seit Jahrtausenden diesen Wochenrhythmus.

KLUGE: Es gibt den Zwölfer-Rhythmus bei den Monaten und den Siebener-Rhythmus bei den Wochen. Wie viele Wochen hat ein Menschenleben?

AUST: Wenn man 100 Jahre alt wird, sind das 5200 Wochen.

KLUGE: Ungefähr 5000 Wochen hat ein lebendiger Mensch, der alt wird zwischen Geburt und Tod. Das ist nicht so viel. Wir geben Tag für Tag, Woche für Woche dieses wertvolle Gut Lebenszeit in dieser Form aus. Dass das mit einer Zeitung bespielt wird, ist eine starke Idee.

AUST: Den Wochenrhythmus einer Zeitung oder einer Zeitschrift finde ich interessant. Man ist aktuell, aber gleichzeitig nicht überall aktuell. Im Augenblick hat das Internet alles verändert. Jeder Auftritt einer Plattform im Internet wird in Realtime ständig verändert.

Alexander Kluge

Wie elementar für uns Menschen und Tiere die Tageszeiten sind, sieht man daran, wie sich in jedem März Menschen und Kühe mit der Sommerzeit quälen. An beides – den Tag, die Woche – und dann auch das Vierteljahr und das Jahr knüpfen Publikationsorgane sehr gern an.

Im digitalen Zeitalter kommt noch etwas hinzu. Früher musste man für Zeitungen und Medien bezahlen. In der digitalen Welt zahlen wir User mit unserer Lebenszeit, mit der Aufmerksamkeit, mit der wir das Programm verfolgen und dadurch zählbar sind für die werbetreibende Wirtschaft und die Werbung, die die Information begleitet: Lebenszeit als Währung.

Eine Zeitschrift auf Papier und am Bildschirm: *Die Woche*

Gespräch zwischen Alexander Kluge und Stefan Aust
vom 20. Oktober 2022.

ALEXANDER KLUGE: 2009 warst du schon seit zwei Jahren
nicht mehr beim *Spiegel*. Da hast du ein frisches, neuartiges Projekt entwickelt.

STEFAN AUST: Die damalige *WAZ*-Mediengruppe hat mich gefragt, ob ich ein Wochenmagazin entwerfen könnte. Wer heute
eine neue Wochenzeitschrift plant, habe ich gesagt, ist irrsinnig.
Das kann nichts werden. Deswegen sollten wir es probieren. Ich
nannte das Projekt *Die Woche* aus zwei Gründen. Einerseits gab
es eine Zeitschrift, *Die Woche*, die mein alter Freund Manfred
Bissinger gemacht hatte für den Jahreszeiten Verlag. Aber der
entscheidende Punkt war, dass der *Spiegel* am Anfang *Die Woche*
hieß. Ich habe mir eine Redaktion zusammengestellt. Wir waren
ungefähr zehn Leute und haben eine Zeitschrift entworfen, die wir
gleichzeitig auch als Digitalzeitschrift entwickelt haben. Wir wollten die Zeitschrift, während sie im Layout hergestellt wird, gleichzeitig als eine digitale Plattform präsentieren, die allerdings auch
ein richtiges Layout hatte. Wir haben mit dem elektronischen
Layout ein digitales Layout entworfen und einen Partner gehabt,
einen Computerfachmann, der in Neuseeland war. Dem haben
wir das digitale Layout geschickt, das er in der Nacht umgebaut
hat für eine digitale Plattform, sodass wir die erste Zeitschrift im
Internet entwickelt hatten. Das war vor der Einführung des iPads.
Spiegel Online war die erste Tageszeitung im Internet, und zwar
weltweit. Schon bevor ich beim *Spiegel* war, hatten Fried von
Bismarck und andere eine Digitalplattform technisch entworfen.

Aber sie wussten nicht, was sie damit anfangen konnten. Es wurden gelegentlich schriftliche Talks mit Politikern gemacht. Dann gab es die Parteispendenaffäre. Damals hatte Georg Mascolo, der im Berliner Büro war, gute Quellen in Bezug auf die Parteispendenaffäre. Immer hatte er Montag, Dienstag und Mittwoch die neuesten Informationen. Aber wir waren erst am Montag der nächsten Woche mit dem *Spiegel* auf dem Markt. Im Laufe der Woche hatten auch andere Zeitungen diese Informationen. Dann war ich im Büro in Berlin und habe Georg Mascolo getroffen, der betrübt war. Ich habe in seinem Beisein den Geschäftsführer Seikel angerufen und ihm das erzählt. Warum machen wir nicht aus *Spiegel Online* eine Tageszeitung im Internet, habe ich gesagt. Wie soll das gehen, fragte er.

KLUGE: Da ist Echtzeit der Kernpunkt.

AUST: Die Nachrichtenagenturen können keine eigenen Nachrichtenplattformen herstellen, weil sie Verträge mit ihren Abnehmern haben. Warum holen wir uns nicht ein halbes Dutzend Journalisten von den Journalistenschulen für wenig Geld und lassen die aus *Spiegel Online* eine Tageszeitung im Internet machen auf der Basis der Agenturmeldungen, habe ich Seikel gefragt. Wenn wir eine Nachricht nicht bis Sonntag unter dem Deckel halten können, dann stellen wir sie ins Internet. Das fand er eine einleuchtende und einfache Idee. Dann haben wir Mathias Müller von Blumencron aus New York geholt, den Wirtschaftsredakteur vom *Spiegel*. Der hatte eine amerikanische Ehefrau, die beim Aufbau einer Internetplattform mitgearbeitet hatte. Deswegen war er firm in dieser Technik. Mach bitte aus *Spiegel Online* eine Tageszeitung im Internet, haben wir ihm gesagt. Damit war der *Spiegel* die erste Tageszeitung im Internet. Die digitalen Meldungen waren zum damaligen Zeitpunkt (und im Prinzip sind sie es heute noch) wie Agenturmeldungen aufgearbeitet. Die haben Flattersatz. Das gab es bei einer Zeitschrift seit Jahrhunderten nicht mehr. Bilder fanden sich nur gelegentlich. Mit Werbung ist es ein Problem. Wo will man auf dem Handy die Werbung unterbringen? Wir haben den Bildschirm als eine Doppelseite und das Layout praktisch eins zu eins übernommen. Das führte aber dazu, dass die Buchstaben größer sein müssen. Sonst kann man sie nicht lesen. Deswegen

haben wir das Layout eins zu eins gelassen, die Buchstaben größer gemacht und den Übersatz hinten angehängt. Man konnte
also auf dem Bildschirm eine Zeitschrift, ein richtiges Magazin
mit Bildern, lesen und darin blättern. Man hatte vor allen Dingen die Anzeigen drin, zum Teil ganzseitig. Wenn wir bei Fotos
eine Filmsequenz haben, dann tauschen wir die bei dem digitalen
Mann in Neuseeland aus gegen Filme. Wir machen auch den An-
zeigenkunden das Angebot, dass sie nicht nur in der gedruckten
Zeitschrift ein Foto haben oder eine Bildanzeige, sondern dass sie
auch einen Film zeigen können.

KLUGE: Die Wochenperspektive ist eine der einfachsten Einheiten der Zeit.

AUST: Auch wenn unter der Woche etwas passierte und man
einen anderen Titel haben oder eine Geschichte austauschen
wollte, konnte man die digital auswechseln. Es wäre eine Zeitschrift gewesen, die man als Papierzeitschrift und auf dem Bildschirm lesen kann, die zu aktualisieren war und die Anzeigen
übernehmen konnte. Wir sind zu den großen Agenturen gegangen.
Die sind vom Stuhl gefallen, als sie das gesehen haben. Damit sind
Sie innerhalb eines Jahres unter den Werbeträgern die Nummer
eins oder die Nummer zwei, haben manche gesagt.

Entwürfe für das Zeitungsprojekt von Stefan Aust *Die Woche*.

Stefan Aust

Aus dem hoffnungsvollen Projekt
Die Woche wurde nichts

Die *WAZ*-Mediengruppe bestand aus vielen Gesellschaftern, die sich untereinander nicht verstanden haben. Sie haben uns anfangs viele Möglichkeiten gegeben, aber am Ende konnte die Geschäftsführung das Projekt nicht durchsetzen. Sie haben noch versucht, den nordrhein-westfälischen Verleger Dirk Ippen für das Projekt zu gewinnen. Und ich bin mit zwei Managern zu den Agenturen gezogen. Die Resonanz war hervorragend. Aber der Verlag hat sich doch kurzfristig gegen das Projekt entschieden. Das hat mich damals schockiert, weil ich die Redaktion aufrechterhalten hatte, was mich eine Menge Geld gekostet hat. Zum selben Zeitpunkt, zu dem wir dieses Projekt entwickelt haben, wollte plötzlich der Sender ProSiebenSat.1 den Sender N24 verkaufen, der für sie die Nachrichten hergestellt hat. Ich habe den Geschäftsführer angerufen, Torsten Rossmann, den ich kannte. Wir haben uns einen Tag später getroffen. Drei Tage später hatten wir einen Termin beim Vorstand. Dann haben wir uns beworben, um den Sender zu übernehmen. Es gab eine Reihe von anderen Interessenten. Aber wir haben den Zuschlag bekommen.

STATION 8

Öffentlichkeit ist die Atemluft des Geistes

»Befreit die Nachrichten von der menschlichen Gleichgültigkeit«

Auflösung von
Stichworten, als wären
sie Kreuzworträtsel
(damit Worte nicht
Phrasen sind)

»Atemluft ...«

Sie ist als elementares Grundrecht eines jeden Menschen (und aller Lebewesen) in keinem Artikel einer Staatsverfassung erwähnt. Der Atem geht aber allen Grundrechten voraus. Und er belebt sie. In der antiken Theologie ist ATEM (griech.: to pneuma) die Redeweise Gottes.

»... des Geistes«

Das Wort GEIST beschreibt nichts Geisterhaftes, sondern das Netzwerk, das das Lebendige zusammenhält. Der Philosoph G.W. Hegel hat diesem Stichwort in seiner *Phänomenologie des Geistes* ein Monument gesetzt. Wir sollten hierzu unser Vorstellungsvermögen aktivieren. Vernetzung, »Verschränkung«, DIE KATEGORIE DES ZUSAMMENHANGS, MAULWURFSTUNNEL DES ZUSAMMENHANGS, »Kontext« und »Lebendigkeit«, Konkretisierung und Bodenhaftung: Damit können wir ahnen, wie viel Wirklichkeit in dem Wort GEIST als einer Eigenschaft jeder authentischen Realität enthalten ist.

Öffentlichkeit

Sie ist, könnte man ihre vielfältige Realität gut abbilden, das NATÜRLICHE GEGENTEIL EINER PHRASE ODER EINES SCHLAGWORTES. Sie ist voller Überraschungen. Es gibt eine babylonische Vielfalt von Realitäten in der heutigen Welt. Die Vielfalt nimmt in der Moderne eher zu, obwohl der Ausdruck dieser Vielfalt in den Medien und in der Welt der Big Five von Silicon Valley stetig abnimmt.

Es gibt globale Öffentlichkeiten. In ihnen spielen Player wie Elon Musk eine Rolle, die inzwischen auch Teile des Weltraums für sich nutzen. Auf dem Gegenpol existieren lebendige, regionale Öffentlichkeiten: von der Provinz Galicia am Atlantikende von Spanien bis zur Schwäbischen Alb, von Apulien bis Nordnorwegen, von der Normandie bis Galizien. Das Hauptstadtstudio von ARD und ZDF befasst sich wenig mit solchen Regionen, aus denen doch 90 Prozent Europas sich immer noch zusammensetzen.

Was Öffentlichkeit bedeutet, bemerkt man in der Krise, wenn sie nicht da ist. Man erkennt und unterscheidet, was Öffentlichkeit ist oder sein könnte im Vergleich zu den reichen Erfahrungsschätzen der Intimität. In dieser INTIMITÄT und in der ARBEITSWELT, die auch nur teilweise öffentlich ist, spielt sich die LEBENSWELT der Menschen ab. Die Hauptmasse ihrer Erfahrung. Wird aber solche Erfahrung von Menschen in die Sprache der Öffentlichkeit übersetzt, so entsteht ein Zuwachs von Selbstbewusstsein, weil ich nicht als Robinson auf meiner Lebensinsel allein bin, sondern Erfahrungen mit den übrigen Menschen teile.

Öffentlichkeit ist der Kampfbegriff der bürgerlichen Epoche

Seit Gutenbergs Begründung der Druckerpresse, aber auch parallel zur Emanzipation und zum Selbstbewusstsein der bürgerlichen Gesellschaft – die immer auch wie eine Lokomotive die übrigen Klassen hinter sich herzieht – bilden sich Öffentlichkeiten heraus, entwickeln eine Evolution, und seit dem 18. Jahrhundert mendelt sich eine Publizität heraus, eine ÖFFENTLICHKEIT ALS VIERTE GEWALT.

Wortfeld Öffentlichkeit

**Zirkus, Jahrmarkt,
Panorama, Kino,
Open-Air Events**

Staatsempfänge, offiziöse Termine mit
Kleidervorschrift, Erinnerungskultur

Öffentlichkeit von Metropolen

Regionale Öffentlichkeiten wie in
Albstadt oder Prien am Chiemsee,
Halberstadt am Harz oder Stade
im Alten Land

*Vorplätze von Parlamenten,
Bahnhöfe, Flughäfen*

Ballungsräume (mit und
ohne intakte Öffentlichkeit)

Kinder-Öffentlichkeit

Kriegs-Öffentlichkeiten

Plebejische Öffentlichkeit

Arbeiter-Öffentlichkeit

*Öffentlichkeit der Vorstädte /
Zerstörte Industriezonen /
Protest-Öffentlichkeiten /
Rap und Graffiti /
Intelligenz der Notwehr*

NICHT-ÖFFENTLICHKEIT / Arkanbereiche / Militärisches Sperrgelände / Vom Werkschutz bewachte Objekte

Akademische Intelligenz / Öffentlichkeit von Universitäten /
Max-Plank Gesellschaften, Harvard und Stanford /
Wissenschaftskolleg zu Berlin

»Mutterwitz«

Till Eulenspiegel
(François Rabelais, François Villon,
Bert Brecht,
Christoph Schlingensief,
Helge Schneider:
ja, die Grundwasser in
jeder Menschenseele)

Basis-Öffentlichkeiten / Öffentlichkeit,
die von unten nach oben funktioniert

Musik, die die Herzen ergreift / Zwischen Pop und Opernhaus (beides gilt)

Ecken und Nischen, in denen die Brüder Grimm
(wenn sie heute lebten) nach Märchen forschen würden

Schwarzmärkte der Erfahrung /
Öffentlichkeit, wie sie ihre
Maulwurfstunnel bildet,
wenn Tyrannen oder Medien
Öffentlichkeit unterdrücken
oder pulverisieren

Alexander Kluge

Ein Telefonat über den halben Erdkreis hinweg zum Thema Öffentlichkeit

Im Dezember 2022 rief ich, weil ich eine Passage in unserem Buch mit ihm vertiefen wollte, Stefan Aust auf seinem Handy an. Ich nahm an, dass ich ihn bei seinen Pferden auf der Insel Sylt erreichen würde. Zu meiner Verblüffung antwortete er auf einem Kreuzfahrtschiff auf der entgegengesetzten Seite unserer Erde, mitten im Pazifik, auf Anfahrt zur Insel Tahiti. Auf diese Entfernung hin, die meine Einbildungskraft generell belebt, weil sie eine terrestrische Dimension hat, argumentierten wir vier Stunden lang in die Nacht hinein. Was wir selbst und 40 Jahre oder 70 Jahre jüngere Leute in unserem Land und in anderen Ländern alles tun könnten, gäbe es ein öffentlich-rechtliches System, das sich offen und nicht administrativ verhält und so einen Rahmen für »geformte Öffentlichkeit« und zugleich für »unabhängige Öffentlichkeit« setzt. Das sollten wir, meinte ich, in der letzten Station unseres Buches debattieren. Es geht um Offenheit, eine babylonische Freiheit der Vielfalt. Sie ist übrigens der beste Impfstoff gegen die Shitstorms und die unorganisierte, sich aber gewaltsam durchsetzende Ausdruckssuche von unten nach oben. Unterdrücken kann man sie nicht. In einer öffentlich-rechtlichen, verantwortlichen, aber zugleich generösen Form auffangen und wandeln, das muss man. Stichwort GENEROSITÄT. Sie liegt dem Öffentlichkeitsprinzip der AGORA in Athen in der Antike und der großzügigen ÖFFENTLICHKEIT DER MEDICI in Florenz zugrunde. Die Medici waren ein Bankhaus, das Kredit, Päpste, Kunstwerke, aber vor allem eine WEITE UNABHÄNGIGE ÖFFENTLICHKEIT über die bewohnte Welt hin, also bis Schottland, Holland, Ulm, Sizilien und Arabien, zusammenfügte.

Aust, in Ferienstimmung, fing selbst an, Vorschläge zu machen. Ich finde es gut, wenn jemand, der von der poetischen

Kraft der Theorie ausgeht, auf einen konsequenten Realisten und Praktiker trifft. In der Kameralistik des 18. Jahrhunderts gibt es »praktische Aufklärer, die darin Erfahrung hatten, wie man versteinerte Verwaltungen mit jungen Kräften – wie eine Baumschule, wie eine Plantage, wie ein »akademisches Bergwerk« –, mit FREIEN KRÄFTEN in Berührung bringt. So wurden die modernen Universitäten wie Halle und Göttingen begründet. So ist das Bauhaus entstanden. So gab es nach jedem Krieg, jeder Katastrophe Beispiele für Neubeginn. Wir haben die Chance, so hieß es zuletzt in unserem langen Telefonat – währenddessen habe ich mir die Fahrtgeschwindigkeit des Dampfers, den Sturm, der um das Schiff tobte, und die erwartete Ankunft auf Tahiti beschreiben lassen –, auf Zetteln notiert. Vorhaben, die wir selbst, ohne jemand zu fragen, auch ohne Kontakt zu einer öffentlich-rechtlichen Anstalt verwirklichen wollen, aber auch Projekte, die aus den Redaktionen und aus dem lebendigen Strom von Albstadt bis Berlin, von Berlin, Paris, Rom bis London, von den Basken bis zum russischen Underground auf ihren Ausdruck warten. Unsere Gegenwart besteht aus viel Disruption. Aber sie hat Chancen wie nie, sich für Neues bereit zu machen.

Stefan Aust vor der Insel Pitcairn auf dem Schiffsbalkon der Kajüte.

Die gegenwärtige Krise der ARD und die vielen Chancen, die das öffentlich-rechtliche System hätte

Gespräch zwischen Stefan Aust und Alexander Kluge im Dezember 2022

STEFAN AUST: Mich beschäftigt die gegenwärtige Krise der ARD, wie sie durch den Fall Schlesinger offenbar geworden ist.

ALEXANDER KLUGE: Mich beschäftigt sie auch.

AUST: Inzwischen ist ja durch Silicon Valley und die Algorithmen der digitalen Welt zusätzlich eine Herausforderung an unsere europäische Öffentlichkeit herangetreten.

KLUGE: Es geht also nicht nur um die Reform des öffentlich-rechtlichen Systems allein, das an sich einen vom Grundgesetz garantierten Eigenwert besitzt, sondern um die Gegenwehr aller Öffentlichkeiten der ALTEN WELT gegen den MEDIALEN PUTSCHISMUS aus Kalifornien und aus China. Es geht um einen GEGEN-ALGORITHMUS. Wir müssen das Beste an Öffentlichkeit und auch das Wirksame davon sammeln und mit allen kooperativen Kräften in Stellung bringen. Das Gemeinnützigkeitsprinzip von ZDF und ARD ist dabei das Positive, der starke Verwaltungscharakter und die Ausgrenzung freier Kräfte der klassischen Öffentlichkeit – eine gewisse In-sich-Abgeschlossenheit des öffentlich-rechtlichen Systems – sind das Negative.

AUST: Man braucht eine ZWEITE SCHIENE in jedem öffentlichen System, in der wie auf einer ALMENDE, einer Gemeindewiese im Mittelalter, freie Kräfte engagiert und einbezogen werden. Man sieht ja selten in einer *Tagesschau* oder in *heute* eine direkte Reportage. Man sieht Sprecher, die vom fernen, aktuellen

Ort einen Kommentar geben. Manchmal sieht man zu Spezialthemen Befragungen von Leuten und Schnappschüsse. Viel Material kommt von den Agenturen. Eine gründliche Reportage während der Tagesnachrichten zu einer aktuellen Einzelheit – wie wichtig das Ereignis auch sein mag – sieht man fast nie. Es wäre ein natürlicher Ausweg aus der Krise der öffentlich-rechtlichen Systeme, wenn die Redakteure die Erlaubnis hätten, sich an der Front zu bewegen, mit Kamerateams, nach ihrer Motivation und nicht bloß nach Auffassung der Vorgesetzten: direkte Beobachtung in der Realität. Und wenn das den Redakteuren, weil sie auch andere Aufgaben haben, zeitlich nicht möglich ist, müssten sie die Fülle der freien Kräfte, die in der Welt Aufnahmen machen, stärker nutzen können. Die Nutzung von Reuters oder anderen Bildagenturen hat etwas Gutes. Aber 50 Prozent der Beobachtung müsste auf eigener Arbeit beruhen oder auf der Zusammenarbeit mit freien Kräften. Im Hörfunk ist das noch eher möglich als im Fernsehen, dessen Programmzeit sich so viele Anstalten teilen.

KLUGE: Wir müssen näher heran »an die Erzählungskunst des Erzählers Wirklichkeit«.

AUST: Das bedeutet Zusammenarbeit mit unabhängigen Filmemachern, unabhängigen Journalisten und Autoren, mit Start-ups bis hin zu Privatleuten, die es nicht beruflich machen, aber vielleicht die besten Beobachtungen machen könnten, weil sie vor Ort sind. Das öffentlich-rechtliche System bis hin zur machtvollen BBC ist das Verlässlichste, was wir an Tele-Öffentlichkeit haben. Es ist aber nur die Hälfte einer intakten und lebendigen Öffentlichkeit. Es ist eine »von oben gesteuerte Öffentlichkeit«. Ihr muss unter dem gleichen Gesetz der Gemeinnützigkeit und der öffentlichen Verantwortung eine Struktur »von unten nach oben« entgegenwachsen.

KLUGE: Was wäre eine europäische Antwort auf die Big Five, auf amerikanische oder chinesische Patente?

AUST: Europa hat weder eine digitale Plattform, noch hat es Programme. Dies von unten nach oben zu organisieren wäre nicht unmöglich. Ich möchte ein positives Beispiel anführen, das eine Alternative zum Berlusconi-Fernsehen hätte sein können: Um Bologna herum gab es zu Anfang der Privatisierung ungefähr 800

Radiostationen von lauter einzelnen bürgerlichen Gruppen. Das war das beste Radio, was es je gab, einschließlich dessen, was Italiener von Musik verstehen. Es war Vielfalt. Gerade bildete sich etwas Ähnliches in Apulien, Venedig und in Genua heran. Die Gruppen beriefen sich auf Channel 4 in England. Ein Boom of Start-ups einer reicheren Öffentlichkeit. Das wurde anschließend durch Berlusconi erwürgt. Er nutzte dazu Verordnungen, Gesetze, die Handhaben von Lobby und Macht. Die freie Bewegung zuvor funktionierte von unten nach oben. Berlusconi ist eine Kreatur des Obrigkeitsstaats. Es ist ganz konsequent, dass er sogar Premierminister wurde. Er wollte, vom Samstag ausgehend, Glitzerfernsehen und Glitzerrundfunk, der aus Attraktionen besteht. Er war besser darin, einen römischen Zirkus zu errichten als solide einzelne Sender. Dieses moderne Latein, was die Italiener sprechen, ist eine Musiksprache. Deren Domäne ist der Rundfunk. Dass man so etwas gleichschaltet, ist ein Verbrechen. Für jede Reform des öffentlich-rechtlichen Systems würde es sich lohnen, diese falschen Wege zu studieren. Und es geht um die Gegenbewegung, die allerdings immer nur Anfänge hatte. Über den bloßen Anfang einer Gegenöffentlichkeit oder ergänzenden Öffentlichkeit hinaus kamen Modelle wie Channel 4.

KLUGE: Channel 4 war hinreißend. So etwas erneut aufzugreifen wäre übrigens das beste Rezept für das Überleben der BBC. Was waren das für glanzvolle Anfänge! Es gibt einen Film, den ich 1990 mit Meinhard Prill gemacht habe: *Das Beste an der ARD sind ihre Anfänge.* Der SDR hatte unter dem Intendanten Hans Bausch eine Hauptabteilung Dokumentation begründet. Eine Hauptabteilung für Information und Dokumentation hat es in der ARD nie wieder gegeben. Hier entstand die sogenannte *Stuttgarter Schule.* Diese Hauptabteilung hat die Öffentlichkeit *filmisch* abgebildet. In dieser Gruppe wurde der Schriftsteller Martin Walser zum Filmemacher. Hier arbeiteten Leute wie der Journalist Roman Brodmann.

AUST: Der hat den Film über den Besuch des Schahs gemacht. Der heißt *Der Polizeistaatsbesuch – Beobachtungen unter deutschen Gastgebern* von 1967.

KLUGE: Der Film fängt an wie in einer atavistischen Gesellschaft, in Rothenburg ob der Tauber mit dem Besuch des Schahs von Persien. Dann gibt es einen Besuch in Bonn mit Ball. Der Film endet mit dem Tod von Benno Ohnesorg. Das sind die einzigen authentischen Aufnahmen, die es im Fernsehen gab.

AUST: Das ist nicht nur gut gefilmt, sondern auch gut getextet. »Denn nun greift endlich die Polizei ein, es fragt sich nur, auf welcher Seite.« Das ist ein Satz aus dem Film.

KLUGE: Du hast dich mit dem Untergrund befasst. Kurras ist ein Agent gewesen. Das ist nicht nur ein Polizeibeamter, der aus Versehen geschossen hat.

AUST: Das hätte ich mir damals nicht vorstellen können, dass 40 Jahre später rauskommt, dass er Stasiagent gewesen ist.

KLUGE: Er hat möglicherweise ohne Auftrag gehandelt.

AUST: Es gab niemals konkrete Hinweise darauf, dass er im Auftrag gehandelt hat, sondern eher, dass seine Vorgesetzten bei der Stasi entsetzt waren über das, was er da angestellt hatte. Die hatten Angst, dass rauskommt, welchen Hintergrund er hat.

KLUGE: In Geheimdiensten gibt es Leute, die eine verkappte Aggression haben. Es kann auch sein, dass sie partiell verrückt sind.

AUST: Kurras passte ins Bild der Polizei, er passte auch ins Bild des Stasiagenten.

KLUGE: Gibt es im Auslands- oder im Innendienst der Stasi einen Romanschreiber, der, wie der Dichter Stendhal in der Zeit Napoleons, aus den Akten heraus Romane schreibt? So viel Innenleben von Menschen, wie da zusammenkommt, so viel Romanstoff gibt es nicht zweimal. Gibt es einen in irgendeinem Geheimdienst der Welt Balzac, der in den Nachmittagsstunden Romane schreibt?

Wie stellt man Sachlichkeit her?

Gespräch zwischen Alexander Kluge und Stefan Aust
vom 20. Oktober 2022

ALEXANDER KLUGE: Vorstellungsvermögen, Einfühlung, Fantasie sind große menschliche Qualitäten, auch die Sachlichkeit und das Beobachten.

STEFAN AUST: Das sind noch größere Qualitäten.

KLUGE: Sachlich zu sein erfordert mehr Anspannung, mehr Emotion als jede Einbildungskraft, die ja von selbst sprudelt. Du musst dich in etwas Fremdes hineinversetzen können.

AUST: Mit möglicherweise beschränktem Wissen muss man die wichtigen Punkte erkennen können. Das Wichtigste ist, Wichtiges von Unwichtigem unterscheiden zu können. Ich hatte Kollegen, die jeden Abu und Ibn auswendig kannten, wenn es um islamische Gruppierungen ging. Aber sie konnten Wichtiges von Unwichtigem nicht unterscheiden.

KLUGE: Wie stellt man Sachlichkeit her? Um die Schwankungen des Gemüts abzufangen, brauchst du eine Plattform.

AUST: Genau das ist die Funktion einer intakten Öffentlichkeit.

Öffentlichkeit und Vielfalt der Sprachen

Alexander Kluge

Vom Geist denkt man, dass er »irgendwie über den Dingen schwebt«. Tatsächlich ist er der »Sinn der Sache«. Es gibt nichts, was sich bewegt aus bloßer Materialität.

Der MATERIALISMUS, der die Existenz des Geistes bezweifelt, ist insofern reell, als dass er die Artistik, die Höhenflüge, die Hochstapelei des Geistes auf den Boden der Tatsachen zurückholt. Selber fliegen vermag der Materialismus nicht.

Dieses spirituelle Wesen lässt sich in der Physik, vor allem in der Mikrophysik der Quanten – also in den Findigkeiten und verblüffenden Paradoxien der Wirklichkeit und der Elemente – aufspüren. Es gibt den »Geist« wirklich. Die funktionale Mathematik der Göttinger Schule, auf der die Atomphysik ebenso sich gründet wie ein Teil der digitalen Welt, zieht ihre Nahrung aus Denkgesetzen, die in der Umgangssprache nicht ausdrückbar wären, die sich nur in mathematischer Sprache fassen lassen. Auf dem Gegenpol davon, den lebhaften Bewegungen der Seele, ist es die Musik, ebenfalls eine Zweit- und Drittsprache der Menschen, in der sich die subjektiven Bewegungen der Menschen ausdrücken lassen.

Es sind also nicht nur die Dialekte, die Verschiedenheit der Nationalsprachen, die Sprache der Powerpoints auf globalen Konferenzen und auf der anderen Seite – in Mühlheim, Halberstadt oder Stade oder anderen Orten, an denen Till Eulenspiegel lebt – der Mutterwitz und der Witz und das Thekengespräch überhaupt, die einander gegenüberstehen. Verkehrssprache und universale Sprachen von Musik, Poetik und Mathematik zählen ebenso dazu und zeigen den Zauber, den Öffentlichkeiten und das menschliche Babylon entfalten können, wenn sie es nur täten.

Der Turmbau von Babylon und die Sprachverwirrung

Es ist bekannt, dass der Turmbau von Babel kein dauerhaftes Gebäude schuf. Dieser Bau löste außerdem die SPRACHVERWIRRUNG aus. Ursprünglich, so wird es erzählt, haben sich die Bauleute, die den Turm errichteten und aus verschiedenen Regionen und Sprachwelten stammten, in ihren Dialekten und ihrer angeborenen Vielsprachigkeit gut verständigt. Dann kam die Befehls- und Einheitssprache. Sie ist es, die die Sprachverwirrung, das Unvermögen, sich zu verständigen, unter den Menschen auslöste. Man kann vermuten, dass die Sprachverwirrung, der Verlust an gemeinsamer Öffentlichkeit, den Turmbau als Erstes beschädigte.

Immanuel Kant geht in seiner Vorrede zu seinem Hauptwerk auf diesen Mythos ein. Es wäre besser gewesen, statt eines Turmbaus »einfache Wohnungen für unsere Erfahrung« zu bauen, sagt er. Das, so fährt er fort, können wir noch immer tun. Die ARCHITEKTUR DER VERNUNFT, der Hausbau für unsere Erfahrung, entwickelt eine Publizität, eine Öffentlichkeit, und dadurch einen Austausch und eine Sortierung selbst verrückter einseitiger Gedanken hin zu einer brauchbaren, erfahrungs- und emotionsgesättigten Orientierung. Das sei die Verfassung, die sich das Menschengeschlecht gebe. Es sei die Basis jeder Republik. Und außer den Republiken, die sich als Staat äußern, gebe es »die Republik des Geistes«. An ihr robust zu zimmern und zu bauen fordert Gleichgewichtsgefühl, Proportion und eine friedliche Nebeneinanderschaltung aller menschlichen Impulse: der Verstandeswerkzeuge ebenso wie der Einbildungskraft, der Einfühlung und der Fantasie.

Im Zentrum liegt die Suche nach dem Zustand der »menschlichen Seelenkräfte« in der Phase *vor* der Sprachverwirrung, vor der Hochstapelei, der ALLMACHTSILLUSION, vor der Kommandogewalt, die unsere gesellschaftlichen Systeme immer noch durchherrscht – nach Entmachtung der Monarchien sind viel Autokratie, Gewalt, Kommando und Zwang im Schwange. Re-Babylonisierung heißt Abbau der fantastischen Pläne, Herstellung der robusten Basis.

Die Kategorie ÖFFENTLICHE VIELFALT fordert einen Prozess der Wiedergewinnung und der generösen Zulassung solcher Vielfalt. Unsere Öffentlichkeiten enthalten eine starke Normierung und Abstufung des Ausdrucks. Zu wichtigen Dingen kann man fast nirgends *natürlich sprechen*.

Es gilt, die UMKEHRUNG DES ZEITPFEILS zu studieren. In der Wirklichkeit können wir (bisher) vergangene Fakten nicht wenden, also den Zeitpfeil nicht umkehren. Bei vielen Reden, in den Meinungen, in der Welt der Einbildungskraft dagegen können wir das verlässlich. Es gibt den Eigensinn der Menschen, es gibt ein rebellisches Element in der Sprache, in den Worten und nach dem Talmud sogar in den Buchstaben und den Zahlen. Diese rebellische Kraft zu respektieren und aus ihren Fesseln zu lösen gehört mit zu der Arbeit an einer intakten Öffentlichkeit, sie gehört mit zum »erweiterten Strukturwandel der Öffentlichkeit«, von dem Jürgen Habermas in seinem Artikel in der Zeitschrift *Leviathan* spricht. An dieser Stelle geht es mir nur darum, dass wir uns an das Wort RE-BABYLONISIERUNG gewöhnen oder dass wir ein anderes Wort dafür finden, aber doch in Richtung der Befreiung von der Tyrannei der Mittelwerte und der Sprachverbote arbeiten.

Der Gegenpol zu Öffentlichkeit:
Tyranny of Intimacy (Richard Sennett)

Das monumentale Buch des amerikanischen Soziologen Richard Sennett handelt mit Trauer vom Ende der klassischen Öffentlichkeit. Sennett spricht vom *Verfall und Ende des öffentlichen Lebens*. Der Untertitel lautet: *Die Tyrannei der Intimität*. Der Zerfall in kleine Zirkelkreise, in die Höhlen und Wärmestuben, in denen Menschen den Direktkontakt zu anderen Menschen vermuten, ist, sagt Richard Sennett, ein »aus dem Untergrund regierender Tyrann«. Er ist eine Art der Selbstverteidigung der Menschen. Wenn sich aber jeder auf seine In-Group, in sein Schneckenhaus, zurückzieht, so fällt die Öffentlichkeit in sich zusammen. Die Tyrannei der Mittelwerte, der Sprachverbote und die Tyrannei der Tyrannen, einschließlich der Systeme des »verwalteten Lebens«, werden durch diesen populistischen Gegen-Tyrannen, der seine Freiheit an der zur Gesellschaft entgegengesetzten Seite sucht, den Tyrannen namens Misstrauen, an Macht übertrumpft. Dies ist Tyranny of Intimacy.

Ein geheimer Nebengedanke des Senders XXP: Die transatlantische TV-Nachtbrücke nach New York

Unsere Beobachtung war, dass im deutschen Fernsehen von 00:00 bis 05:00 Uhr früh nur Resteverwertung und ein Stück Pornografie stattfindet. Stefan Aust und ich hatten die Idee, in dieser Zeit das Beste, was uns einfällt, zu senden. In der Nacht von 00:00 bis 05:00 Uhr früh herrscht ein Zustand der Freiheit im TV. Keine Quotendiktatur, kein Interesse der Marketingfirmen, keine Weisungen und Obstruktionen von Obrigkeiten in den Sendeleitungen, die ein authentisches, spontanes, hoch qualifiziertes Programm behindern könnten.

Die Idee bestand im Folgenden, das eine durchaus praktische Chance hatte: Eine Sendezeit um 02:00 Uhr nachts in der Bundesrepublik entspricht der Peak-Time von 20:00 bis 24:00 Uhr in New York. Mit dem kleinen Sender Papertiger TV – mit dem die Kulturmagazine der dctp ohnehin zusammenarbeiteten – und einer großen öffentlich-rechtlichen Sendeanstalt in New York hatten wir Gespräche geführt. Beinahe wäre uns eine solche TRANS-ATLANTISCHE BRÜCKE geglückt. Grundlegende Fragen wie: Wo kommen wir Menschen her, wo gehen wir hin? Was sagt ein Experte wie Hermann Parzinger über die Evolution und die Entwicklung der Menschheit vor Erfindung der Schrift? Was bringt die Zukunft? Was haben Physik, Astrophysik, Gravitationsforschung, die nobelpreisträchtige Theorie der Verschränkung der Elementarteilchen in der Quantenphysik mitzuteilen? Das ist für New York genauso interessant wie für Europa.

Das wären nur Beispiele. Hätte es eine wagemutige Vertriebsorganisation (anders als die des ängstlichen *Spiegels*) und eine

Förderung für die Synchronisation und Untertitelung ins Englische gegeben, hätten wir diesen Brückenkopf an Öffentlichkeit quer über den Atlantik zustande gebracht. Dass der Globus rund ist und in voller Bewegung, enthält Chancen, die wir uns im Alltag nicht vorstellen, dass es nämlich heller, leuchtender Frühabend ist in New York, wenn wir in Europa tief schlafen. Poeten und Publizisten wie der geniale Ben Lerner und der »wissenschaftliche Poet« Richard Sennett und viele andere aus dem reichen Potenzial der USA hätten auf unserer Seite gesendet.

EIN BABYLON AN ÖFFENTLICHKEITEN/ Wenn man die Vielstimmigkeit und den Originalton respektiert, findet man für alles einen Ausweg ...

»So sind wir alle ein winziger Chip in der Evolution«

Gespräch zwischen Alexander Kluge und Stefan Aust
vom 20. Oktober 2022

ALEXANDER KLUGE: 2011 haben wir die DVD-Edition *MENSCH 2.0. Die Evolution in unserer Hand* veröffentlicht. Das ist ein abendfüllender Film über die Kondition des Menschen. Es geht um künstliche und um natürliche Intelligenz. In einem Chip stecken 80 Millionen Lebensläufe. Unsere Vorgeschichte befindet sich auch in der künstlichen Intelligenz. Insofern ist die künstliche Intelligenz nicht gegen oder ohne Menschen, sie ist nur benutzbar mit Menschen. Sie ist entstanden aus menschlichen Lebensläufen. Es gibt die Evolution, welche die Digitalität auf der einen Seite mit sich führt und auf der anderen Seite bei jedem Kind neu entsteht, in der Form, dass wir interessante, besondere Tiere sind. Wir sind verdrahtet mit der Vergangenheit von drei Milliarden Jahren. Auch ein Fisch in uns existiert. In deinem Kopf atmen die Kiemen. Die Schlangen hören mit den Kiefern. Dieser Kiefer der Schlange wanderte in unser Ohr und wird das kleine Hämmerchen, mit dem wir hören. Das ist Teil eines ehemaligen Schlangenkiefers.
STEFAN AUST: So sind wir alle ein winziger Chip in der Evolution.
KLUGE: Das gibt auch einen Halt und eine gewisse Verlässlichkeit. Bald kannst du alles das, was ein Mensch ist, digital in die Größe einer Streichholzschachtel bringen und nach dem digitalen 3-D-Produktionsverfahren auf einem fremden Planeten neu aufbauen.
AUST: Ich habe eine Art von Autobiografie geschrieben. Die ist so groß wie ein Schuhkarton. Da passt mein Leben hinein. Auf bedrucktem Papier. In einem Chip ist mein Leben so groß wie ein Fingernagel.

»Kleiner Einzelschritt zu einer europäischen Öffentlichkeit, wenn davon tausend notwendig sind«

Gespräch zwischen Alexander Kluge und Stefan Aust

ALEXANDER KLUGE: 80 Prozent einer Gesellschaft wie Deutschland – das gilt aber für fast alle europäischen Länder – bestehen aus Regionen, aus Orten wie Albstadt auf der Schwäbischen Alb. Diese Peripherie ist das »lebendige Europa«. Die Menschen ticken dort anders als in Berlin, Stuttgart, Frankfurt oder Hamburg. Metropolen haben eine Öffentlichkeit, und gleichzeitig gibt es auch die regionale Öffentlichkeit. Ich komme aus Halberstadt, du kommst aus Stade, wir kommen aus regionalen Öffentlichkeiten. Man könnte nach dem System, das du vorschlägst, mit den Sendeplätzen auch sagen: Es kann Kooperationen mit regionalen Zeitungen, mit regionalen Gruppen geben. In Amerika existiert kein zentrales öffentlich-rechtliches System. Gegen Rupert Murdochs Imperium, das Öffentlichkeit zerstört und verfälscht, gibt es dort kleine kommunale Fernsehstationen wie Paper Tiger Television, in New York, mit der die dctp mehrere Jahre zusammengearbeitet hat. Die sprechen anders, haben andere Aufmerksamkeiten und Erfahrungen. Diese regionale Erfahrung wäre zum Beispiel in Spanien auch die des Baskenlandes oder die von Katalonien. Dazu gehören ebenfalls Regionen wie Andalusien, Kastilien oder Galicien, das die östlichste Provinz Spaniens zum Atlantik hin ist. Mit der Entwicklung der Provinz Galicien beschäftigt sich der Architekt David Chipperfield. Das Selbstbewusstsein dieser konkreten, authentischen, regionalen Öffentlichkeiten ist das eigentliche Leben von Europa.

STEFAN AUST: Die öffentlich-rechtlichen Sender bei uns machen in den dritten Programmen eine ordentliche regionale Berichterstattung. Ich verfolge das dritte Programm beim NDR, dann gibt es noch das Hamburger, das Schleswig-Holsteinische, das Niedersächsische und das Bremer Regionalprogramm.

KLUGE: Wie stellst du dir eine europäische Öffentlichkeit vor?

AUST: Zu Beginn der Coronazeit war ich in Washington eingeladen zu einer Hochzeit. Die Braut war eine bekannte amerikanische Managerin. Sie war stellvertretende Chefin von Amazon Cloud. Vorher war sie bei Microsoft zuständig für Staatsaufträge. Davor war sie im amerikanischen Verteidigungsministerium zuständig für Aufträge an Computerfirmen. Diese Frau sagte: Man muss in Europa eine Universität einrichten, eine EUROPEAN DIGITAL ACADEMY. Die sollte im Grenzbereich zwischen Deutschland, Frankreich, Holland, Belgien liegen, also in Aachen und Umgebung. Sie muss auf Englisch sein. Da muss man zusammenarbeiten mit Firmen, indem man Studenten gleichzeitig einen Job in der Wirtschaft gibt. Aus dieser Universität müssen sich einzelne Privatobjekte entwickeln. Man muss eine große europäische digitale Universität schaffen. Wenn wir das nicht machen, kaufen wir unsere Materialien von den Amerikanern und werden von denen so abhängig, wie wir vom russischen Gas abhängig wurden.

Rudolf Augstein und Stefan Aust.

Alexander Kluge.

Joseph Beuys und Alexander Kluge im Gespräch auf dem Gründungsparteitag der Grünen.

Stefan Aust interviewt Edward Snowden.

Zur Person

Stefan Aust

Geboren 1946 in Stade, Journalist, Autor und Filmemacher.

Nach dem Abitur 1966 arbeitete er drei Jahre bei der Zeitschrift *Konkret* und danach viele Jahre beim NDR, vor allem für die Sendung *Panorama*. Sein Film über ein verschwiegenes Todesurteil, das der Marinerichter Filbinger im Zweiten Weltkrieg gefällt hatte, führte zu dessen Rücktritt als Ministerpräsident.

Gemeinsam mit Alexander Kluge und Volker Schlöndorff arbeitete er bei den Filmen *Der Kandidat* und *Krieg und Frieden* mit.

1985 veröffentlichte er das Buch *Der Baader-Meinhof-Komplex*, das inzwischen als »Klassiker« *(Frankfurter Allgemeine Zeitung)* gilt, von Bernd Eichinger (Regie Uli Edel) verfilmt und 2008 für den Oscar nominiert wurde. Der Film *Stammheim*, zu dem Aust das Drehbuch schrieb (Regie Reinhard Hauff) gewann 1986 in Berlin den Goldenen Bär.

Aust gründete 1988 *Spiegel TV* und moderierte die wöchentliche Magazinsendung. 1994 wurde er vom Herausgeber Rudolf Augstein als Chefredakteur des *Spiegels* eingesetzt und nahm diese Position für zwölf Jahre wahr. Während der Zeit bei *Spiegel TV* und *Spiegel* arbeitete er eng mit Alexander Kluge zusammen, dessen dctp die unabhängigen Sendeflächen im privaten Fernsehen zur Verfügung stellte. Diese Zeit des »Fernsehens ohne Intendant« gehörte zu den interessantesten Phasen seiner journalistischen Arbeit. Im Herbst 1989 dokumentierte ein Kamerateam von *Spiegel TV* als einziges Medium den Moment, an dem der Schlagbaum in der Bornholmer Straße aufging und damit der Fall der Mauer eingeleitet wurde. Die Berichte von *Spiegel TV* über den Untergang der DDR und die Aufdeckung vieler Stasigeheimnisse gehörten zu den wichtigsten filmischen Dokumenten dieser historischen Wendezeit.

Seit 2014 ist Aust Herausgeber der *Welt* und schrieb weitere Bücher, darunter 2021 seine eigene journalistische Geschichte *(Zeitreise)* und (gemeinsam mit Adrian Geiges) das Buch *Xi Jinping – Der mächtigste Mann der Welt*, das inzwischen in zahlreiche Sprachen übersetzt wurde.

Alexander Kluge

Geboren 1932 in Halberstadt, Jurist, Autor und Filmemacher.

Im Jahr 1974 publizierte er gemeinsam mit dem Soziologen Oskar Negt in Reaktion auf das grundlegende Werk von Jürgen Habermas *Strukturwandel der Öffentlichkeit* im Suhrkamp Verlag das Buch *Öffentlichkeit und Erfahrung*. Jeder Mensch macht seine Lebenserfahrung. Aber damit seine persönliche Erfahrung sich mit Selbstbewusstsein verknüpft, dafür sind die Kontakte nötig, die die Öffentlichkeit vermittelt. Es geht dabei immer auch um eine Gegenöffentlichkeit, die im Interesse von Direktheit, Mündlichkeit und von der Lebenswelt her die herrschende Öffentlichkeit ergänzt.

Mit dem Film *Deutschland im Herbst* entstand nach 1977 im Neuen Deutschen Film, an dessen Erfolg Kluge mit seinen Filmen *Abschied von gestern* und *Artisten in der Zirkuskuppel: ratlos* von Anfang an beteiligt war, ein Typ der Zusammenarbeit mehrerer Regisseure: anstelle des vom Roman abgeleiteten Spielfilms hin zum gefilmten Nachrichtenblatt, also zur Zeitung hin. Nach Rainer Werner Fassbinders Tod setzte sich die Idee des *Kinos der Autoren* in den unabhängigen Fensterprogrammen im deutschen Privatfernsehen fort: »Das Fernsehen der Autoren«. Stefan Aust und Kluge arbeiteten in dem Düsseldorfer Unternehmen dctp zusammen. In Anlehnung an die sogenannte *Stuttgarter Schule* des Dokumentarfilms in der ARD, die *Berliner Schule* im Kino, die innovative Richtung in öffentlich-rechtlichen Fernsehredaktionen wie der von Günter Rohrbach (WDR) sowie Heinz Ungureit und Willi Segler (ZDF) ging es in den *unabhängigen Fensterprogrammen* um Erneuerung.

Heute, in der Algorithmenwelt der großen Fünf von Silicon Valley und angesichts der Herausforderungen einer wirren Weltöffentlichkeit, ist eine unabhängige Öffentlichkeit noch wichtiger als vor 30 Jahren. Ein Gegen-Algorithmus – in der ganzen Bandbreite zwischen Helge Schneider und Jürgen Habermas – ist so aktuell wie nie.

NACHWEISE & HINWEISE

Zu »Was bedeutet dctp?«

Es gibt im Netz das Magazin https://magazin.dctp.tv/ und den On-linesender https://dctp.tv. Die Landesanstalt für Medien NRW hat im Namen des sogenannten Länderausschusses nach dem Satel-litenstaatsvertrag dieses Programm bis 2030 lizenziert. Es ist mit *Spiegel Online* vernetzt und korrespondiert mit *Spiegel TV* und dem Unternehmen *schnee von morgen*.

 www.dctp.tv.

Zu »Filme mit Überlänge, sehr kurze Filme«

Über lange und kurze Formen

Thomas Combrink

Während seiner Tätigkeit als Dozent am Institut für Filmgestaltung an der Hochschule für Gestaltung in Ulm in den Sechzigerjahren hat Alexander Kluge mit seinen Studenten die Form des Minu-tenfilms erprobt. Die zeitliche Einheit bedeutet keineswegs, dass der Beitrag exakt 60 Sekunden lang ist. Vielmehr ist die Minute metaphorisch zu verstehen, sie soll auf die überschaubare Spanne der bewegten Bilder hinweisen. Kluge hat auch in den folgenden Jahren mit dieser Form gearbeitet. Seine Filme *Die Artisten in der Zirkuskuppel: ratlos* von 1968 oder auch *Die Patriotin* von 1979 bestehen aus Episoden und Bruchstücken, also aus kleineren Einheiten. Dabei handelt es sich um Szenen mit Schauspielern, mit einem Handlungsgerüst, Dialogen oder Kommentaren des Erzäh-lers. Gleichzeitig integriert sind dokumentarische Passagen, Inter-views mit Personen oder Zitate aus anderen Filmen. Daneben fin-den sich Kommentare zu einzelnen Bildern, verbunden mit Musik.

Kluges Filme gewinnen ihren Umfang oft durch den Anschluss einzelner, überschaubarer Einheiten. Auch in seinen Arbeiten für das Privatfernsehen ab Mitte der Achtzigerjahre taucht das Prinzip des Baukastens wieder auf. Hier sind die Passagen teilweise länger. Gespräche mit Wissenschaftlern, Künstlern, Politikern oder auch Schauspielern auf den Sendern Sat.1 und RTL haben je nach Format des Kulturmagazins unterschiedliche Längen. In der Sendung *Primetime* kommen die Personen 15 Minuten zu Wort, das Magazin *10 vor 11* ist 24 Minuten lang, die Ausgabe *News & Stories* umfasst 45 Minuten. Auch diese Interviews sind meistens geschnitten, bestehen ebenfalls aus kleineren Einheiten; der Zusammenhang der Teile ist aber im Gegensatz zu den Kinofilmen deutlich enger.

Durch die Übernahme des Senders VOX im Jahre 1994 konnten im Fernsehen längere Formate gesendet werden; es handelte sich um Themenabende, die vor allem von *Spiegel TV* genutzt wurden. Alexander Kluge konnte auf VOX in der Nacht mehrstündige Zusammenstellungen seiner Beiträge veröffentlichen, zum Beispiel mit Sendungen von Einar Schleef oder Christoph Schlingensief. Mit der Gründung des Senders XXP im Mai 2001 bestand schließlich die Möglichkeit, Thementage einzurichten, also die Länge des inhaltlichen Zusammenhangs zu erweitern. Dabei kam es auch zu Wochen, die perspektivisch gebaut waren. In der Zeit vom 14. Mai bis zum 20. Mai 2001 war das Thema auf XXP »Wege des Protestes«. Die Beiträge am Montag, dem 14. Mai, bestanden unter anderem aus Filmen vom Institut für Filmgestaltung an der Hochschule für Gestaltung in Ulm über die Protestbewegung; es handelte sich um Arbeiten von Hans-Dieter Müller und Günther Hörmann. Hinzu traten Gespräche, die Alexander Kluge mit Oskar Negt geführt hatte. Am Abend fand eine Diskussionsrunde mit Stefan Aust und Gerhard Spörl statt, die Gäste waren Daniel Cohn-Bendit, Peter Gauweiler und Florian Illies. Im Anschluss folgte der Film *Deutschland im Herbst*, der 1978 veröffentlicht wurde und eine Reaktion darstellt auf die Suizide der RAF-Terroristen in Stammheim im Oktober 1977. Danach wurde eine Dokumentation der BBC über die Protestbewegung im Jahr 1968 gesendet. Die einzelnen Themen verteilten sich im Programm auf

Wochen, Tage, Abende und Nächte. Diese umfangreichen Zusammenstellungen finden sich wieder bei den DVD-Editionen; eine Kooperation zwischen Alexander Kluge und *Spiegel TV* zur deutschen Wende lautet *Der letzte Sommer der DDR*, publiziert 2009; eine weitere Zusammenarbeit heißt *Der Blitzkrieg. Das Prinzip Überraschung*, veröffentlicht ebenfalls im Jahre 2009. Bei den Materialien auf den DVDs handelt es sich um Sammlungen gesendeter Beiträge.

Alexander Kluge reagierte bei dem Projekt *Nachrichten aus der ideologischen Antike. Marx – Eisenstein – Das Kapital* aus dem Jahre 2008 auf eine Anfrage der Verlegerin des Suhrkamp Verlags, Ulla Unseld-Berkéwicz. Es ging um den ersten Beitrag für die neu etablierte Reihe der filmedition suhrkamp. Über neun Stunden mit bewegten Bildern finden sich auf den drei Datenträgern. Kluge nahm das Thema einer möglichen Verfilmung des *Kapitals* von Karl Marx durch den Regisseur Sergei Eisenstein zum Anlass, authentische und fingierte Gespräche zu führen, die teilweise auf RTL und Sat.1 gesendet wurden. Das Prinzip der langen und der kurzen Filme wurde von Alexander Kluge fortgesetzt im Bereich der Ausstellungen, der nach seinem Rückzug aus dem Fernsehen für ihn an Relevanz gewann. Die Werkschau »Pluriversum«, die im Museum Folkwang in Essen vom 15. September 2017 bis zum 7. Januar 2018 zu sehen war, enthielt sowohl Minutenfilme als auch lange Beiträge.

Zu »Der Kandidat – Zusammenarbeit in München«

Der Kandidat. BR Deutschland 1980, ein Film von Alexander Kluge, Stefan Aust, Volker Schlöndorff, Alexander von Eschwege. *Kamera* Igor Luther, Werner Lüring, Thomas Mauch, Jörg Schmidt-Reitwein, Bodo Keßler. *Montage und Schnitt* Beate Mainka-Jellinghaus. *Länge* 3529 m, 129 min. *Prüfung* FSK 18.4.1980, Nr. 51499, ab 6 Jahre, feiertagsfrei. *Uraufführung* 18.4.1980.

Dazu und zu den folgenden Seiten auch: Alexander Kluge: *Geschichten vom Kino*, Suhrkamp 2006

Zu »Der eigene Sender: XXP«

XXP – Programmheft

Themenwoche »2 Wege des Protestes«:
14. Mai – 20. Mai 2001/KW20

Montag, 14. Mai

15:00 Uhr	**Bilder aus der deutschen Vergangenheit**

Bilder aus der deutschen Vergangenheit
Ein filmisches Dokument von Hans-Dieter
Müller, das die heftigen Kämpfe zwischen
Studenten und Professoren während der
Grundordnungsdebatte im Jahre 1968 in
Freiburg beschreibt, die mit der Sprengung
des Senats endet.

**Aktiver Streit an der politischen Universität
in Frankfurt/Main 1968**

Der Öffentlichkeitsmacher: K. D. Wolff
Ein Porträt des temperamentvollen Verlegers
K. D. Wolff, ehemaliges Mitglied der SDD-
Führungsgruppe. Mit der gleichen Radikali-
tät wie in der Studentenbewegung kümmert
er sich heute mit seinen Herausgebern um die
authentischen Texte großer Autoren.

Oskar Negts »Kindheit und Lernen«
Der Hochschullehrer und Autor schrieb zu
Beginn der Protestbewegung das bahnbre-
chende Buch *Soziologische Fantasie und
exemplarisches Lernen.* Jetzt behandelt er
in seinem neuen Buch Kindheit und Lernen
in einer Zeit des Umbruchs und plädiert für
einen neuen Generationenvertrag.

Die freiwillige Selbstauflösung der SDS
Gefilmtes Protokoll der letzten Delegier-
tenkonferenz des SDS in Hannover. Das
authentische Filmdokument ist von Günther
Hörmann gedreht und von einer informellen
Gruppe des SDS seinerzeit im unmittelbaren
Zusammenhang der damaligen Diskussion
kommentiert.

**Die erste sozialistische Butterfahrt der
Clara Zetkin**
Christoph Schlingensief und sein Theater
zeigen in einem Open-Air-Spektakel mit
viel Lautstärke und Gefühl eine Lebensbe-
schreibung der sozialistischen Vorkämpferin
Clara Zetkin.

18:30 Uhr   **Interview Ibrahim Böhme**
1993
Bericht über Ibrahim (eigentlich Manfred
Otto, den Vornamen Ibrahim legte er sich zu)
Böhme, ehemals Hoffnungsträger und Mit-
begründer der Ost-SPD, der nach verlorener
Volkskammerwahl 1990 und Entlarvung als
Stasi-Spitzel alle Parteiämter verlor. Er starb
am 22. November 1999.

19:00 Uhr   **Das Gespräch**
Oskar Negt über »Fröhliches Scheitern in der
Risikogesellschaft«

19:30 Uhr   **Punkt X – Das Nachrichtenmagazin**

20:15 Uhr   **XXP – Der große Abend:**
»Wege des Protestes« mit Stefan Aust und
Dr. Gerhard Spörl
Gäste: Daniel Cohn-Bendit, Peter Gauweiler,
Florian Illies

22:00 Uhr   **Deutschland im Herbst BRD 1977/78**
von A. Brustellin, B. Sinkel, R. W. Fassbinder, A. Kluge, E. Reitz, V. Schlöndorff,
H. P. Cloos, K. Rupé, Beate Mainka-Jellinghaus, M. Mainka. P. Schubert mit: Caroline
Chaniolleau, Hildegard Friese, Heinz Ben-
nent, Dieter Laser, Helmut Griem u. a.
Bundesfilmpreis 1978
Es handelt sich um einen gemeinsamen
Autorenfilm von elf Regisseuren, die als
ausgeprägte Individualisten bekannt sind.
Trotzdem bilden diese Beiträge eine Einheit.
Die Einheit der Gegensätze, die auch den
radikalen Herbst 1997 kennzeichnen: Unter
anderem Staatsakt Hanns Martin Schleyer;
der Tod von 3 RAF-Mitgliedern in Stammheim; der SPD-Parteitag Herbst 1977 und
die psychische und physische Selbstent-
blößung von R. W. Fassbinder.

00:00 Uhr   **Das Jahrhundert – People's Century**
BBC-Dokumentation 1995
Bilder, Dokumente und Zeitzeugenberichte
über die großen Ereignisse und den Alltag des
20. Jahrhunderts in 26 Folgen à 50 Minuten,
Folge 21/26
1968 – »Die Studentenbewegung«
In Europa und in den USA bäumen sich vor
allem die Studenten auf. Sie fordern mehr
Freiheit und protestieren vor allem gegen das
Establishment und die überkommenen Werte
der Elterngeneration.

01:00 Uhr   **XXP – Der große Abend:**
»Wege des Protestes« mit Stefan Aust und
Dr. Gerhard Spörl
Gäste: Daniel Cohn-Bendit, Peter Gauweiler,
Florian Illies.

[...]

Wir über uns. Sondersendung über die Grundidee
von XXP mit Stefan Aust und Alexander Kluge.

Zu »Der Deutschland-Komplex«

Der Deutschland-Komplex – 21 915 Tage Bundesrepublik.

Ein Film von Stefan Aust und Alexander Kluge

60 Jahre sind, wenn man die Schaltjahre berücksichtigt, 21 915 Tage.
In dieser Weise, nämlich nach Tagen und Stunden und nicht nach
Jahren und Jahrzehnten, erleben die konkreten Menschen unseres Landes die Zeitgeschichte. Geschichte ist Teil unseres Lebens.

Unter Mitarbeit und mit Beiträgen von Stefan Zimmer, Günther Hörmann, Christoph Schlingensief, Michael Christ, Walter
Lenertz, Thomas Willke und vielen anderen. Mit Musik von Gustav & Band (Eva Jantschitsch).

90 Minuten Netto-Sendelänge

Bücher zum Thema Öffentlichkeit

Jürgen Habermas: *Strukturwandel der Öffentlichkeit. Untersuchungen zu einer Kategorie der bürgerlichen Gesellschaft.* Luchterhand: Neuwied am Rhein 1962.

Oskar Negt/Alexander Kluge: *Öffentlichkeit und Erfahrung.* Suhrkamp: Frankfurt am Main 1972.

Klaus von Bismarck/Günter Gaus/Alexander Kluge/Ferdinand Sieger: *Industrialisierung des Bewußtseins. Eine kritische Auseinandersetzung mit den »neuen Medien«.* Piper: München 1985.

Richard Sennett: *Verfall und Ende des öffentlichen Lebens. Die Tyrannei der Intimität.* Fischer: Frankfurt am Main 1986.

Adam Smith: *Theorie der ethischen Gefühle.* Herausgegeben von Horst D. Brandt. Meiner: Hamburg 2010.

Jürgen Habermas: *Ein neuer Strukturwandel der Öffentlichkeit und die deliberative Politik.* Suhrkamp: Berlin 2022.

Die Kommunikationsbrücke
nach New York

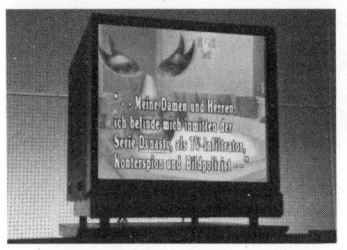 

Die Programmkategorie ZUSAMMENHANG (Konstellation, Beispiel: »Stadt«)

Von Städten und Menschen

Das Thema Metropolen als Beispiel für die Zusammenarbeit zwischen *Spiegel TV* (Stefan Aust) und den Kulturmagazinen *Primetime, 10 vor 11* und *News & Stories*
(Alexander Kluge)

Aus der Redaktion von *Spiegel TV* stammen Serien von Doku-
mentationen zum Thema Stadt: die Städte des Ruhrgebiets und
die anderer Industriezonen. Der Untergrund von Metropolen.
Moderne. Moderne Großstädte unterscheiden sich durch ihre
Kanalisation von der sanitären Situation mittelalterlicher
Städte. Im Untergrund aber wühlen auch die U-Bahn-Bauten.
Das Zentrum von Chicago besaß unterirdische Anlagen – auch
für Gütertransport – bis zu sieben Stockwerken tief. Seit dem
Film *Der dritte Mann* sind »Städte von unten« ein lebendiges
Thema der Fantasie.

In Zusammenarbeit mit den Kulturmagazinen der dctp
fand das soziologische Untersuchungsprojekt von Richard
Sennett statt – unterstützt von der Alfred Herrhausen Ge-
sellschaft – über Metropolen wie Lagos, London, New York,
Schanghai, Johannesburg und Mexiko City. Die einmalig
gründliche, von Konferenzen begleitete Studie wurde in den
Kulturmagazinen filmisch begleitet und führte zu dem 90-Mi-
nuten-Film *Die Entstehung der Zivilisation aus Paradies
und Terror. DAS PRINZIP STADT.* Richard Sennett, Bernd
Scherer und Alexander Kluge veranstalteten aufgrund dieses
Films eine Konferenz im Haus der Kulturen der Welt Berlin.
Die Konferenz bestand aus Filmvorführungen, einer Aus-
stellung und einem Colloquium von Wissenschaftlern. Das
Berliner Event wurde in erweitertem Maßstab in London wie-
derholt und war der Beweggrund für weitere Untersuchungen

und vor allem Filme. Etwas, das solche TERRESTRISCHEN ANKER besitzt, was ein so hohes Maß von Gründlichkeit und Nachhaltigkeit erlaubt, ist wiederum im Fernsehen und im Netz besser aufzufinden. Alles dies sind – relativ kleine – Bausteine zu einer intakten Öffentlichkeit des 21. Jahrhunderts, somit Bausteine für den Gegen-Algorithmus zur Algorithmenwelt.

Der *Spiegel* arbeitet bei den Stadtprojekten – wie es auch sonst sein Produktionstypus ist – in Dokumentationen, die bis zu einer Stunde Länge haben können und eine repetitive thematische Linie ergeben. Die Kulturmagazine der dctp neigen eher zu besonderen Ausschnitten, bestehend aus Dokumentation, freier Filmmontage und Gesprächen, die untereinander keine Reihe bilden, aber sich in Sonderprogrammierungen wie der »Nacht der Metropolen« zu thematischen Sammlungen verbinden. Bei alledem antworten die Dokumentationen des *Spiegels* und die der Kulturmagazine aufeinander. In dem digitalen Fernsehsender *dctp.tv* bilden solche thematischen Programme sogenannte Schleifen von bis zu zehn Stunden. Dies gilt für Themen wie Wissenschaft, Kosmos, Geschichte, Krieg, Liebesbeziehungen, Musik, Mathematik, Krieg und Frieden, Sprachen, Arbeitswelt, Philosophie, die Kontinente der Erde, die Länder Europas und das »europäische Bauhaus«. Ziel der Langzeitprogramme ist die Fortsetzung der Arbeit, da der »Erzähler Wirklichkeit« immer schneller und reichhaltiger ist als das, was in Form des Films und des Journalismus berichtet werden kann.

Was sind Metropolen? Was wäre die Hauptstadt des 21. Jahrhunderts?

Gespräch zwischen Stefan Aust und Alexander Kluge vom 11. Februar 2023

STEFAN AUST: Ich sehe hier *Das Passagenwerk*, 2000 Seiten, von Walter Benjamin. Der Essay zu Anfang heißt »Paris, die Hauptstadt des 19. Jahrhunderts«. Das hat mit der Weltausstellung dort zu tun, dem Eiffelturm und damit, dass alle anderen Metropolen eifersüchtig sind auf die Avenuen, die die großen Plätze der Stadt miteinander verbinden und sich kreuzen.

ALEXANDER KLUGE: Was wäre eine »Hauptstadt des 20. Jahrhunderts«?

AUST: Das ist eindeutig New York. Mir sind die Häuser zu hoch. Aber das war die internationale Stadt des 20. Jahrhunderts.

KLUGE: Und was wäre »die Hauptstadt des 21. Jahrhunderts«?

AUST: New York bleibt der Sitz der UNO. Einer der größten Feinde der Vereinigten Staaten war Fidel Castro. Und trotzdem konnte er in New York zur UNO kommen. Das ist immer noch etwas Besonderes, aber es macht allein keine Hauptstadt für den ganzen Planeten aus. Was ist überhaupt eine Hauptstadt? Washington ist Hauptstadt der USA, New York ist die Supermetropole, Schanghai ist größer als Peking. Lagos ist ein riesiges Konglomerat, und Architekten studieren, was die Einwohner, von unten nach oben, in dieser überhaupt nicht westlichen Metropole improvisieren. Hauptstadt und Metropole ist das, wo sich die kommunikativen Wege kreuzen. Womit man sich identifiziert, wenn man sagt »unser Land«. Vielleicht ist die Hauptstadt des 21. Jahrhunderts die Summe aller Hauptstädte.

KLUGE: Oder es entwickelt sich im Internet so etwas wie eine Stadt?

AUST: Vor zehn Jahren hätten wir uns noch treffen müssen, um ein solches Gespräch zu führen. Das findet heute alles per Internet statt. Und das führt dazu, dass die Bedeutung der Städte als Treffpunkt von Leuten, von Politikern, von Moden, von Perspektiven und Orientierungen nicht unbedingt an Orte gebunden ist.

KLUGE: Die Mächtigen der Ökonomie treffen sich jeden Januar in Davos. Die Sternenforscher der Welt auf einem astrophysikalischen Weltkongress auf Hawaii. Die Mächtigen der Welt treffen sich auf dem G-20-Gipfel oder dem G-7-Gipfel, immer an verschiedenen Orten, eher selten in einer Großstadt.

AUST: Die Funktion, die eine Hauptstadt ausübte, ist heute auf viele getrennte Teilöffentlichkeiten gestreut. Jede braucht eine Aufmerksamkeit. Man braucht das Facettenauge einer Libelle, um alles das in Zusammenhang zu halten. Das ist ja gerade, die Idee eines »Metropolenfernsehens«. Die Freiheit und Spontanität aller dieser Einzelheiten und zerstreuten Wirklichkeiten wahrzunehmen, sie als das, was sie sind, nämlich als was Besonderes, zu beobachten und doch in *einer* Öffentlichkeit wieder zusammenzubringen. Wer das vermag, legt den Baustein zu einer Hauptstadt. Hauptstadt ist die Summe aller Perspektiven. Das ist ihr einziger Vorteil gegenüber dem flachen Land. Unsere Lebenswelt, wenigstens die der Mehrzahl der Menschen und immer die, in der wir aufwachsen, ist die Region.

Aus der dreiteiligen Serie »Reise durch Galizien« in der *Frankfurter Zeitung* vom 22. November 1924

Joseph Roth

Der literarische Autor schreibt in einer Tageszeitung. Wie konkret und aktuell er die Westukraine beschreibt, wie Zeiten von vor 1912 bis heute in einer Stadt »glücklich«, vor allem aber »grausam und disruptiv« einander über 100 Jahre hinweg abwechseln, das ist der wahre Unterbau einer intakten Öffentlichkeit und das, was zu erzählen sich lohnt.

Lemberg, die Stadt.

Es ist eine große Vermessenheit, Städte beschreiben zu wollen. Städte haben viele Gesichter, viele Launen, tausend Richtungen, bunte Ziele, düstere Geheimnisse, heitere Geheimnisse. Städte verbergen viel und offenbaren viel, jede ist eine Einheit, jede eine Vielheit, jede hat mehr Zeit als ein Berichterstatter, als ein Mensch, als eine Gruppe, als eine Nation. Die Städte überleben Völker, denen sie ihre Existenz verdanken, und Sprachen, in denen ihre Baumeister sich verständigt haben. Geburt, Leben und Tod einer Stadt hängen von vielen Gesetzen ab, die man in kein Schema bringen kann, die keine Regel zulassen. Es sind Ausnahmegesetze.

Uruk, die Stadt des Helden Gilgamesch. Eine der ältesten Metropolen im Zweistromland.

B wie Babel.
Halbzeit der Gefühle.

Filmstills aus dem abendfüllenden Film *Die Entstehung der Zivilisation aus Paradies und Terror – DAS PRINZIP STADT* von Alexander Kluge.

In der zweiten Natur. Schanghai – eine Stadt im Umbruch. Ausschnitt aus dem Film *Die Entstehung der Zivilisation aus Paradies und Terror – DAS PRINZIP STADT.*

Mega-City Schanghai/
Auf dem Wege zu einer neuen Wirklichkeit

News & Stories, 16. 10. 2005

Schanghai hat 13 Millionen Einwohner. In dieser Megastadt fand die Konferenz »Urban Age« statt. Architekten, Soziologen und Städteplaner untersuchten die innovativen und die zerstörerischen Strukturveränderungen, die das rasante Wachstum solcher Agglomerationen begleiten.

In Zusammenarbeit mit Richard Sennett, der London School of Economics und der Alfred Herrhausen Gesellschaft.

Das neue Schanghai ist schon jetzt mit der Stadt, die Schanghai noch vor 30 Jahren war, nicht mehr zu vergleichen. Eine »global city« auf dem Wege zu einer neuen Wirklichkeit.

Die offene Stadt/Richard Sennett: Welche Stadt passt zu ihren Menschen?

News & Stories, 12.11.2014

Seit 40 Jahren untersucht der angelsächsische Soziologe Richard Sennett mit seiner Arbeitsgruppe die Städte, vor allem die Megastädte wie New York, Lagos, Schanghai, Mexiko City, London, Sao Paolo u.a. Er leitet das »Urban Age Project«, das an der London School of Economics und an der New York University seinen Sitz hat.

Die erste Zivilisation in Mesopotamien um etwa 3000 vor Christus beruht bereits auf dem Prinzip Stadt. Dass Menschen auf so engem Raum miteinander leben, ohne sich totzuschlagen, erfordert im Verhältnis zu früheren Clans einen gesellschaftlichen Wandel. Er ist verbunden mit Schrift, Religion, Buchhaltung, Kooperation, Versorgung und Gesetzen. Alles dies bildet das »Prinzip Stadt«. In dieser Hinsicht sind Städte eine Toleranzleistung. Sie haben ihre Gestalt im Laufe der Jahrtausende mehrfach variiert und verändert. Bei den heutigen Agglomerationen und Megastädten, so die Forschungsergebnisse von Richard Sennett, ist aber nicht der persönliche Wunsch der Menschen vom Land in die Stadt der Hauptfaktor (»Stadtluft macht frei«). Vielmehr ist die Unmöglichkeit, auf dem Lande zu überleben, der Grund für die zunehmende Verstädterung. Die Städter z.B. in Lagos in Nigeria oder in Schanghai sind zunehmend »Landvertriebene«. Die Soziologen wissen, dass in einigen Jahrzehnten 70 Prozent der Menschen auf der Erde in städtischen Agglomerationen leben werden.

Richard Sennett unterscheidet bei seinen Untersuchungen »ville« (die Wohnstadt) von der »cité« (der Stadt, die ein Gemeinwesen darstellt). Viele geplante oder von Investoren strukturierte Städte, sagt er, bilden, vom Leben der Menschen hier betrachtet, Gefängnisse. Diesen verfehlten Konzepten stellen Richard Sennett und seine Mitarbeiter das Modell der OFFENEN STADT gegenüber, in der die Menschen selbst und nicht die Planer das Biotop der Stadt weiterentwickeln.

Was wir bauen, wirkt auf uns zurück/
Richard Sennett über Städtebau und das Genie der Hand

10 vor 11, 29.3.2010
Zu seinen großen Themen gehören die menschliche Arbeitskraft (sein letztes Buch heißt *Handwerk*). Gleich, ob eine Menschenhand mit dem Hammer oder mit einem Cello arbeitet, schwer sind nicht die Kraftgriffe, sondern die Feingriffe: Ganz leicht zu hämmern, das ist die Kunst. Sinnlichkeit, sagt Richard Sennett, ist in dieser Hinsicht die Basis aller Wissenschaft.

STADTPLANUNG UND ARCHITEKTUR

Stadtplanung und Architektur.
Wie wollen wir leben? Themenschleife.

Thema: Unterwelten

In der fast siebenstündigen Dokumentation »Die Geschichte des Menschen« von der BBC und der dctp, die auf Vox am 1. und 2. Februar 2013 gesendet wurde, jeweils um 20:15 Uhr, geht es in der dritten Folge unter anderem um den ersten chinesischen Kaiser Qin Shihuangdi. Sein Mausoleum stellte eine unterirdische Stadt dar in der Größe von ungefähr 60 Quadratkilometern. Unter der Oberfläche sollte sein Palast, sein Land und die Welt abgebildet werden, geschaffen von 700 000 Arbeitern. Berühmt sind die Terrakotta-Krieger, die man auch heute noch besichtigen kann. In dem Kulturmagazin »Ich, Herr des Weltkreises«, das am 20. Februar 2011 in der Reihe *News & Stories* auf Sat.1 gesendet wurde, spricht der Althistoriker Alexander Demandt über Alexander den Großen. Demandt ist der Meinung, dass das Grab dieses Herrschers im Untergrund von Alexandria bis heute erhalten sei. Seinen Studenten an der Universität teilte Demandt mit, der 1937 geboren wurde, dass zu ihren Lebzeiten das Grab noch gefunden wird. Das Thema der Unterwelt wird von Alexander Kluge in seinem Film *Orphea* aus dem Jahr 2020 wieder aufgenommen. Dabei handelt es sich um eine Kooperation mit dem philippinischen Filmemacher Khavn De La Cruz. Ausgangspunkt ist der Mythos um Orpheus, der seine tote Geliebte aus der Unterwelt zurückholen will und dabei scheitert. Im Film *Der Deutschland-Komplex. 21 915 Tage Bundesrepublik* von Stefan Aust und Alexander Kluge, der am 14. Juni 2009 in der Reihe *News & Stories* auf Sat.1 gesendet wurde, finden sich die Beiträge »Im Untergrund von Berlin-Mitte« und »Graffiti im Untergeschoss des Reichstags«. Der Führerbunker taucht in Alexander Kluges Buch *30. April 1945. Der Tag, an dem Hitler sich erschoß und die Westbindung der Deutschen begann* auf, das 2014 erschienen ist. Der unterirdische Bau von Adolf Hitler ist auch Thema der Dokumentationen von Michael Kloft bei *Spiegel TV*. In Alexander Kluges Kulturmagazinen ist die Sendung »Das Prinzip Bunker. Christian Welzbacher: Artenvielfalt in Beton« am 28. April 2014 in der Reihe *10 vor 11* auf RTL veröffentlicht worden. Noch vor der Gründung des Metropolensenders XXP hatte *Spiegel TV* im Jahre 1997 die Reihe *Metropolen von unten* gesendet. In 17 Folgen geht es einerseits um Orte, die unter der Erde liegen, zum Beispiel die Katakomben von Paris oder die U-Bahn von London. Andererseits ist »von unten« auch metaphorisch zu verstehen. Dabei handelt es sich um die Interessen von Randgruppen, um Drogenabhängige und Prostituierte. Gezeigt werden Einsätze der Polizei und der Feuerwehr. Wichtig ist die Subkultur, der »Underground«. Im Zentrum stehen Städte wie New York, Berlin, Hamburg, Paris, Moskau, Prag, Wien oder Amsterdam.

Die Reihe *Metropolis. Metropolen von unten* von *Spiegel TV* als Beispiel für einen dokumentarischen Zusammenhang

Metropolen von unten

2000. **Metropolis**	12.05.1997	044:25 **Berlin von unten**

Geschichte der Untergrundbahn in Berlin.

2010. **Metropolis**	19.05.1997	044:52 **New York von unten**

Bericht über die Undergroundszene und Subkultur der Metropole auf der einen und den New Yorker Subway auf der anderen Seite.

2026. **Metropolis**	26.05.1997	046:52 **Hamburg von unten**

Drogenszene und Straßenstrich am Hauptbahnhof, Szenetreffs im Untergrund, Gewalt in den S- und U-Bahnen.

Metropolen von unten

2038. Metropolis	02. 06. 1997	045:38 Paris von unten

Bericht über die berühmte Linie 1, die Katakomben von Paris.

2053. Metropolis	09. 06. 1997	044:43 Wien von unten

Ein Streifzug durch die Abgründe und Untiefen der Donaumetropole.

2066. Metropolis	16. 06. 1997	042:08 Moskau von unten

Bericht über die Untergrundbahn, Kriminalität und Subkultur in Moskau.

2211. Metropolis	05. 09. 1997	049:41 Ruhrgebiet von unten
2219. Metropolis	12. 09. 1997	046:06 Amsterdam von unten
2225. Metropolis	19. 09. 1997	040:37 Chicago von unten
2234. Metropolis	26. 09. 1997	039:34 Prag von unten
2256. Metropolis	10. 10. 1997	043:34 Frankfurt am Main von unten
2262. Metropolis	17. 10. 1997	045:51 Leipzig von unten
2273. Metropolis	24. 10. 1997	048:34 Jerusalem von unten

Metropolen von unten

2279. Metropolis	31.10.1997	051:38 **London von unten**
2287. Metropolis	07.11.1997	042:56 **Rom von unten**
2298. Metropolis	14.11.1997	047:57 **Rio von unten**
2308. Metropolis	21.11.1997	041:54 **Mexiko City von unten**

Der Serie *Metropolen von unten* entspricht eine gleich lange Serie von Dokumentationen unter dem Titel *Metropolis. Metropolen von oben.*

Korrespondierende Kulturmagazine der dctp (Alexander Kluge)
zum Thema Stadt

Wolkenkratzer und Sandschweine/
Geschichten aus dem New Yorker Untergrund

News & Stories, 5. 10. 1998
Die Lichterstadt New York ist bekannt für ihre Wolkenkrat-
zer. Weniger geläufig ist es, dass die Stadt tief durch Tunnel
unterwühlt ist und auch sonst in jeder Hinsicht einen Untergrund besitzt. Die Arbeiter in den Bohrlöchern, die 300 Meter
unter Straßenhöhe die unterirdischen Trassen vorwärtstrei-
ben, heißen Sandschweine.

Reise durch das neue Großberlin von Südosten
bis Südwesten

News & Stories, 5. 7. 1993
Eine Fahrt mit der S-Bahn von Köpenick nach Potsdam mit
Kommentaren des Wirtschaftsredakteurs der Zeitschrift *Wo-
chenpost*, Detlef Gürtler beschreibt, während er vorbeifährt,
die geplanten Investitionsobjekte in Milliardenhöhe, die in
Papierform vorliegen, jetzt noch nicht zu sehen sind, aber das
Bild der künftigen Metropole bestimmen werden.
Filmaufnahmen von Walter Lenertz.

Die Stadt des Dritten Mannes / Unterirdische Kanäle, Gruften und Verstecke in Wien

News & Stories, 13. 10. 1997
Aus dem Film *Der dritte Mann* mit Orson Welles weiß man, dass die Metropole Wien einen Unterbau besitzt: unterirdische Kanäle, aber auch eine Fülle von Katakomben und versteckten Plätzen, an denen die Toten liegen. Dieser Untergrund ist für Überraschungen gut, gruselig und unheimlich.

In Zusammenarbeit mit *Spiegel TV* ein spannender Besuch im Untergrund von Wien.

Zuflucht Schanghai / Eindrucksvoller Film über jüdische Emigranten in der auf Sumpf gebauten Metropole

Primetime, 20. 6. 1999
In den Jahren 1938–1941 flüchteten etwa 20 000 Juden nach Schanghai. In dem von Japanern beschossenen und zerstörten Stadtteil Hongkew errichteten sie inmitten der chinesischen Metropole europäische Geschäfte und Läden: Kleinwien, Kleinberlin. Ein enger Mitarbeiter S. Freuds gab die Zeitschrift *Die gelbe Post* heraus.

1941 brachen die Japaner in diese Welt ein.

Beispiele für Themen, die durch keinen Einzelfilm,
sondern überhaupt nur durch Sammlungen
und Zusammenhänge von Filmen, Texten und
Kooperationen darstellbar sind:

- Menschen/Leben
- Wissenschaft
- Der schönste Schatz der Evolution (Liebe)
- Mündlichkeit
- Arbeit/»Lebenszeit als Währung«
- Evolution
- Kooperation
- Krieg

MENSCHEN/LEBEN – »Befreit die Tatsachen
von der menschlichen Gleichgültigkeit«

WISSEN/SCHAFT – »Ich weiß, dass ich nichts weiß«

DER SCHÖNSTE SCHATZ DER EVOLUTION

WELT/ERKUNDEN –
»Wir Menschen sind Horizontwanderer«

HÖREN/SEHEN –
»In der Sprache, in der Hegel als Kind gesprochen hat,
hat er als Erwachsener gedacht«

STEFAN AUST

CHRISTOPH SCHLINGENSIEF

ARBEIT IST DAS HALBE LEBEN

KRIEG/FRIEDEN –
»Krieg ist das Ende aller Pläne«

Stalingrad /
Das Ende aller »Führung«

Gemeinsamer abendfüllender Film von Alexander Kluge
und Stefan Aust aus dem Jahr 2016

Im November 1942 wurde an der Wolga die deutsche 6. Armee von der Roten Armee eingeschlossen. Am 2. Februar 1943 fiel der letzte Schuss. Der erschöpfte, ausgehungerte und dezimierte Rest der Truppe ging in russische Gefangenschaft. Von den 90 000 Gefangenen kamen etwa 6000 wieder nach Hause.

Stefan Aust und Alexander Kluge haben schon beim Film *Krieg und Frieden* zusammengearbeitet. Im vorliegenden 90-Minuten-Programm geht es um Einzelszenen und um den Überblick über das Geschehen. Warum durfte die Armee aus dem Kessel nicht ausbrechen, was anfangs vermutlich möglich gewesen wäre? Was geschah mit der Bevölkerung der großen Industriestadt während der Kämpfe? Warum wurden die Versprechen der Luftwaffe, den Kessel zu versorgen, nicht eingehalten? Die ärztliche Versorgung erwies sich als katastrophal. Gab es Kannibalismus? Wie wurde im Kessel Weihnachten gefeiert?

Das Team von Stefan Aust drehte aktuelle Szenen aus dem Winter in Stalingrad, das heute Wolgograd heißt. Gezeigt wird auch die Reaktion russischer Menschen von heute. Im Zweiten Weltkrieg brachte die Schlacht um Stalingrad einen entscheidenden Wendepunkt des Ostkrieges, weil sie die Zerstörung des Führernimbus bewirkte: das Ende aller »Führung«.

 Rettung kann man für Geld nicht kaufen.

Das Ballett der Macht

Sat.1, 26. 5. 2013, *News & Stories*, ein Doppelprogramm
von Stefan Aust und Alexander Kluge

Der Tanz vor den Augen der Könige (das »königliche Ballett«) und
der Parademarsch gehören historisch zu den Ausdrucksmitteln der
Herrschaft. In beiden Fällen ist der menschliche Körper das eigen-
tümliche Ausdrucksmittel. Stefan Aust, Filmemacher, Autor und
ehemaliger Chefredakteur des *Spiegels*, war immer schon fasziniert von diesem »Ballett der Macht«. In Zusammenarbeit mit
Alexander Kluge entstand das Doppelprogramm in Länge von
90 Minuten: Chinesische Parade, Vorbeimärsche in Nordkorea, der
deutsche militärische Stechschritt im Dritten Reich, die populä-
ren Paraden in den USA in der Tradition des Militärkomponisten
John Philip Sousa, das Hochreißen der Beine zum 40. Jahrestag
der DDR – für die Knie und Gelenke der Menschen sind diese
strammen Übungen schädlich. Für die Demonstration der Macht
sind sie offenbar unentbehrlich.

Eine andere Form der Körperbeherrschung zeigt das Ballett. Es
gehört zum festen Bestand monarchischer Feste und bildet heute
eine moderne Kunstform, welche die Zuschauer bezaubert. Mit
John Neumeier, dem Ballettchef an der Staatsoper Hamburg, dem
Musikwissenschaftler Albrecht Riethmüller, dem früheren Gene-
ralinspekteur der Bundeswehr Harald Kujat, mit Peter Berling als
Militärarzt des Zaren, Helge Schneider als Spezialist für Flugpa-
raden und vielen anderen.

Ludwig XIV., der Sonnenkönig, drückte seine Macht aus, indem er auf seinen Hoffesten grandiose Ballettaufführungen veranstaltete, in denen er auch selber als Tänzer auftrat. Die Beweglichkeit menschlicher Körper gehörte zum Ausdruck seiner Macht, ähnlich wie das anschließende Feuerwerk, das die Feste krönte.

Spätere Herrscher und Staaten haben für ihre Machtdarstellung den Parademarsch entwickelt. Er ist nicht so graziös wie der Tanz und schädlich für die Kniegelenke.

Der hohe Wert einer unterlassenen Falschmeldung

Gespräch zwischen Alexander Kluge und Stefan Aust

ALEXANDER KLUGE: Was sind die größten Schiffsunglücke, die du in deinem Leben wahrgenommen hast.

STEFAN AUST: Das größte Unglück war der Untergang der »Estonia« 1994. Die »Estonia« war auch das größte Schiffsunglück in Europa außerhalb von Kriegszeiten. Der Fall ist bis heute nicht aufgeklärt. Da rief mich morgens der Cutter Erwin an, der ständig Nachrichten geschaut hat. Er sagte: Da ist ein großes Schiff untergegangen. Dann fiel mir ein, dass wir eine freie Mitarbeiterin in Finnland hatten für einen anderen Beitrag. Die haben wir losgeschickt, weil das Unglück vor Finnland war. Dort schwemmten die Leichen an. Die Reporterin hat einen Beitrag gemacht und sich in die Recherchen vertieft, weil das Ereignis mit vielen Merkwürdigkeiten behaftet war. Die »Estonia« kam aus Estland, und es hatte Bombenwarnungen gegeben. Die Schweden hatten für das Gebiet ein absolutes Tauchverbot erlassen. Das Schiff sollte nicht gehoben werden. Das war ein Unglück mit über 800 Toten. Die Ostsee ist nicht so tief. Dieses Schiff zu heben wäre kein großes Problem gewesen. Aber es war von vornherein klar, dass das Schiff nicht gehoben werden soll. Schon dadurch entstanden Vermutungen oder Gerüchte, was an Bord gewesen sein könnte.

KLUGE: Was ist der Grund gewesen?

AUST: Meine Vermutung für den Untergang des Schiffes ist relativ einfach. Dieses Schiff war nicht gebaut für so schweres Wasser, für so schwere Stürme. Ein solches Schiff, das Autos transportiert, hat vorne eine Ladeluke, wo das Bugschott ist, was hochgenommen wird. Es ist vermutlich in diesen Krisenzeiten nicht ordentlich instand gesetzt worden. Wenn zum Beispiel dieses Bugschott abreißt, da Wasser reinkommt und der Kapitän noch Gas gibt, wird es gefährlich. Die Vermutung, der wir nachgegangen sind, war ein Sprengstoffanschlag. Es ist auch nicht unplausibel, dass Sprengstoffanschläge nicht nur auf Flugzeuge gemacht werden, sondern auch auf Schiffe. Unmittelbar davor hatten sie Warnungen vor möglichen Bombenanschlägen und haben deshalb Sicherheitsübungen gegen Bombenattentate gemacht. Es gab die Auseinandersetzungen mit den Russen in den baltischen Staaten und die Überlegung, dass die Amerikaner militärisches Equipment mit diesem Schiff aus Estland nach Europa gebracht haben.

KLUGE: Warum hat der Kapitän das Schiff beschleunigt? Macht man das bei Sturm so?

AUST: Das ist das Schlechteste, was man bei Sturm machen kann, weil dann das Wasser besonders stark reinläuft. Man muss auf Rückwärtsgang schalten. Bei den Ermittlungen gab es Unterwasseraufnahmen durch Roboter mit Kameras. Da konnte man das Loch sehen, das in den Bug gerissen war. Dieses Loch sah so aus, als hätte man mit dem Luftgewehr durch eine Blechdose geschossen. Die Metallteile waren so nach außen gebogen, als wenn eine Bombe dort explodiert wäre. Wir wollten das in einen Film einbauen. Wenn man Teile dieses verbogenen Metalls hätte, könnte man an den Oberflächenveränderungen feststellen, ob es durch einen Bombenanschlag so verändert worden ist, erklärte uns ein Experte. Dann tauchen wir runter, habe ich gesagt, sägen das ab und untersuchen es. Das hat diese Autorin ernst genommen und hat eine solche Tauchaktion mit guten Amateurtauchern organisiert. Die sind mit Trimix runtergetaucht, denn mit normalen Tauchflaschen geht das nicht. Sie hat gegen alle Widerstände diese Expedition organisiert. Wir haben uns daran auch beteiligt, haben das mitfinanziert, gegen große Widerstände der schwedischen Regierung und der Marine. Dann hat sie es geschafft, dass die Taucher Teile von diesem verbogenen Metall abgesägt und mitgebracht haben. Ich hatte mit ihr ausgemacht, weil ich wusste, dass sie fanatisch in der Angelegenheit war, dass sie keine Pressekonferenz macht. Eine Pressekonferenz gibt es erst, wenn wir einen genauen Befund haben. Dann hat sie doch eine Pressekonferenz abgehalten. Das habe ich akzeptiert. Sie hat bei drei verschiedenen Instituten diese Metallteile untersuchen lassen. Die Institute sind alle zum selben Ergebnis gekommen: An der Oberfläche des Metalls gibt es Veränderungen, die nur durch Beschuss oder durch Explosion hervorgerufen sein können. Das ergibt eine Zwillingsbildung unter den Molekülen auf der Oberfläche. Davon war sie begeistert. Ich war damals schon Chefredakteur des *Spiegels* und hätte auch einen Titel dazu gemacht. Wenn wir das jetzt veröffentlichen, habe ich mir gesagt, und die Behauptung aufstellen oder Indizien dafür vorlegen, dass es ein terroristischer Anschlag gewesen ist, muss die Bundesanwaltschaft das Thema übernehmen, weil Deutsche zu Tode gekommen sind. Dann kommt die Bundesanwaltschaft bei uns an und sagt: Geben Sie uns bitte das Material. Wir hätten das rausgeben müssen. Ich habe beim Bundeskriminalamt gefragt, wem sie in einem solchen Fall die Materialien zur Untersuchung geben würden. Das ist die Bundesanstalt für Materialforschung in Berlin, die BAM, wurde mir mitgeteilt. Da habe ich mit der Bundesregierung geredet, und die haben grünes Licht gegeben, dass die BAM es machen dürfe. Der zuständige Mitarbeiter hat mir gesagt: Wir untersuchen nicht nur die Metallteile, sondern wir müssen Vergleichssprengungen machen. Besorgen Sie uns bitte das Material, aus dem das Schiff gebaut worden ist. Dann haben wir uns von der Meyer Werft in Papenburg Stahlplatten geholt, aus denen die Schiffe gebaut haben. Dann hat die Bundesanstalt für Materialforschung mit allen verfügbaren Sprengstoffen diese Platten bombardiert. Es kam heraus, dass es überall dieselben Veränderungen an der Oberfläche des Metalls gab wie auch bei dem Material von der »Estonia«. Die riefen mich an und waren konsterniert und haben gesagt: Das verstehen wir nicht, das haben wir überall. Aber das ist schon auf den Platten, die Sie uns geliefert haben, bevor wir sie beschossen haben. Ich habe bei der Meyer Werft in Papenburg angerufen und denen das erzählt. Wenn man heute ein Schiff baut, sagten die, muss man den Stahl vorher entrosten. Das hat man früher mit Sandstrahlen gemacht. Aber dieser Sand muss zusammen mit dem Rost entsorgt werden. Deswegen macht man das heute anders. Man beschießt das Material mit Stahlkugeln, und das hat die Veränderungen an der Oberfläche herbeigeführt. Dann haben wir die Geschichte anders erzählt. Wir haben gesagt, dass das kein Beweis ist. Das Metallstück mit dem Loch habe ich mir von der Bundesanstalt für Materialforschung schicken lassen. Das steht heute in meinem Garten.

KLUGE: Ihr habt die attraktive Verschwörungstheorie aufgegeben.

AUST: Wir haben festgestellt, dass die Beweise, die darauf hindeuten, dass es eine Explosion gewesen ist, falsch waren. Das Material war schon an der Oberfläche so, bevor es eine Explosion gegeben hat. Das hat uns viel Geld gekostet. Ich glaube, wir haben dafür mehr als 100 000 Mark ausgegeben.

KLUGE: Aber die Wahrheit ist es wert.

AUST: Wenn ich diese Untersuchung nicht gemacht hätte und wir das als *Spiegel*-Titel veröffentlicht hätten und das BKA und die Bundesanwaltschaft hätten übernommen und die Bundesanstalt für Materialforschung wäre zu demselben Ergebnis gekommen, wie sie es auch in unserem Auftrag gekommen ist, hätte ich meine Koffer als Chefredakteur des *Spiegels* packen können. Das hätte ich auch getan.

KLUGE: Schulte-Hillen ist seinerzeit über diese Hitler-Memoiren gestürzt.

AUST: Darüber ist er nicht gestürzt. Aber er hätte darüber stürzen müssen, bei aller Freundschaft.

Das von der BAM geprüfte Metallstück aus dem Bug der »Estonia«.
Monument einer glücklich unterbliebenen Falschmeldung.
Aufgestellt im Garten von Stefan Aust.

Thomas Combrink

Tauchen nach Carita – Eine der vielen Reportagen von *Spiegel TV* zum Unglück der »Estonia«

Beim Schiffsunglück der Fähre »Estonia«, die am 28. September 1994 auf dem Weg von Tallinn nach Stockholm auf der Ostsee gesunken ist, kamen 852 Menschen ums Leben, 137 Personen wurden gerettet. In der Berichterstattung über das Unglück hat *Spiegel TV* Peter Barasinski aus Schweden begleitet, der seine Frau Carita verloren hat, die, wie er selbst, auf dem Schiff tätig war. In der Reihe *Spiegel TV Reportage* wurde am 18. Juli 1995 der Beitrag »Estonia III – Tauchen nach den Toten. Tauchen nach Carita« gesendet. Hier geht es um Peter Barasinskis Versuch, seine tote Frau aus dem Wrack der »Estonia« zu bergen. Ausgangspunkt ist die Bitte seiner Frau, sie auf einem Friedhof in Uppsala zu beerdigen, falls sie vor ihrem Mann sterben würde. Peter Barasinski hat dieser Wunsch keine Ruhe gelassen, er hatte das Gefühl, seiner Frau eine Bestattung auf dem Friedhof schuldig zu sein. Mit dem Geld, das er als Entschädigung für den Tod von Carita bekommen hatte, finanzierte er eine Tauchexpedition mit einem Unternehmen aus Deutschland. An der Unglücksstelle auf der Ostsee wurde mit einem »Hyball« gearbeitet, einem Tauchroboter mit einer Kamera, versehen mit einem Greifarm, der mit viel Glück eine Leiche aus dem Wrack hätte bergen können. Auf dem Schlepper konnte die Crew über einen Monitor die Bilder verfolgen, welche die Kamera lieferte. Das Projekt stand unter enormem Zeitdruck. Wenige Tage später, am 1. Juli 1995, trat ein Gesetz in Kraft, welches die Bergung von Toten aus der »Estonia« verbieten würde. Grund war die Wahrung der Totenruhe.

In der Ausgabe Nr. 30 aus dem Jahr 1995 des Magazins *Der Spiegel*, die am 23. Juli veröffentlicht wurde, hat Christoph Scheuring eine Reportage über Peter Barasinskis Vorhaben publiziert. Fernsehbericht und gedruckter Text ergänzen sich. In den bewegten Bildern geht es vor allem um die Expedition auf der Ostsee mit dem deutschen Unternehmen. Dieser Wettlauf gegen die Zeit wird verstärkt durch einen schwedischen Eisbrecher, der das Projekt verhindern will und immer näher an den deutschen Schlepper heranrückt. Als Zuschauer ahnt man, dass es nicht zur Bergung der Toten kommen wird. Wie soll ein kleiner Tauchroboter aus dem Wrack eines riesigen Schiffes eine Leiche bergen? Aber die Bilder, die das Gerät liefert, sind faszinierend. Stunden nachdem das Bild ausgefallen ist, die Kamera an Deck geholt und repariert werden musste, ist die Stelle am Wrack gefunden, wo sich Carita zuletzt aufhielt. Peter Barasinski hat mit Überlebenden des Unglücks gesprochen, die seine Frau in den letzten

Minuten gesehen hatten. Das Kabel des Tauchroboters aber hat sich verklemmt. Peter Barasinski sieht ein, dass es keine Chance gibt, seine tote Frau zu bergen, er bricht das Projekt ab. Der Fernsehbeitrag endet damit, dass ein weiterer Angehöriger eines Opfers und Barasinski Blumen ins Meer werfen, an der Stelle, wo die »Estonia« gesunken ist. Die Aufnahmen, welche die Unterwasserkamera liefert, sind markant und würden in Form von Fotos in einer gedruckten Reportage nicht den authentischen Charakter besitzen, den die bewegten Bilder bei *Spiegel TV* liefern. Christoph Scheuring aber hat in seinem Text die Möglichkeit, zwischen den Zeiten zu springen. Er erzählt die Geschichte von Carita und Peter vor dem Unglück, wie die beiden sich bei der gemeinsamen Tätigkeit auf dem Fährschiff »Athena« kennenlernten, wie sie ihre Hochzeit feierten am 25. Juni 1995 mit einer fünfstöckigen Hochzeitstorte und einem silbernen Bentley, mit dem sie zur Kirche gefahren wurden. Außerdem kann Scheuring mit Metaphern und Vergleichen arbeiten in seinem Artikel. Er kann mit Ironie die Personen der Handlung beschreiben. Philip Sayers, der den Hyball bedient auf dem Schiff, schildert Scheuring wie folgt: »Er hat so ein rundes, glattes, altersloses Gesicht, das immer gleich aussieht, egal, ob er Milky Way isst oder eine Leiche birgt, das spielt bei ihm keine Rolle.« Über den kleinen Frachter, auf dem sie sich bei ihrem Unternehmen befinden, heißt es: »So ein Schlepper ist einfach kein elegantes Schiff, das Wellen durchschneiden könnte. Eher ein kompakter Brocken, der sich durchs Wasser wühlt wie ein Wildschwein durch eine Schonung.« Im Archiv von *Spiegel TV* finden sich insgesamt 28 Sendungen, die sich auf das Unglück der »Estonia« beziehen.